믿음은
읽음에서 나고

믿음은 읽음에서 나고

발행일	2020년 3월 13일

지은이	김락균		
펴낸이	손형국		
펴낸곳	(주)북랩		
편집인	선일영	편집	강대건, 최예은, 최승헌, 김경무, 이예지
디자인	이현수, 김민하, 한수희, 김윤주, 허지혜	제작	박기성, 황동현, 구성우, 장홍석
마케팅	김회란, 박진관, 조하라, 장은별		
출판등록	2004. 12. 1(제2012-000051호)		
주소	서울특별시 금천구 가산디지털 1로 168, 우림라이온스밸리 B동 B113~114호, C동 B101호		
홈페이지	www.book.co.kr		
전화번호	(02)2026-5777	팩스	(02)2026-5747

ISBN	979-11-6539-111-9 03230 (종이책)	979-11-6539-112-6 05230 (전자책)

이 도서의 국립중앙도서관 출판예정도서목록(CIP)은 서지정보유통지원시스템 홈페이지(http://seoji.nl.go.kr)와
국가자료공동목록시스템(http://www.nl.go.kr/kolisnet)에서 이용하실 수 있습니다.
(CIP제어번호: CIP2020010256)

(주)북랩 성공출판의 파트너

북랩 홈페이지와 패밀리 사이트에서 다양한 출판 솔루션을 만나 보세요!

홈페이지 book.co.kr • **블로그** blog.naver.com/essaybook • **출판문의** book@book.co.kr

다시 듣고 싶은 설교의 힘은 어디에서 오는가

믿음은
읽음에서 나고

김락균 지음

딱딱하고 지루한 설교는 이제 그만.
개그보다 차지고 한 번 들어도 귀에 쏙쏙 박히는
김락균 목사의 설교를 지상 중계한다!

북랩 book Lab

차례

서문

책 제목을 이렇게 정한 이유는 사도바울이 로마서에서 말한 인간을 구원하는 "믿음은 들음에서 나고(롬 10:17)."라는 말씀을 차용하여 설교를 읽는 것도 신앙생활에서 매우 필요하고 중요하다는 것을 강조하고 싶었습니다.

구약시대나 예수님 당시에는 성경이 대중화되지 않았기 때문에 성경을 직접 읽는 것이 불가능했습니다. 지금과는 달리 그 당시에는 두루마리 성경을 아무나 소유할 수 없었습니다. 그 당시 양피지에 적힌 두루마리 성경은 1년 연봉을 모아야 겨우 살 수 있을 정도로 매우 값비싸고 귀한 물건이었습니다. 그렇기에 두루마리 성경은 마을 회당이나 부자들 가운데 말씀을 사모하는 사람들만 예외적으로 가지고 있었습니다. 그렇기에 그 당시 대부분의 사람은 하나님의 말씀을 알기 위해서는 회당에 가서 서기관이 읽어준 말씀을 듣는 것뿐이었습니다.

이런 시대 상황을 반영하여 성경에서는 '읽으라.'라고 하지 않고 '들으라.'라고 하는 말씀이 많이 나옵니다. "이스라엘아 들으라 우리 하나님 여호와는 오직 유일한 여호와이시니(신 6:4)." 예수님도 비유로 말씀을 하시면서 "들을 귀 있는 자는 들을지어다(막 4:23)."라고 반복하여 말씀하십니다. 로마서에서도 사도 바울은 인간을 구원하는 "믿음은 들음에서 나며 들음은 그리스도의 말씀으로 말미암았느니라(롬 10:17)"라고 합니다.

이처럼 구약시대나 신약시대의 사람들에게 있어 귀를 열어 하나님의 말씀을 경청하는 것은 매우 중요했습니다. 누구나 성경책을 소유하고 있는 지금의 우리보다 훨씬 하나님의 말씀을 듣는 것이 중요했습니다.

하지만 오늘날에는 누구든지 성경을 가지고 있어 마음만 먹으면 읽을 수 있습니다. 만약 성경이 대중화된 오늘날에 기록되었다면 '들으라.'라는 말씀보다는 '읽으라.'라는 말씀이 성경에 더 많이 나왔을 것 같다는 생각을 해봅니다. 여러 동영상 공유 서비스가 활성화된 지금, 예수님이나 사도들이 하나님의 말씀을 전한다면 '보라.'라고 하셨을 수도 있을 것 같습니다. 그렇기에 오늘날은 우리의 신앙생활에서 설교를 듣는 것도 중요하지만 설교를 읽거나 보는 것도 매우 중요하다고 할 수 있습니다.

이 책에 나온 설교는 유익한 교훈을 담은 은혜와 함께 재미를 추구합니다. 기존의 설교를 보면 은혜와 재미를 동시에 갖추고 있는 경우는 드뭅니다. 재미가 있으면 성경 본문에 충실하지 않은 경우가 많습니다. 이 경우 설교를 듣는 순간은 재미있지만, 설교를 듣고 난 다음에는 성경 본문으로부터 나오는 하나님의 은혜가 없어 공허합니다. 또한, 상대적으로 성경 본문에 충실하다 보면 너무 딱딱하게 전하여 지루한 경우가 많습니다. 이 경우는 교인들은 설교가 재미없어 듣기 싫어합니다.

이 책은 설교가 재미없어 듣기 싫으신 분들도 재미있게 읽을 수 있습니다. 또한, 신앙생활을 하지 않는 분들도 하나님의 말씀을 재미있게 접할 수 있습니다. 하나님의 말씀을 재미있게 읽을 수 있도록 예화를 유머로 사용했습니다. 설교에서 예화를 유머로 많이 사용하지만, 이 책에서는 단지 웃기기 위한 마구잡이식 유머가 아니라 성경 본문 말씀과 상황에 맞는 유머를 사용하여 설교의 이해를 돕고, 설교가 지루하지 않도록 도와줍니다. 설교가 재미도 있지만, 성경 본문에 대한 설명과 성경 본문이 오늘 우리에게 주는 메시지도 충실하게 전합니다. 그렇기에 설교를 통해 하나님의 말씀을 배우고, 말씀을 통해 주시는 하나님의 은혜를 경험할 수 있습니다. 이 책에 나온 설교는 각자 삶의 현장에서 하나님의 말씀을 쉽게 적용할 수 있도록 기승전결의 논리적 흐름에 맞게 잘 구성되어 있습니다.

이 책은 3부로 구성되어 있습니다. '제1부 신앙의 지혜'는 우리가 바른 신앙을 갖기 위해 한번 생각해보았으면 하는 것들을 모아 놓은 부분입니다. 그동안 우리가 당연하게 여기고, 믿어온 것들이 예수 그리스도의 가르침과 성경에 맞는 것인지 점검하면서 읽으면 좋습니다. '제2부 생활의 지혜'는 올바른 신앙을 가진 그리스도인이 교회와 삶의 현장에서 소금과 빛의 역할을 하기 위해 갖추었으면 하는 것들을 모아 놓은 부분입니다. 지금 자신이 그리스도인다운 모습을 갖추고 그리스도인답게 살고 있는지 돌아보면서 읽으면 좋습니다. '제3부 청년의 지혜'는 평생 승리하는 그리스도인으로 살기 위해 청년 시기에 가장 기본적으로 준비하고 갖추었으면 하는 것들을 모아 놓은 부분입니다. 승리하는 그리스도인으로 살기 위해 자신이 청년 시기를 잘 준비하면서 보내고 있는지 점검하면서 읽으면 좋습니다.

이 책이 나올 수 있었던 것은 전적으로 하나님의 은혜입니다. 그리고 많은 가르침을 주신 분들이 있었기에 가능했습니다. 박동현 교수님, 김명용 교수님을 비롯한 장로회신학대학교 교수님들의 가르침, 바르트 교회교의학 강독 모임에서 바르트 교회교의학에 대한 가르침을 주신 신준호 교수님, 그동안 제가 담임 목사로 섬겼던 박두만 목사님, 이춘수 목사님, 차성수 목사님, 청년들과 함께 12년 동안 필리핀으로 단기 선교를 하면서 교제한 박선호 선교사님의 가르침이 있었기에 가능했습니다. 또 장로회신학대학교 신학대학원 100기 동기 목사들과 교제를 통한 배움이 있었기에 가능했습니다. 대명교회와 동산교회에서 함께 사역했던 선후배 교역자들을 통한 배움이 있었기에 가능했습니다. 청년 시절에 가르침을 주신 이기남 목사님, 이영수 목사님, 박석진 목사님, 송점채 목사님, 송봉심 목사님, 김정희 목사님, 에스더 목사님이 있었기에 가능했습니다. 그리고 많은 분의 섬김과 배려가 있었기에 이 책이 나올 수 있었습니다. 무엇보다 12년 동안 열심히 들어주었던, 생각만 해도 가슴이 찡한 동산교회 청년들과 성도님들이 있었기에 가능했습니다. 그리고 출판을 허락해주신 북랩 출판사가 있었기에 가능했습니다. 또한, 저의 형님인 김순권, 누님인 김미경, 여동생인 김지현 사모의 응원이 있었기에 가능했습니다. 그리고 무엇보다 사랑하는 아내의 헌신과 귀여운 두 아들 태민이, 승민이의 배려가 있었기에 가능했습니다. 모든 분들에게 감사함을 전합니다.

아무쪼록 '믿음은 읽음에서 나고'라는 이 책이 설교를 재미없어 듣기 싫어했던 분들에게 설교에 대해 흥미가 생기는 계기가 되었으면 좋겠습니다. 그리고 이 책을 읽은 사람이 믿음이 조금 더 성숙해져 하나님께 한 발짝 더 가까이 가는 기회가 되었으면 좋겠다는 바람을 가져봅니다.

제1부

신앙의 지혜

1.
성경, 내 삶의 내비게이션

성경은 우리 그리스도인들에게 어떤 책이며, 어떻게 읽어야 올바른 것일까요?

또 어려서부터 성경을 알았나니 성경은 능히 너로 하여금 그리스도 예수 안에 있는 믿음으로 말미암아 구원에 이르는 지혜가 있게 하느니라

모든 성경은 하나님의 감동으로 된 것으로 교훈과 책망과 바르게 함과 의로 교육하기에 유익하니

이는 하나님의 사람으로 온전하게 하며 모든 선한 일을 행할 능력을 갖추게 하려 함이라

- 딤후 3:15-17

요즘은 모르는 장소에 처음 가더라도 별로 걱정이 되지 않습니다. 길을 안내해주는 내비게이션(Navigation)이 있기 때문입니다.

모르는 길이어도 내비게이션이 안내한 대로 가기만 하면 목적지에 그리 어렵지 않게 갈 수 있습니다. 그리스도인에게 있어 내비게이션과 같이 신앙생활의 길을 안내해주는 것이 바로 성경입니다. 시편에서도 성경이 내 삶의 내비게이션이라고 알려줍니다. "주의 말씀은 내 발에 등이요 내 길에 빛이니이다(시 119:16)." 본문인 디모데후서도 성경이 곧 그리스도인의 삶에서 내비게이션임을 알려줍니다.

성경은 하나님의 감동으로 기록된 하나님의 말씀입니다. 그리스도인이라면 기독교의 경전인 성경을 하나님의 말씀이라고 생각하지 않는 사람은 아무도 없을 것입니다. 성경을 하나님의 말씀이라고 생각하지 않는다면 기독교인이 아니라는 것을 커밍아웃하는 것과 같습니다. 성경은 일반 책과 달리 "모든 성경은 하나님의 감동으로 된 것으로(딤후 3:16)"라는 구절처럼 하나님의 말씀을 담은 것입니다.

성경은 하나님의 감동으로 기록되어 있기에 하나님의 말씀이 됩니다. 여기서 '감동'이라는 말은 영어로 'inspiration'입니다. 'inspiration'이라는 단어는 전치사 'in', 명사 'Spirit'과 명사형 접미사 '-tion'이 합해진 말입니다. '영이 안으로 들어오다.'라는 의미입니다. 성경이 하나님의 영감으로 기록되었다는 것입니다. 신학 용어로는 '성경 영감설'이라고 합니다. 성경 저자들은 본문을 기록하는 과정에서 하나님의 영이 들어옴을 체험하였고, 그 하나님의 영이 지시하는 대로 기록하여 현재와 같은 성경이 완성되었습니다.

하지만 성경이 어느 범위까지 하나님의 영감을 받았는지에 대해서는 다툼이 있습니다. 하나의 견해는 성경이 종교와 도덕은 물론, 역사, 문화, 자연과학, 천문학 등에 이르기까지 모든 분야에 대해 정확한 진리를 천명한다는 것입니다. 이러한 견해를 가진 사람들은 성경이 마치 백과사전이나 포털사이트처럼 이 세상의 모든 지식에 대해 알려준다고 생각합니다. 그래서 역사적 사실이나 과학적 사실도 성경을 기준으로 접근하려고 합니다. 또 하나의 견해는 성경을 세상의 모든 분야에 관해 정확한 진리를 천명하는 것이 아닌, 우리의 신앙과 행위에 관한 기록으로 봅니다. 성경을 조금만 공부하거나 본문만 제대로 읽어도 역사적·과학적 사실을 기록한 책이 아님을 알 수 있습니다. 성경은 역사와 과학에 관한 이야기가 나오지만, 그 자체가 역사적 사실이나 과학적 사실과 반드시 일치하는 것은 아닙니다. 왜냐하면 성경은 역사나 과학적 이야기라는 형식을 가지고 기록 당시의 사람들에게 저자가 전하고자 하는 하나님의 메시지를 전달하는 책이기 때문입니다.

성경에 창조기사가 기록된 것은 우리에게 천문학적 진리를 가르쳐주기 위해 기록된 것이 아닙니다. 창조기사 기록의 의미는 하나님께서 인간을 포함한 이 세상의 모든 기초를 친히 만드셨다는 사실을 우리에게 알려주는 데 있습니다. 예를 들어, 창세기에서 하나님께서 세상을 창조하셨다고 했을 때, 성경 안에는 평평한 세계와 그 밑에 기둥이 있는 지구를 가정합니다. 또 하늘에는 '궁창'이라는 투명한 막이 있고, 이 막 위에 물이 존재하는데 궁창의 문을 열면 비가 온다고 믿는 고대인의 과학적 사고가 나옵니다(창 1:7). 기둥이 받치고 있는 평평한 지구를 가정하는 고대인의 과학적 사고가 성경에 나온다 해도 그것은 영원한 하나님의 말씀입니다. 하나님께서 그것을 통해 이 땅과 세계, 지구의 모든 기초를 하나님께서 친히 만드셨다는 계시를 선포하고 있기 때문입니다.[1] 그런데 이러한 고대인의 우주관은 오늘날 우리가 받아들일 수 있는 과학은 아닙니다. 지금 우리 가운데 지구가 평평하다고 믿고 있는 사람 있습니까? 아무도 없을 것입니다.

그렇기에 성경을 기준으로 과학적 사실 여부를 판단해서는 안 됩니다. 성경이 과학적 사실에 대해 기록한 것으로 본다면, 현실과 동떨어진 말과 행동을 하게 됩니다. 예를 들어, 공룡이 사라진 이유를 노아의 홍수 때 공룡이 너무 커서 노아의 배에 타지 못했기 때문이라고 말하면 곤란합니다. 공룡이 사라진 이유를 성경에서 찾으려고 해서는 안 되고, 공룡에 관하여 기록된 책이나 포털 사이트 검색을 통해 확인해야 합니다.

---

1 김명용, 『칼 바르트의 신학』(이레서원, 2007), 118쪽.

성경은 그리스도 예수에 대한 믿음 안에서 구원을 가져다주는 내비게이션입니다. 성경은 믿음으로 말미암아 구원에 이르게 하는 지혜가 있습니다. "성경은 능히 너로 하여금 그리스도 예수 안에 있는 믿음으로 말미암아 구원에 이르는 지혜가 있게 하느니라(딤후 3:15)."

성경은 예수님을 믿음으로써 인간이 구원을 받을 수 있다는 사실을 알려줍니다. 성경 곳곳에서 예수 그리스도의 십자가와 부활을 믿으면 구원을 받을 수 있다고 알려줍니다. 이처럼 성경은 그리스도인에게 구원의 길을 안내해주는 내비게이션입니다.

성경은 하나님의 사람으로 올바른 생활을 할 수 있도록 이끌어 주는 내비게이션입니다. 성경의 유익성에 대해 사도 바울은 네 가지를 이야기합니다. "모든 성경은 하나님의 감동으로 된 것으로 교훈과 책망과 바르게 함과 의로 교육하기에 유익하니 이는 하나님의 사람으로 온전하게 하며 모든 선한 일을 행할 능력을 갖추게 하려 함이라(딤후 3:16-17)."

성경이 '교훈'과 '책망', '바르게 함', '의로 교육하기'에 유익하다는 것입니다. 여기서 말한 '교훈'은 신앙 안에서 이루어지는 바른 가르침을 말합니다. '책망'은 그리스도의 몸된 교회의 건전한 덕을 교란하는 일체의 교리나 행위에 대해 심판하는 활동을 말합니다. 쉽게 말해 이단과 맞서기 위한 가장 좋은 수단이 성경이라는 것입니다. '바르게 함'은 그리스도인을 권면하여 교정하고 옳고 곧은길로 향하도록 지도하는 일체의 행위를 가리키는 말입니다. '의로 교육한다'는 것은 하나님의 뜻 안에서 그리스도인을 훈련하고 연단시키는 것을 의미합니다.[2] 이처럼 성경은 그리스도인이 하나님의 사람으로 온전하게 하며 모든 선한 일을 행할 수 있는 능력을 갖게 해줍니다. 하나님의 말씀인 성경은 히브리서 기자가 밝히고 있는 것처럼 살아 움직여 우리의 혼과 영과 및 관절과 골수를 찔러 쪼개기도 하고 마음과 생각과 뜻을 판단하는 힘이 있기에 하나님의 말씀을 제대로 만나면 삶이 변화될 수밖에 없습니다(히 4:12). 성경을 제대로 알고 읽게 되면 하나님의 사람으로 바뀔 수밖에 없습니다.

우리 그리스도인에게 있어 최고의 보약이 무엇인지 아십니까? 구약, 신약이라고 합니다. 우스갯소리이지만 곰곰이 생각해보면 맞는 말인 것 같습니다. 우리 그리스도인에게 있어 최고의 보약은 하나님의 말씀인 성경입니다. 아무리 몸에 좋은 보약이라도 잘못 먹으면 부작용이 있듯이 그리스도인에게 있어 최고의 보약인 성경도 잘못 읽으면 부작용이 일어납니다. 성경에 대해 잘못 알고, 잘못 읽으면 하나님과 멀어집니다. 그렇기에 성경을 많이 읽는 것도 중요하지만 바르게 읽는 것이 더 중요합니다.

어떻게 하면 성경을 바르게 읽을 수 있을까요?

---

2 『옥스퍼드 원어성경대전 사도행전 제15-21a장』(제자원, 2006), 551~2쪽.

첫째, 성경은 나를 향하여 주시는 하나님의 말씀으로 알고 성경이 말하고 가르치는 대로 살려는 자세로 읽어야 합니다. 성경은 하나님의 말씀이기 때문에 영원한 타당성을 가지고 있습니다. 성경은 하나님의 말씀이기 때문에, 성경에서 말하고 가르치는 대로 알고 수용하려는 태도를 가져야 합니다. 성경 본문을 나와는 상관없는 글이 아닌 하나님이 나를 향하여 주시는 말씀으로 읽어야 합니다. 성경의 이야기들이 다른 사람에 관한 이야기가 아니라 바로 나에 관한 것이며 나를 위한 것이 될 때, 성경은 살아있는 하나님의 말씀이 됩니다. 우리는 그 말씀에 귀를 기울여야 하고, 순종해야 합니다. 글을 바로 읽는다는 것은 읽고 깨달은 바대로 살아간다는 것을 뜻합니다. 성경을 많이 읽어 잘 알고도 그대로 살지 않는다면 성경을 읽는 의미가 없습니다. 성경은 그 가르침대로 살려고 하는 단호한 마음으로 읽는 것이 바르게 읽는 것입니다.[3]

둘째, 성경은 각 본문이 기록될 당시의 역사적, 사회적, 문화적 배경을 통해 저자가 실제로 의도한 바가 무엇인지를 파악하면서 읽어야 합니다. 성경은 약 1600년에 걸쳐서 여러 다양한 상황에 있던 사람들을 통해서 하나님께서 말씀하신 내용입니다. 그렇기에 하나님의 말씀을 그 당시 사람들의 어휘나 사고방식, 문화를 통해서 표

---

3   박동현, "구약 성경을 어떻게 읽을 것인가?" 특강자료 참고.

현하기 마련입니다. 하나님께서 천상의 언어로 말한다면 그들은 하나님의 말씀을 이해할 수 없습니다. 그렇기에 당연히 그들이 이해할 수 있는 언어나 사건을 통해 하나님의 말씀이 주어질 수밖에 없습니다. 이러한 이유로 지금의 상황, 가치관과 성경이 기록된 당시의 것은 다를 수 있습니다. 성경의 어떤 구절은 우리 시대나 문화에 맞지 않는 경우가 더러 있습니다. 그러므로 우리는 성경의 상황과 나의 상황이 다르다는 것을 고려하면서 읽어야 합니다. 성경 각 본문이 기록될 당시의 역사적, 사회적, 문화적 배경을 잘 파악하여 저자가 실제로 말하고자 하는 바가 무엇인지 파악하기 위한 노력을 기울여야 합니다. 성경이 기록된 당시의 상황을 잘 파악하기 위해서는 좋은 주석을 선택해 공부하는 것도 하나의 좋은 방법입니다.

셋째, 문학적 장르에 따라 성경을 읽어야 합니다. 하나님께서는 자신을 드러내기 위해 여러 방법을 통해 말씀하셨습니다. 하나님께서는 각 시대의 사람들이 좋아하는 방식을 고려하여 말씀하십니다. 하나님은 여러 문학적 장르를 사용해서 말씀하셨습니다. 때로는 편지로, 이야기로, 역사로, 시로, 예언서로, 비유로, 묵시 문학의 형식을 사용하여 메시지를 우리에게 전하셨습니다.4 그렇기에 장르에 대한 이해는 성경을 이해하는 데 매우 중요

---

4 김혜윤, 『성경 여행 스케치』(바오로딸, 2008), 57쪽.

합니다. 그러므로 성경의 모든 부분을 동일한 방법으로 읽어서는 안 됩니다. 성경을 읽을 때 그 장르의 맞게 읽어야 합니다. 장르에 맞지 않게 읽으면 엉뚱하게 해석하게 됩니다. 묵시 문학인 요한계시록을 묵시 문학의 특징인 비유와 상징을 모르고 읽으면 전혀 이해할 수 없습니다. 학창 시절에 시를 산문처럼 읽지 않았던 것처럼 성경도 문학 장르에 맞게 읽어야 합니다.

넷째, '문맥을 따라' 성경을 읽어야 합니다. 성경 본문이 뜻하는 바를 제대로 이해하려면 각 부분을 성경의 흐름에 맞춰 읽어야 합니다. 그러기 위해서는 문맥이 중요합니다. 성경 본문을 문맥을 따라 제대로 읽으려면 우리가 지금까지 가지고 있던 생각은 접어 두고, 마치 처음 읽는 것처럼 각 본문의 짜임새와 흐름을 잘 살펴보면서 읽어야 합니다.[5] 많은 사람들이 성경 구절의 전체적인 맥락을 무시하고 부분적으로만 읽어 뜻을 잘못 해석하는 경우가 있습니다. 많은 한국의 그리스도인들이 가게를 개업하면 욥기에 나온 "네 시작은 미약하였으나 네 나중은 심히 창대하리라(욥 8:7)."라는 말씀을 많이 붙여 놓습니다. 그냥 이 구절만을 놓고 보면 매우 좋은 말씀입니다. 지금은 비록 작은 가게이지만 나중에는 대형마트처럼 큰 매장이 될 수 있다는 말처럼 들립니다. 하지만 실제로 욥기 8장의 전후 문맥을 읽어보면 그리 좋은 말이 아

---

5 박동현, 앞의 자료 참고.

닙니다. 욥의 친구들은 욥의 자녀들이 죽은 것은 하나님께 죄를 지어서 저주를 받아 주어진 하나님의 심판이라고 생각합니다. 그래서 지금이라도 하나님께 나아가 죄를 회개하고 정직하게 살면 하나님은 반드시 너에게 복을 주고 평안하게 하실 것이라고 욥의 친구들이 욥에게 충고해주는 말입니다. 그렇게 하면 네 시작은 미약하지만 너의 나중은 심히 창대하게 될 것이라는 말입니다. 한 구절로만 보면 좋은 말로 들리지만 문맥을 통해 읽으면 욥의 친구들이 욥을 비난하며 욥의 신앙을 정죄하고 있는 것임을 알 수 있습니다.[6]

다섯째, 성경 본문을 예수 그리스도와 하나님의 나라라는 성경의 중심 메시지 아래에서 전체적으로 읽어야 합니다. 일반적으로 성경은 하나님의 점진적인 계시로 이루어져 있습니다. 하나님은 당신의 말씀을 수 세기에 걸쳐 계시하셨습니다. 그것을 점진적 계시라고 부릅니다. 이 계시 사건의 절정으로 표현되는 것이 바로 예수 그리스도께서 육체의 몸을 입고 이 땅에 오신 일입니다. 하나님의 계시는 인간 의식의 발달에 따라 그에 상응한 내용으로 알려주셨습니다. 고대인들에게는 그들의 문화와 의식 수준에 맞추어 전달하셨고, 더 진보된 사회에서는 그들의 사정에 맞추어 내용을 조정해 전달하셨습니다. 하나님은 사도들 이전에 있던 사람

---

6 윤석준, 『한국 교회가 잘못 알고 있는 101가지 성경 이야기. 1』(부흥과개혁사, 2010), 55~64쪽.

들에게는 알리지 않았던 사건들을 사도들에게 계시하셨습니다. 따라서 하나님은 구약 기록자들에게 허락하지 않으셨던 지식을 사도들과 신약의 지도자들에게 주셨습니다.[7]

신약이 도움을 주는 것은 우리가 구약에서 이해할 수 없는 것을 분명하게 밝혀준다는 것입니다. 그렇기에 구약을 구약 자체로도 해석해야 하지만 거기에 머물러서는 안 됩니다. 예수 그리스도를 기준으로 다시 한번 검토해 보아야 합니다. "내가 율법이나 선지자를 폐하러 온 줄로 생각하지 말라 폐하러 온 것이 아니요 완전하게 하려 함이라(마 5:17)." 예수님께서 구약 성경을 더 완전하게 한다고 하십니다. "성경을 연구하거니와 이 성경이 내게 대하여 증언하는 것이니라(요 5:39)." 구약 성경이 증거하는 것이 바로 예수님이라는 사실을 알려줍니다.

그렇기에 우리는 성경을 읽다가 잘 납득가지 않는 부분은 성경에서 가장 중요한 '예수 그리스도'라는 기준으로 해석하면 됩니다. 예수님과 하나님의 나라라는 기준을 가지고 해석할 때 성경을 올바르게 이해할 수 있습니다. 예를 들어 구약의 가나안 정복을 근거로 하나님께서 성전(holy war)을 허용하셨다고 말하며 전쟁의 정당성을 주장하는 것은 잘못입니다. 예수 그리스도는 이 땅에 평화의 임금으로 오셨습니다. "칼을 가지는 자는 다 칼로

---

7 김혜윤, 앞의 책, 58쪽.

망하느니라(마 26:52)."라고 말씀하셨습니다. 예수님이 선포한 하나님의 나라는 미움과 증오가 사라진 평화와 사랑의 나라입니다. 이 기준으로 보면 전쟁은 결코 성경적이지 않습니다. 우리 기독교인들은 오히려 분열과 증오가 있는 곳에 평화를 선포하며 서로 사랑하는 일에 힘써야 합니다. "새 계명을 너희에게 주노니 서로 사랑하라 내가 너희를 사랑한 것 같이 너희도 서로 사랑하라(요 13:34)."[8]

그렇다고 구약 성경의 모든 내용을 예수 그리스도와 연결해 읽으면 어색하게 해석되는 부분도 있습니다. 일반적으로 구약 성경은 예수 그리스도와 관련하여 읽고 해석해야 합니다. 그러나 모든 부분을 그렇게 할 필요는 없습니다. 구약 성경의 어떤 부분들은 사실 그리스도와 연결해 읽기가 쉽지 않은데, 오히려 이를 무리하게 연결해 읽으면 억지 해석을 하게 됩니다. 구약 성경은 그 나름대로 중요합니다. 그리스도께서 오시기 전에 하나님은 특별히 선택하신 이스라엘을 통해서 당신이 이루신 여러 가지 일들 가운데 하나님의 뜻을 우리에게 알려 주셨습니다. 그러므로 오늘 우리 기독교인들이 배워야 할 중요한 가르침이 구약 성경 안에 많이 들어있습니다. 그렇기에 모든 것을 굳이 그리스도와 직접 연결하지 않더라도 우리 주 예수 그리스도의 아버지 하나님이 이루신

---

8   김동건·박정호·김종복, 『신학이 있는 묵상. 2』(대한기독교서회, 2008), 128~9쪽.

지난날의 구원역사는 그 자체로 소중합니다. 우선, 구약 성경 각 부분이 본래 뜻하던 바는 그대로 존중하면서 구약 성경을 읽는 것이 좋습니다. 그런 다음 그것이 신약 성경과 어떻게 연관되는지 생각해보아야 합니다.

구약 성경을 가능한 구체적인 역사 상황에 비추어 이해하는 것이 중요합니다. 예를 들어, 이사야 7장 9절 끝에서 "너희가 믿지 아니하면 정녕히 굳게 서지 못하리라."라는 말씀을 읽을 때, 이를 곧바로 '오늘 우리가 예수를 믿지 아니하면 성공할 수 없다.'라는 식으로 일반적이고 막연하게 이해해서는 안 됩니다. 그보다는 먼저 주전 730년대 당시 신흥 강대국이 된 앗수르의 세력을 막고자 동맹을 맺은 아람과 북왕국 이스라엘이 남왕국 유다를 자신들의 동맹에 가담시키려고 예루살렘으로 쳐들어 왔을 때,9 이들도 두려워 말고, 앗수르도 두려워 말고, 오직 하나님만 의지하면 살 수 있다고 예언자 이사야를 통해 아하스 임금에게 전해주시려 한 말씀으로 이해해야 합니다.10

---

9 이사야 7장 1-2절, 열왕기하 15장 5-9절.
10 박동현, 앞의 자료 참고.

Q&A를 통한 핵심 정리

Q. 성경은 어떤 책입니까?

A. 성경은 하나님의 감동으로 기록된 하나님의 말씀입니다. 또한, 성경은 그리스도 예수에 대한 믿음 안에서 구원을 가져다주는 내비게이션입니다. 하나님의 사람으로 하여 올바른 생활을 할 수 있도록 이끌어 줍니다. 한마디로 성경은 그리스도인의 신앙생활에 관련된 경전입니다.

Q. 성경을 바르게 해석하려면 어떻게 읽어야 합니까?

A. 첫째, 성경이 나를 향하여 주시는 하나님의 말씀으로 알고, 성경이 말하고 가르치는 대로 살려는 자세로 읽어야 합니다.

둘째, 성경 각 본문이 기록될 당시의 역사적, 사회적, 문화적 배경을 잘 파악하여 저자가 실제로 의도한 바가 무엇인지를 파악하면서 읽어야 합니다.

셋째. 문맥에 따라 읽어야 합니다.

넷째, 문학적 장르에 맞게 읽어야 합니다.

다섯째, 성경 본문을 예수 그리스도와 하나님의 나라라는 성경의 중심 메시지 아래에서 전체적으로 읽어야 합니다. 하지만, 구약 성경의 모든 내용을 예수 그리스도와 연결해 읽으면 어색할 수 있으므로 주의합니다.

2.
부활을 전적으로 믿으셔야 합니다

예수님의 부활과 자신의 부활이 온전히 믿어지지 않는 사람들은 어떻게 해야 할까요? 부활을 믿는 그리스도인들은 어떤 삶을 살아야 할까요?

그리스도께서 다시 살아나신 일이 없으면 너희의 믿음도 헛되고 너희가 여전히 죄 가운데 있을 것이요

또한 그리스도 안에서 잠자는 자도 망하였으리니

만일 그리스도 안에서 우리가 바라는 것이 다만 이 세상의 삶뿐이면 모든 사람 가운데 우리가 더욱 불쌍한 자이리라

그러나 이제 그리스도께서 죽은 자 가운데서 다시 살아나사 잠자는 자들의 첫 열매가 되셨도다

사망이 한 사람으로 말미암았으니 죽은 자의 부활도 한 사람으로 말미암는도다

아담 안에서 모든 사람이 죽은 것 같이 그리스도 안에서 모든

사람이 삶을 얻으리라

- 고전 15:17-22

그러므로 내 사랑하는 형제들아 견실하며 흔들리지 말고 항상 주의 일에 더욱 힘쓰는 자들이 되라 이는 너희 수고가 주 안에서 헛되지 않은 줄 앎이라

- 고전 15:58

기독교는 한마디로 '기승전부활'입니다. 부활은 기독교에서 가장 중요한 핵심입니다. 부활이 없다면 기독교가 아닙니다. 부활이 없었다면 기독교는 이 세상에 존재하지 않았을 것입니다. 부활이 없었다면 신약 성경도, 교회도, 그리스도인들도 존재하지 않습니다. 부활을 전적으로 믿으셔야 합니다. 우리는 하나님의 전적인 은혜로 예수님이 부활하셨다는 사실이 믿어지지만, 지금도 많은 사람은 예수님이 부활하셨다는 사실을 믿지 못합니다. 어찌 보면 예수님의 부활을 믿는 우리가 비상식적이고, 예수님이 십자가에서 돌아가셨다가 부활하셨다는 사실을 믿지 않는 사람들이 더 상식적일 수 있습니다. 예수님의 부활은 인간의 보편적 상식과 이성을 뛰어넘는 일이기 때문입니다. 우리 인간은 반복되어 경험되어진 일은 쉽게 믿습니다. 사람의 죽음은 항상 반복되고, 누구나 경험하기 때문에 누군가 죽었다고 말해도 당연히 인

간은 죽는 것이라고 믿습니다. 하지만 누군가 죽었다가 살아났다면 쉽게 믿지 못합니다. 죽은 사람이 살아나는 것은 기절초풍할 일입니다.

오늘날의 사람들만 부활이 믿어지지 않는 것이 아니라 예수님과 함께 3년 동안 동거동락했던 제자들과 다른 이들도 처음에는 예수님의 부활을 믿지 못했습니다. 무덤에 간 여인들에게 천사가 예수님께서 살아나셨다고 전했을 때, 여인들은 몹시 놀라고 무서워 떨었습니다. 이 사실을 제자들에게도 알렸지만 믿지 못했습니다. 그들도 예수님이 부활해 직접 만나주셨을 때 믿을 수 있었습니다. 고린도 교회 사람들 가운데에도 부활을 믿지 못한 사람들이 많이 있었습니다. 이처럼 부활을 믿는다는 것은 쉬운 일이 아닙니다. 하지만 사도 바울은 부활은 반드시 있다고 강력하게 말합니다. 바울은 부활이 없다면 그리스도의 죽음도, 우리의 믿음도 다 헛것이며 예수님도 괜히 억울하게 십자가에서 돌아가신 것이라고 말합니다. 또한, 부활이 없다면 지금 예배하고 있는 우리가 이 세상 사람들 가운데 가장 불쌍한 존재라고 말합니다.

예수님의 부활은 죄와 죽음에 대해서 완전히 승리했음을 확증하는 사건입니다. 바울은 우리 인간에게 있어 가장 중요한 문제 가운데 하나인 죽음이 어떻게 우리에게 왔고, 또 어떻게 우리가 죽음의 문제를 해결할 수 있는지 알려줍니다. "사망이 한 사람으로 말미암았으니 죽은 자의 부활도 한 사람으로 말미암는 도다. 아담 안에서 모든 사람이 죽은 것 같이 그리스도 안에서 모든 사람이 삶을 얻으리라(고전 15:21-22)."

이 말씀은 창세기에 나온 인간이 선악과를 따먹은 사건을 배경으로 합니다. 하나님은 자신의 형상대로 아담과 하와를 만드시고, 아담과 하와에게 동산에 있는 각종 나무의 열매는 임의로 따먹게 하셨습니다. 하지만 선악을 알게 하는 나무는 먹지 못하게 하셨습니다. 이처럼 하나님은 인간을 창조하시고 많은 것을 허락해주셨습니다. 에덴동산의 모든 것을 누리도록 하셨습니다. 먹고 싶은 것을 먹고, 보고 싶은 것을 보며, 갖고 싶은 것을 갖게 하셨습니다. 다만 한 가지만 하지 못하도록 하셨습니다. 그것은 동산에 있는 선악을 알게 하는 나무의 실과는 먹지 못하게 하셨습니다. 하지만 아담과 하와는 뱀의 꼬임으로 하나님이 먹지 말라는 선악과를 먹어 하나님의 명령을 어기어 죄를 짓게 되었습니다.

만약 아담과 하와가 우리나라 사람이었다면 지금까지 온 인류가 에덴동산에서 행복하게 살았을 것이라는 농담이 있습니다. 왜냐하면 아담과 하와가 한국인이었다면 선악과를 먹으라고 유혹하는 뱀을 몸에 좋다고 잡아먹었을 것이기 때문입니다. 혹시 우리 가운데 하와를 유혹한 뱀을 우리가 지금 동물원에서 보는 뱀과 같은 것으로 생각한 분 계십니까? 창세기에 나온 뱀은 지금 우리가 동물원에서 보는 파충류인 뱀과는 차원이 다른 존재입니다. 이사야 6장 2절에서 묘사한 뱀의 형태를 보면 다리와 날개를 가지고 있었습니다. 이런 뱀에게 선악과 사건 이후에 하나님께서 내리신 저주가 바로 '배로 기어다는 것', '흙을 먹고 살라는 것'이었습니다. 이런 사실을 종합하면 성경에서 말하는 뱀은 지금 우리가 동물원에서 볼 수 있는 파충류의 뱀이 아니라는 것을 알 수 있습니다.[11]

이런 뱀이 신약 성경에 이르면 사단과 동일시됩니다. 뱀은 처음부터 하나님과 사람을 이간질하기 위하여 거짓말하는 자요 살인자였습니다(요 8:44). 이 뱀인 사단은 예수님이 재림하셔서 다시 오실 때 완전히 결박당하여 끝없는 심연으로 굴러떨어질 것이라고 요한계시록 20장에서 알려줍니다.

아담과 하와가 뱀의 유혹에 넘어가 하나님의 명령을 어기고 선악과를 따먹음으로 말미암아 모든 사람이 죄를 지어 사망에 이르게 되었습니다. 혹시 우리 가운데 범죄는 아담이 저질렀는데 그 죄가 왜 나를 포함한 모든 사람에게 미치는지에 대해 이해가 잘되지 않는 분도 있을 수 있습니다. 오늘 우리가 죄를 범하면 그 죄는 개인에게만 미치는 개인 책임이 원칙입니다. 하지만 아담의 범죄는 차원이 다릅니다. 하나님과 아담이 선악과 언약을 맺을 때 아담은 한 개인으로서의 아담이 아닙니다. 장차 아담 안에

---

11 김회권, 『하나님 나라 신학의 관점에서 읽는 모세오경 1』(대한기독교서회, 2005), 53쪽.

서 태어날 모든 사람의 법적 대표로서 아담입니다. 그렇기에 전 인류가 아담 안에서 하나님과 선악과 언약을 맺은 것입니다. 이 것은 마치 대통령이 외국과 조약을 맺을 때 국민 전체를 대표해 서 한 것과 마찬가지라 할 수 있습니다. 그렇기에 비록 아담이 죄를 범하였지만 그 책임은 아담뿐만 아니라 온 인류에게 동일하 게 주어집니다. 그렇기에 아담 안에서 모든 사람이 죽었다고 말 합니다(고전 15:22).

죄에는 반드시 하나님의 심판이 뒤따르게 되어 우리는 죽을 수밖에 없는 존재가 되었습니다. 여기에 하나님의 안타까움이 있습니다. 하나님은 신실하시기에 하나님이 세우신 법칙은 존중 되어야 합니다. 하나님은 선악과 언약을 맺을 때의 약속을 지켜 야 합니다. 하지만 선악과 약속을 지키면 자신이 사랑하는 피조 물인 인간이 죽게 됩니다. 그렇다고 무조건 사랑으로 용서해주시 면 하나님의 신실함이 무너지게 됩니다. 그래서 하나님은 우리 가 상상할 수 없는 놀라운 방법을 취하셨습니다. 하나님 자신이 그 법칙의 희생자가 되시고, 자신의 피조물인 인간은 살리기로 결정하셨습니다. 하나님은 자신의 유일하신 아들 죄 없는 예수 그리스도를 보내 모든 사람의 죄를 대신하여 뒤집어쓰는 방법을 취하셨습니다. 하나님의 아들이신 예수님을 사람으로 우리 가운 데 보내 십자가에 죽게 하시고 그 대신 사형수인 우리를 구원하 셨습니다. 예수님이 십자가에 달려 죽어 무덤에 묻힐 때 우리도 함께 거기에 누워 있었습니다. 우리 죄의 대가는 거기에서 지불되었습니다. 이런 예수님을 하나님은 다시 살리셔서 영원한 생명을 주셨습니다. 그리하여 예수님이 우리를 대신하여 십자가에서 죽으심이 옳았다고 판결하셨습니다. 예수님의 부활은 우리를 위해서도 일어났습니다. 예수님의 부활과 함께 우리도 죽음으로부터 부활했습니다. 아담 한 사람으로 인해 전체 인류에게 멸망의 영향이 미쳤던 것 같이 예수님의 부활도 전체 인류에게 효력을 미치게 됩니다. 오히려 아담의 죄로 인해 파멸된 것보다 예수 그리스도를 통한 구원의 은혜가 훨씬 크고 강합니다. 그렇기에 이제 예수님의 부활을 믿는 우리는 새로운 삶을 얻게 되었습니다. 만약 예수님께서 십자가에서 우리의 죄의 문제를 해결해주셨지만 부활하지 못하셨다면 여전히 죽음을 극복하지 못하게 됩니다. 예수님이 부활하셨기 때문에 우리가 죽음에 대해서도 이길 수 있게 되었습니다. 예수님의 부활은 우리의 죄뿐만 아니라 죽음에 대해서도 완전히 승리했음을 확증하는 사건입니다.

죽음은 예수님을 제외하고는 누구도 해결하지 못했습니다. 유교의 창시자인 공자도 죽음은 극복하지 못했습니다. 이슬람교의 창시자인 마호메트도 죽음의 문제를 해결하지 못했습니다. 불교의 창시자 부처도 죽음의 문제를 해결하지 못했습니다. 우리 예수님만이 죽음을 이기셨기 때문에 우리 기독교만이 죽음에 대해 근본적인 해결책을 줍니다. 기독교를 알지 못한 사람들은 '그 종교가 그 종교'라고 말하면서 흔히들 어떤 종교든 사랑 베풀고, 선행하라는 것은 비슷하다고 말합니다. 어떤 사람들이 모임에서 예수님과 부처의 차이가 무엇인지 논쟁이 붙었다고 합니다. 한참 논쟁을 하고 있는데 한 사람이 예수님과 부처의 차이는 헤어스타일의 차이라고 말하여 논쟁은 종지부를 찍었다고 합니다. 예수님과 부처의 차이는 헤어스타일에 있어서도 차이가 나지만, 정말 중요한 것은 죄의 결과로 초래된 우리의 죽음의 문제를 근본적으로 해결했는지 못했는지에 차이가 있습니다.

죽음을 극복하지 못하면 참된 종교가 아닙니다. 왜냐하면 우리 인간에게 있어 가장 두렵고 무서운 존재는 죽음이기 때문입니다. 죽음에 대해 초연한 척하는 사람도 막상 죽음 앞에 서게 되면 두렵고 떨립니다. 99세의 어르신에게 "100세까지 장수하세요."라고 얘기하면 싫어하는 것처럼 말입니다. 죽음은 우리에게 말할 수 없는 슬픔과 아픔과 고통과 두려움을 가져다줍니다. 그렇기에 죽음의 문제를 해결할 수 있어야만 참된 종교라 할 수 있는데, 우리 기독교만이 유일하게 예수님이 부활하심으로 인해 죽음의 문제를 해결하였습니다. 예수님께서는 십자가와 부활을 통해 죄의 권세와 사망의 권세를 다 이겨내셨습니다. 우리는 부활이 있음을 100% 믿어야만 우리의 죄와 죽음으로부터 자유로워질 수 있습니다. 부활을 전적으로 믿으셔야 합니다. 혹시 우리 가운데 부활이 잘 믿어지지 않는 사람이 있다면 어떻게 해야 할까요?

내 마음 가운데 부활의 주님이 찾아오셔서 믿게 해달라고 기도해야 합니다. 부활을 기대하는 사람들에게 부활의 예수님은 찾아오십니다. 우리가 잘 알고 있는 예수님의 제자 가운데 요리를 가장 잘할 것 같은 분이 계시죠? 바로 도마입니다. 요한복음 20장 24절부터 29절에는 도마 이야기가 나옵니다. 어떤 이유인지 예수님께서 부활하셔서 제자들에게 나타나실 때 도마는 그 자리에 없었습니다. 다른 제자들이 주님의 부활을 보고 도마에게 말했지만, 도마는 믿지 못했습니다. 도마는 예수님께서 부활하셨다는 것이 도저히 믿어지지 않았습니다. 그래서 자신이 직접 눈으로 보고, 자신의 손으로 만져보지 않고는 예수님께서 부활하셨다는 사실을 믿지 못하겠다고 합니다. 도마가 예수님의 부활을 믿지 못하자 예수님께서 도마 앞에 직접 나타나셔서 자신의 부활을 보여주셨습니다. 부활을 믿지 못하는 도마에게 예수님께서 나타나셔서 하이킥을 날리지 않으셨습니다. 예수님께서는 확실한 증거를 원하는 사람을 꾸짖지 않으셨습니다. 예수님은 도마에게 '네 손가락을 이리 내밀어 내 손을 보고, 네 손을 내밀어 내 옆구리에 넣어보고, 믿음 없는 자가 되지 말고 믿는 자가 돼라.' 라고 말씀하셨습니다. 예수님의 부활을 직접 확인한 도마는 이런 놀라운 고백을 합니다. "나의 주님이시오 나의 하나님이시다." 이런 고백을 한 도마에게 예수님은 "너는 나를 본고로 믿느냐 보지 못하고 믿는 자들은 복되도다."라고 말씀하십니다.

예수님은 우리에게 눈에 보이는 표적과 기적에 근거한 믿음보다는 눈으로 직접 보이지는 않지만 증인과 선포자들의 말씀에 근거한 믿음이 더 중요하다고 하십니다. 예수님의 부활을 정말로 믿기를 원하면 주님은 반드시 찾아오십니다. 부활의 확신을 갖게 해주십니다. 혹시 지금 우리 가운데에도 예수님의 부활이 믿어지지 않는 분이 있다면, 주님께 내 마음 가운데 찾아오셔서 믿게 해달라고 기도하십시오.

제자들의 갑작스럽고 놀라운 변화를 통해서도 예수님이 부활하셨음을 알 수 있습니다. 예수님의 부활이 잘 믿어지지 않는 분이 있다면, 신앙적인 접근이 아닌 일반적인 방법으로 예수님의 부활이 사실이라는 것을 알 수 있습니다. 역사에는 원인이 없는 결과가 없습니다. 이것이 역사학에서 중요하게 여기는 일반적인 원칙입니다. 예수님이 십자가에 매달릴 때 제자들은 모두 달아났습니다. 제자들이 예수님을 배반하고 도망가서 자신의 생업으로 돌아갔다는 것은 사실 부끄러운 이야기이지만, 성경은 제자들의 이런 행동을 사실적으로 기록하고 있습니다. 예수의 십자가 처형은 제자들에겐 엄청난 충격이었고 절망을 안겨준 사건이었습니다. 그리고 자신들도 예수님의 제자이기에 처형을 당할지도 모른다는 두려움으로 모두 도망가 숨었습니다. 하지만 그들이 얼마 지나지 않아 예수님을 위해 목숨을 내어놓는 일이 벌어집니다. 예수의 죽음 앞에 두려워서 떠났던 제자들이 갑자기 예수를 주와 그리스도라고 담대히 증거하기 시작합니다. 이러한 증거는 단순한 증언이 아니라 목숨을 건 행동입니다(행 4:18, 21). 대부분의 제자는 예수님의 부활과 예수님이 그리스도임을 담대하게 외치다가 순교를 당합니다. 이와 같이 제자들이 예수님의 부활을 증거하다 순교했다는 것은 명백한 역사적 사실입니다. 제자들의 회심과 순교를 통해 초대 교회가 형성되었다는 것도 부인할 수 없는 역사적 사실입니다. 얼마 전까지만 해도 죽음이 두려워 떨고 숨었던 제자들이 목숨을 건 증언을 할 수 있었던 데에는 원인이 있었을 것입니다. 예수님의 죽음과 제자들의 회심 사이에 어떤 강한 충격이 있었다는 것입니다. 바로 이 강한 충격이 예수님의 부활이라고 봅니다.[12]

예수님의 부활은 지금 내가 믿든 믿지 않든 2000여 년 전에 역사적으로 일어난 분명한 실제 사건이며 100% 사실입니다. 그렇기에 예수님의 부활을 "전적으로 믿으셔야 합니다."

부활을 현실에서 체험하고 살아가야 합니다. 예수님은 부활하셨습니다. 그런데 예수님이 부활하신 것으로 끝나서는 안 됩니다. 예수님의 부활을 생각할 때, 많은 그리스도인이 자신이 죽고 나서 천국에서 영원히 사는 것만 생각합니다. 하지만, 부활을 역사의

---

12   김동건·김성수·장성운, 『신학이 있는 묵상. 3』(대한기독교서회, 2009), 73~75쪽.

마지막 날이나 죽음에서 일어나는 일로만 생각해서는 안 됩니다. 예수 그리스도께서 부활하셨다는 것을 우리가 믿는 바로 이 순간, 부활을 체험하고 살아가야 합니다. 부활을 믿는 자들은 이미 부활한 자이고, 부활의 생명이 지배하기 때문에 지금 바로 이곳에서 부활을 누리고 살아갈 수 있습니다. 예수님의 부활이 바로 지금 나의 일상의 삶 가운데 부활로 나타나야 합니다. 예수님의 부활을 그저 1년에 한 번 있는 연례행사 정도로 생각하고 부활 주일 기간에만 예수님이 부활하셨다고 찬양하고 나머지 기간은 예수님의 부활과 관계가 없다고 생각하는 삶을 살아서는 절대 안 됩니다. 우리는 삶 가운데서 부활하신 예수님을 날마다 만나고 느끼고 경험해야 합니다.

믿음을 굳건히 하고 항상 주의 일에 더욱 힘쓰는 삶을 살아야 합니다. 사도 바울은 고린도 교인들을 향해 "내 사랑하는 형제들아"라는 매우 친근한 호칭을 사용하여 부활 신앙에 근거하여 어떻게 사는 것이 하나님이 기뻐하시는 삶인지에 대해 알려줍니다. "그러므로 내 사랑하는 형제들아 견고하며 흔들리지 말고 항상 주의 일에 더욱 힘쓰는 자들이 되라(고전 15:58)."

먼저 바울은 고린도 교인들에게 "견고하며 흔들리지 말라."라고 합니다. 바울은 자신이 고린도 교인들에게 전해준 부활을 비롯한 신앙을 잘 지켜 견고히 서서 요동하지 말라고 합니다. 그리고 계속해서 바울은 고린도 교인들에게 "항상 주의 일에 더욱 힘쓰는 자들이 되라."라고 권면합니다. 여기서 말하는 '주의 일'은 복음 선포와 교회를 세우는 일에 헌신하는 것을 말합니다. '더욱 힘쓰는 자들이 되라.'라는 말의 의미는 '더욱 풍부하게 하다.', '더욱 탁월하게 하다.'라는 뜻입니다. 바울은 고린도 교인들에게 그리스도의 몸된 교회를 더욱 풍부하고 탁월하게 만드는 일에 충성을 다해야 한다고 말합니다.

바울이 고린도 교인들에게 이렇게 자신 있게 복음을 선포하고 주님의 몸된 교회를 건설하는 일에 힘쓰라고 말할 수 있는 것은 이러한 수고가 주 안에서 헛되지 않기 때문입니다. "이는 너희 수고가 주 안에서 헛되지 않은 줄을 앎이라(고전 15:58)."

그리스도인의 수고에 대해 주님께서 갚아주신다는 것입니다. 혹시 우리 가운데 내가 지금 교회에서 섬기는 일이 너무 많아 손해를 보는 것 같다는 분 계십니까? '열정페이'나 마찬가지로 노예계약을 맺은 것처럼 교회에서 일만 하고 있다는 생각이 들어 마음이 불편하신 분 계십니까? 이런 분들은 '너희 수고가 주 안에서 헛되지 않다.'라는 말씀에 위로를 받길 바랍니다. 주님께서는 우리가 주님을 위해 헌신하는 것들을 잊지 않고, 알고 계십니다. 하나님께서 항상 주의 일에 힘쓰는 자들에게 언젠가 가장 좋은 것으로 그것을 갚아주십니다. 저는 청년부에서 열심히 주님의 일을 감당하여 우리 공동체를 세우는 데 힘썼던 청년 모두에게 하나님께서 잘해주시는 것을 봤습니다. 하나님께서 자신의 능력보다 더 좋은 곳으로 취직을 시켜주시는 것도 봤습니다. 자신보다 훨씬 더 좋은 배우자를 만나 행복한 가정을 이루어 주시는 것도 봤습니다. 지금 교회에서 자신이 하는 일이 많다고 불평하지 마십시오. 우리는 지금 미래를 위해 하나님께 높은 금리로 저축하고 있는 것이나 마찬가지입니다. 그런 생각을 가지고 모두 기회가 있을 때 복음 선포와 교회 세우는 일에 헌신하는 사람들이 되어야 합니다.

Q&A를 통한 핵심 정리

Q. 예수님의 부활은 우리에게 어떤 의미입니까?

A. 예수님의 부활은 죄와 죽음에 대해서 완전히 승리했음을 확증하는 사건입니다.

Q. 우리 가운데 부활이 잘 믿어지지 않는 사람이 있다면 어떻게 해야 할까요?

A. 내 마음 가운데 부활의 주님이 찾아오셔서 믿게 해달라고 기도해야 합니다. 여전히 부활이 잘 믿어지지 않는다면, 제자들의 갑작스러운 놀라운 변화를 보면 예수님이 부활하셨음을 알 수 있습니다.

Q. 예수님의 부활을 전적으로 믿는 사람은 어떤 삶을 살아야 합니까?

A. 부활을 현실에서 경험하면서 믿음을 굳건히 하고 항상 주의 일에 더욱 힘써야 합니다.

3.
비밀 폭로

바른 믿음은 무엇일까요? 지금 내가 믿고 있는 것들 가운데 미신적 요소는 없을까요?

열두 해를 혈루증으로 앓아 온 한 여자가 있어

많은 의사에게 많은 괴로움을 받았고 가진 것도 다 허비하였으되 아무 효험이 없고 도리어 더 중하여졌던 차에

예수의 소문을 듣고 무리 가운데 끼어 뒤로 와서 그의 옷에 손을 대니

이는 내가 그의 옷에만 손을 대어도 구원을 받으리라 생각함일러라

이에 그의 혈루 근원이 곧 마르매 병이 나은 줄을 몸에 깨달으니라

예수께서 그 능력이 자기에게서 나간 줄을 곧 스스로 아시고 무리 가운데서 돌이켜 말씀하시되 누가 내 옷에 손을 대었느냐 하시니

제자들이 여짜오되 무리가 에워싸 미는 것을 보시며 누가 내게

손을 대었느냐 물으시나이까 하되

예수께서 이 일 행한 여자를 보려고 둘러 보시니

여자가 자기에게 이루어진 일을 알고 두려워하여 떨며 와서 그 앞에 엎드려 모든 사실을 여쭈니

예수께서 이르시되 딸아 네 믿음이 너를 구원하였으니 평안히 가라 네 병에서 놓여 건강할지어다

- 막 5:25-34

아마 우리 가운데 대부분은 숨기고 싶은 비밀 한 가지 이상은 있을 것입니다. 보통 여성분들이 감추고 싶은 비밀 가운데 하나가 자신의 몸무게와 20세 이전의 치욕의 역사가 고스란히 담기어 있는 사진이라고 합니다. 의사의 형상으로 창조되기 전의 자신의 얼굴을 감추고 싶으신 분들이 많다고 합니다. 또 남성분들 가운데 키가 작다고 생각하신 분들은 자신의 키가 얼마인지를 감추고 싶습니다. 남자들에게 키를 물어보면, 180㎝가 넘는 분들은 자신의 키를 소수점까지 자세히 말해줍니다. 하지만 170㎝가 겨우 될까 말까 하면 170㎝는 넘는다고 합니다. 그렇기에 남자들 가운데 말로만 들어서는 170㎝ 이하의 키를 찾아보기 힘듭니다. 저마다 비밀을 감추고 싶지만, 사람들 가운데에는 네티즌 수사대처럼 꼭 비밀을 밝히려고 하는 사람들이 있습니다. 우리는 그 비밀이 국가 안보를 해치는 것처럼 우리 공동체를 망가뜨

리는 일이 아니라면 밝히지 말고 감추었으면 좋겠습니다.

본문에서도 자신의 행동을 비밀로 하고 싶은 사람과 그 비밀을 폭로한 분이 나옵니다. 자신의 행동을 비밀로 하고 싶은 사람은 바로 12년 동안 혈루증으로 고생했다가 예수님의 옷을 만져 나았던 여인입니다. 이 여인의 비밀을 폭로한 분은 바로 예수님입니다.

혈루증은 생식기 계통에 이상이 생겨 하혈이 계속되는 병입니다. 이 병은 당시 율법에 의하면 부정한 병이기 때문에 당시의 관점에서 혈루증을 앓고 있는 여인은 부정한 사람입니다. 또한, 이 때문에 성전에 나올 수가 없어 하나님을 제대로 예배할 수 없는 사람입니다. 사람들과도 가까이 지내지 못하여 사회와 격리된 채로 살아야 하는 사람입니다. 이 여인은 오랜 세월 동안 혈루증을 앓아왔기 때문에 육체적으로도, 정신적으로도 매우 힘들었습니다. 그뿐만 아니라, 온갖 치료를 받아 재산을 다 허비하여 경제적 빈곤에 시달렸습니다.

그런데 이 여인에게 희망의 소식이 전해졌습니다. 예수님에 관한 이야기를 듣게 된 것입니다. 예수님은 불치병도 고쳐줄 뿐만 아니라 말씀에 권세가 있다는 것입니다. 갈릴리 쪽에서는 많은 맹인이 눈을 뜨고 한센병도 치료를 받았다는 소식을 들었습니다. 죽은 자도 살리는 능력이 있다는 소문도 들었습니다. 혈루증 여인은 예수님을 만나 뵙고 싶었습니다. 예수님을 만나면 자신의 혈루증이 나을 것 같았습니다.

마침 예수님께서 회당장 야이로의 부탁으로 그의 딸을 고쳐주러 가신다는 이야기를 듣고, 예수님이 지나가신 곳으로 갔습니다. 거기에는 이미 예수님을 따르는 수많은 사람이 있었습니다. 혈루증에 걸린 여인도 예수님을 따르던 사람들 틈에 끼어 예수님을 따랐습니다. 예수님 앞에 당당히 나가 자신의 병을 고쳐달라고 말하고 싶었지만 부정한 병에 걸린 사람이라 감히 많은 사람들이 있는 곳에서 공개적으로 예수님 앞에 나가서 부탁하지 못했습니다. 그냥 사람들 사이에서 끼어 예수님 뒤에서 몰래 그분의 옷에 조마조마한 마음으로 손을 댔습니다. 예수님의 옷에만 손을 대어도 자신의 병이 나을 것만 같았기 때문이었습니다. 당시에 예수님을 만지면 병이 낫는다고 생각한 사람들이 많았습니다. 그리고 혈루증 여인은 바람대로 예수님의 옷을 만졌더니 정말 병이 나았습니다.

그런데 여기서 문제가 생겼습니다. 여인은 예수님의 옷을 만져 혈루증이 나은 사실을 비밀로 간직하고 하고 싶었지만, 그 비밀이 탄로 날 위기에 처했습니다. 예수님께서 비밀을 폭로하려고 한 것입니다. 예수님께서 갑자기 생뚱맞게 많은 사람에게 "누가 내 옷에 손을 대었느냐."라고 물으십니다. 수많은 사람이 예수님을 에워싸며 따르고 있어 밀치다 보면 누군가의 손이 예수님 옷에 닿는 것이 당연한데, "누가 내 옷에 손을 대었느냐."라고 물으시니 제자들은 예수님을 이해할 수 없었습니다.

하지만 혈루증에서 나음을 입은 여인은 예수님이 지금 자신을 공개 수배하고 있다는 것을 바로 알았습니다. 그 순간 여인은 두려워 떨며 나와서 예수님께 사실대로 말씀드립니다.[13]

혈루증에서 나음을 입은 여인은 자신의 병이 나은 것을 비밀로 하고 싶은데, 예수님은 왜 이 사실을 폭로하셨을까요? 바로 **혈루증에서 고침을 받은 여인이 미신적 신앙에 빠지지 않도록 하기 위해서입니다.** 12년 동안 혈루증으로 고통을 당한 여인은 예수님의 옷에 손을 대 자신의 병이 나았습니다. 만약 이 여인이 이대로 돌아간다면 자신의 병이 예수님의 옷을 만져서 나은 것으로 착각할 수 있습니다. 예수님의 옷을 만질 당시에는 믿음으로 만졌다고 하더라도 시간이 지나고 나면 생각이 바뀔 수 있습니다. 자신이 고침을 받은 것이 믿음 때문이 아니라 예수님의 옷을 만졌기 때문이라고 말입니다. 이때, 여인은 미신적 신앙에 빠지게 됩니다.

이 여인은 미신적 신앙에 빠질 가능성이 충분한 사람입니다. 여인은 예수님과 함께 시간을 보낸 적도, 예수님으로부터 가르침을 받은 적도 없습니다. 예수님과 함께 한 시간이 없었기 때문에 예수님과 전혀 인격적 관계를 맺지 못했습니다. 그렇기에 이

---

13 『옥스퍼드 원어성경대전 마가복음 제1-9장』(제자원, 2006), 422~33쪽.

여인은 예수님과 믿음에 뿌리가 약한 사람입니다. 잎새에 이는 바람에도 믿음이 흔들리듯 미신적 신앙에 빠질 수 있는 사람입니다. 이런 위험성을 알고 계신 예수님께서는 혈루증 여인이 미신적 신앙에 빠지지 않도록 일부러 비밀을 폭로하신 것입니다. 이 여인이 혈루증에서 나음을 받은 것은 예수님의 옷을 만져서가 아니라 예수님을 온전히 믿었기 때문이라고 분명히 알려주기 위해서입니다. 이 사실을 예수님의 말씀을 통해 확인할 수 있습니다. "네 믿음이 너를 구원하였으니(막 5:34)."

'구원'이라는 말은 건져냄을 받는 것을 의미합니다. 신약 성경에서 말한 '구원'은 대개 우리가 예수님을 믿어 죄 용서함을 받아 영원한 생명을 갖게 되는 것을 의미합니다. 하지만 아픈 사람이 나음을 입을 때에도, 가난한 자가 가난에서 해방될 때에도, 노예의 상태에 있는 사람이 자유를 얻을 때에도 구원받았다는 말을 사용합니다. 그렇기에 본문의 혈루증 앓는 여인에게 있어 '구원'은 혈루증에서 나음을 받는 것입니다. 예수님께서는 부정한 병에 걸려 있는 여인이 많은 어려움을 극복하고 용기를 내어 많은 사람을 뚫고 나와 초조하게, 어찌보면 미신일 수도 있는 예수님의 옷을 만지는 행위를 한 것을 믿음으로 여기셨습니다.[14] 이 때문에 혈루증에서 고침을 받은 여인은 더욱 예수님의 옷을 만져

---

14 『관주해설 성경전서 개역개정판: 독일성서공회 해설』(대한성서공회, 2013), 61쪽.

서 자신의 병이 나았다고 착각해서는 안 됩니다. 예수님의 옷을 만져 자신의 병이 나았다고 생각한다면 그것은 미신적인 신앙입니다.

우리는 어떤 방법을 통해 하나님의 도움을 받게 되면 그 방법이 복을 받는 비결이라고 착각하기 쉽습니다. 그 방법을 사용해야만 주님께서 복 주신다고 생각합니다. 이렇게 생각하면 미신적 신앙에 빠지게 됩니다. 예를 들어 어떤 사람이 큰 소리로 기도하여 기도 응답을 받았다고 기도는 항상 큰 소리로 해야 응답받는다고 생각해서는 안 됩니다. 이 사람이 응답받을 수 있던 것은 큰 소리로 기도했기 때문이 아니라, 믿음으로 주님께 간절히 기도했기 때문입니다. 한번 생각해보십시오. 평소에 기도를 잘 하지 않는데도 큰 소리로 기도했을 정도면 얼마나 간절했겠습니까? 우리는 자기 자신의 믿음으로 응답을 받고도 그때 구했던 방법 때문에 응답받았다고 오해해서는 안 됩니다. 그렇게 생각하면 미신적인 신앙에 빠지게 됩니다.

구원과 병 고침은 우리의 믿음에 달려 있습니다. 하지만 이 믿음도 우리 자신에게서 출발하는 것이 아니라 예수님으로부터 시작됩니다. "믿음의 기도는 병든 자를 구원하리니 주께서 그를 일으키신다(약 5:15)."

믿음의 기도가 병든 자를 낫게 합니다. 하지만, 엄밀히 말하면 우리의 믿음 자체가 병으로부터 안전한 역사를 만드는 것은 아닙니다. 우리의 힘과 능력으로는 병을 고칠 수 없습니다. 단지 믿음을 통해 하나님의 능력이 우리에게 나타나 병에서 치유받을 수 있을 뿐입니다.

　마치 우리 그리스도인의 믿음은 스위치와 같은 역할을 할 뿐입니다. 전등에 불을 켜기 위해서는 스위치를 켜야 합니다. 스위치를 켜지 않으면 전등이 있고 전기가 있어도 불은 켜지지 않습니다. 그렇다면 우리는 빛을 누리지 못하고 어둠 속에 지내야 합니다. 이처럼 스위치는 직접 밝은 빛을 만들지는 못하지만, 스위치를 켜지 않으면 불도 켜지지 않아 밝은 빛을 누릴 수 없습니다. 우리의 믿음 자체가 어떤 능력이나 기적을 만들어내지는 못하지만, 주님의 능력이 우리에게 나타나게 하는 통로가 됩니다. 혈루증 여인도 예수님의 옷을 만지면 자신의 병이 나을 것이라는 믿음의 스위치를 통해 병 고침을 받았습니다. 혈루증 여인의 믿음이 아무리 강하더라도 결국 예수님이 고쳐주시지 않으면 나을 수 없습니다.

　우리의 신앙생활에서도 미신적 신앙이 없는지 돌아보아야 합니다. 성경을 '하루를 예측하는 말씀'으로 읽는 분이 있었습니다. 성경을 읽기에 앞서 "주님, 오늘 저에게 말씀을 주십시오."라고 기도한 다음 펼친 쪽의 말씀을 오늘 하나님이 나에게 주신 말씀으로 받아들입니다. 이런 식으로 성경을 읽는 사람이 어느 날 맨 처음 눈에 들어오는 구절이 "유다는 물러가서 스스로 목매어 죽은지라(마 27:5)."였습니다. 이 말씀을 도저히 자신을 위해 주시는 말씀으로 여길 수가 없었습니다. 그래서 다시 한번 펼쳤습니다. 이번에 그가 펼친 말씀은 "가서 너도 이와 같이 하라(눅 10:37)."였습니다. 삼세판이라는 말이 있듯이 마지막으로 한 번만 더 성경을 펴기로 했습니다. 마지막으로 성경을 폈을 때 말씀은 "예수께서 유다에게 이르시되 네 하는 일을 속히 하라 하시니(요 13:27)."였습니다. 만약 이런 식으로 성경을 읽는다면, 성경을 미신처럼 사용하고 있는 것입니다.

또 지금 많은 한국 교회에서 송구영신 예배 때 말씀 카드를 뽑습니다. 말씀 카드로 뽑아 나온 말씀을 한 해를 예측하는 말씀으로 받아들여서는 안 됩니다. 새해에 뽑은 말씀 카드를 한 해에 대해 길흉을 점치는 마음으로 받아들이면 곤란합니다. 1년 동안 자신에게 어떤 일이 이루어질 것인지에 대한 예언으로 생각해서는 안 됩니다. 새해 말씀 카드에 대해 영남신학대학교 조직신학 교수인 김동건 목사님이 적어 놓은 글입니다. "말씀 카드를 뽑아서 그 말씀을 묵상하고 그 묵상으로 하루, 한 주간, 혹은 한 달을 말씀으로 보낸다면 좋은 일입니다. 그러나 만일 말씀 카드를 뽑아서 그 카드를 그날 하루나 그 한 해에 대해 길흉을 점치는 마음으로 받아들이면 곤란합니다. 이렇게 말씀 카드의 내용을 미신적으로 사용하는 것은 피해야 합니다. 교회로서는 말씀 카드 뽑기가 순수하게 말씀에 대한 묵상의 의미라는 것을 분명히 해주어야 합니다. 그렇지 않으면 교인들은 자신도 모르게 자신이 뽑은 카드의 내용에 영향을 받게 되고, 좀 더 좋은 구절을 뽑고 싶다는 생각을 합니다. 이런 일이 반복되면 전혀 미신적이지 않던 교인들도 점차 어떤 행운이나 요행을 바라는 기복적인 사고를 하게 됩니다. 이렇게 되면 결국 하나님의 말씀을 미신적으로 대하게 될 가능성이 큽니다."[15]

송구영신 예배 때 뽑은 말씀 카드는 올 한 해 동안 내가 더 특별히 묵상해야 할 말씀으로 생각해야 합니다. 또 뽑은 말씀을 통해 나에게 주신 위로와 격려와 교훈의 메시지를 받아 새로운 한 해를 더욱 하나님과 함께하는 데 사용해야 합니다. 그렇지 않으면 우리가 좋은 의도를 가지고 한 말씀 카드 뽑기가 미신적 신앙으로 전락할 수 있으니 조심해야 합니다.

예수님께서 비밀을 폭로한 이유는 **혈루증에서 고침을 받은 여인의 마음에 평안을 주기 위해서입니다.** 혈루증이 나은 여인은 자신을 지긋지긋하게 괴롭히던 육체의 질병에서 해방은 되었지만 마음은 편치 못했습니다. 아마 이 여인은 자기와 같은 부정한 사람이 옷을 만졌기 때문에 예수님이 부정한 분이 되었다고 착각했을 것입니다.

구약의 율법에 따르면 정한 것과 부정한 것이 접촉하면 항상

---

15 김동건·김성수·장성운, 앞의 책, 43쪽.

정한 것이 부정한 것이 되고 맙니다. 그동안 자신의 몸을 닿는 사람이나 물건은 물론, 자신의 몸이 스치는 장소도 모두 부정해졌습니다. 그렇기에 예수님도 부정해졌다고 생각하는 것은 어찌 보면 당연한 일입니다. 하지만 이 여인의 생각은 예수님의 능력에 대한 무지에서 온 것일 뿐입니다. 예수님께 나아가면 부정한 것은 오히려 정한 것으로 바뀌게 됩니다. 예수님은 부정한 것을 깨끗하게 하신 분이십니다.[16] 이 여인은 예수님은 이런 분이라는 사실을 몰랐기에 병에서 나음을 입고도 예수님을 부정하게 만들었다고 착각하여 마음이 평안하지 못했습니다. 그래서 예수님이 찾으실 때 두려워하며 떨고 있습니다. "여자가 자기에게 이루어진 일을 알고 두려워하여 떨며 와서 그 앞에 엎드려 모든 사실을 여쭈니(막 5:33)." 이 여인이 이렇게 두려워하는 것은 예수님을 잘 몰라서 그랬던 것입니다.

예수님은 육체적 질병에서 해방되었지만 마음에 평안을 누리지 못하고 있는 여인을 그냥 내버려 두지 않으셨습니다. 예수님은 여인이 마음의 평안을 누리고 돌아갈 수 있도록 돕고 싶으셨습니다. 이 사실을 예수님께서 여인에게 한 "평안히 가라(막 5:34)."라는 말씀을 통해 확인할 수 있습니다.

평안은 '탈이나 걱정되는 일이 없는 편한 상태'를 말합니다. 더

---

16   윤석준, 『한국교회가 잘못 알고 있는 101가지 성경 이야기. 1』(부흥과 개혁사, 2011), 155~63쪽.

나아가 평안하라는 말은 '하나님과 올바른 관계로 말미암아 주어지는 심령의 만족과 편안한 생활상태'를 나타낼 때 사용됩니다.[17] 예수님은 이 여인에게 평안을 주기를 원하셨고, 이 여인을 모든 두려움의 그림자를 거두고 평안한 상태로 보내기를 원하셨습니다. 그래서 예수님은 이 여인의 비밀을 폭로하신 것입니다.

우리도 무지하면 여인처럼 마음에 평안을 잃을 수 있습니다. 송구영신 예배 때는 말씀 카드만 뽑는 것이 아니라 성찬식도 거행됩니다. 성찬의 효력을 잘 이해하지 못하면 성찬을 받을 때 마음에 평안이 사라질 수 있습니다. 성찬식을 할 때 담임 목사님과 같은 조가 되어 함께 성찬식을 진행하게 되면 민망한 상황이 연출됩니다. 많은 성도가 담임 목사님께만 성찬을 받으려고 하기 때문에 옆에 서 있는 것이 대개 어색합니다. 앞에서 전도사님들이 담임 목사님께만 성찬을 받으려 하지 말고 옆에 있는 저에게도 받으라고 안내하지만, 끝까지 버티고 담임 목사님께 받는 분들이 많이 계십니다. 물론 저도 담임 목사님에게 직접 성찬을 받고 싶은 성도들의 마음을 이해하지 못하는 것은 아닙니다. 하지만 담임 목사님에게 성찬을 받아야만 왠지 예수님의 능력이 나에게 잘 나타날 것 같고, 그 옆에 있는 저와 같은 부목사에게 성찬을 받으면 성찬의 효력이 작을 것 같다고 생각한다면, 그것

---

17 『옥스퍼드 원어성경대전 마가복음 제1-9장』(제자원, 2006), 432쪽.

역시 미신적 신앙입니다. 성찬의 효력이 목사에 따라 다르게 나타난다고 생각하신 분들은 담임 목사님에게 성찬을 받으면 마음이 평안하지만, 부목사에게 받으면 마음에 평안이 사라질 수 있습니다. 새해 첫날부터 되는 일이 없다고 생각을 할 수도 있습니다. 하지만 성찬의 효력은 집례하는 목사의 능력에 의해 나타나는 것이 아니라 성령 하나님의 능력으로 나타나는 것입니다.

그렇기에 올해 송구영신 예배부터는 자신의 순서가 옆에 있는 부목사에게 받을 차례가 되더라도 성찬의 효력에 있어서는 담임 목사님으로부터 받는 것이나 부목사에게 받는 것이나 모두 같기에 평안한 마음으로 성찬을 받았으면 좋겠습니다.

미신적 신앙에 빠지지 않고, 무지에서 오는 두려움부터 해방되어 평안함을 누리려면 어떻게 해야 할까요?

예수님을 바로 알아야 합니다. 혈루증 여인이 미신적 신앙에 빠지지 않기 위해서는 자신이 예수님의 옷을 만져 자신의 병이 나았다고 생각해서는 안 됩니다. 예수님께서는 혈루증에 걸린 여인이 자신의 병이 낫기 위해 예수님의 옷을 만지는 행위를 믿음으로 여기고 고쳐주셨습니다. 이 사실을 정확하게 알아야 미신적 신앙에 빠지지 않습니다. 또 혈루증 여인은 자신이 예수님을 만진다고 예수님이 부정하게 되지 않는다는 사실을 알아야 합니다. 예수님은 부정한 것을 깨끗하게 하신 분임을 알아야 합니다. 혈루증 여인은 예수님에 대해 정확히 알지 못했기 때문에 병의 치유를 받고도 마음에 평안함이 없었습니다. 자신이 예수님을 부정하게 만들었다고 생각했기 때문입니다.

우리도 혈루증 여인처럼 예수님에 대해 정확하게 모르면 미신적 신앙에 빠질 수 있습니다. 또한, 하지 않아도 될 괜한 걱정을 하던 여인처럼 우리도 괜한 걱정을 하게 되어 마음에 평안함이 사라질 수 있습니다. 그렇기에 우리는 반드시 예수님을 바로 알아야 합니다.

Q&A를 통한 핵심 정리

Q. 예수님께서 혈루증 여인의 비밀을 폭로하신 이유가 무엇입니까?

A. 미신적 신앙에 빠지지 않기 위해서입니다. 또한, 무지하여 마음에 평안이 없는 여인에게 평안을 주기 위해서입니다.

Q. 미신적 신앙에 빠지지 않고, 무지에서 생기는 두려움에서 해방되어 평안함을 누리기 위해서는 어떻게 해야 합니까?

A. 예수님을 바로 알아야 합니다.

4.
꼰대가 아닌 도우미

다른 사람의 강요에 마지못해 서원했다면 어떻게 해야 할까요? 혹시 지금 나는 다른 사람의 믿음을 주관하려고 하는 '꼰대'는 아닌지요?

> 우리가 너희 믿음을 주관하려는 것이 아니요 오직 너희 기쁨을 돕는 자가 되려 함이니 이는 너희가 믿음에 섰음이라
>
> — 고후 1:24

'꼰대'라는 말이 예전에는 어르신들이나 학교 선생님을 가리키는 은어였습니다. 그런데 요즘은 '고지식하고 권위주의적인 사고방식을 다른 사람에게 강요하는 사람'을 가리켜 꼰대라고 합니다. 꼰대는 자신의 경험과 주관으로 다른 사람을 쉽게 판단하여 상대방이 물어보지도 않았는데 조언을 하여 상대방에게 자기의 생각을 주입하려 하는 사람입니다. 다시 말해, 상대방을 존중하지

않는 사람입니다. '꼰대 육하원칙'이라는 말을 들어보셨습니까?

누가: "내가 누군 줄 알아?"

언제: "나 때는 말이야.", "내가 너만 했을 땐", "내가 젊었을 땐"

어디서: "감히? 어디서"

무엇을: "네가 뭘 안다고 그래."

어떻게: "어떻게 나한테 이럴 수가 있어?"

왜: "내가 그걸 왜 하니?"

이런 말을 자주 하는 사람은 나이와 관계없이 꼰대일 가능성이 높습니다. 요즘은 '젊은 꼰대'들도 많다고 합니다.

지금의 자신은 어떤 것 같습니까? 꼰대인 것 같습니까? 스스로 꼰대가 아니라고 하는 사람이 꼰대일 가능성이 높다고 합니다. 나도 모르는 사이에 꼰대가 되어 가고 있을 수도 있습니다. 자신만 옳다고 생각하기 때문에 다른 사람들이 하는 말과 행동 등 모든 것이 마음에 들지 않아 늘 불평불만이 가득해 본인도 힘들고 괴롭습니다. 또 그런 사람과 함께 생활하는 사람들은 더욱 힘이 듭니다. 그렇기에 우리는 자신을 위해서도, 자신이 속한 공동체를 위해서도 꼰대가 되지 말아야 합니다. 꼰대가 되지 않으려면 '쓰리고'를 잘해야 한다고 합니다. 첫째는 제 나이를 낮추어 젊은 사람과 소통하'고', 둘째는 자신이 잘 나갔던 옛날을 잊

'고', 셋째는 남의 인생에 참견하지 말'고' 입니다.

꼰대가 아닌 도우미가 되어야 합니다. 꼰대가 되기보다는 다른 사람에게 기쁨을 주는 도우미가 되어야 합니다. 조종하거나 지배하려는 태도로는 결코 다른 사람과 선한 영향을 주면서 좋은 관계를 유지할 수 없습니다. 다른 사람의 삶에 기쁨을 주는 도우미가 될 때 좋은 영향을 주면서 좋은 관계를 유지할 수 있게 됩니다. 그렇기에 우리는 꼰대가 아닌 도우미가 되어야 합니다.

다른 사람의 믿음을 지배하려고 해서는 안 됩니다. 사도 바울도 꼰대가 아닌 도우미의 삶을 살겠다고 다짐합니다. 사도 바울은 고린도의 교인들을 향한 자신의 마음가짐을 밝힙니다. "우리가 너희 믿음을 주관하려는 것이 아니라 오직 너희 기쁨을 돕는 자가 되려 함이니(고후 1:24)."

여기에 나온 '주관하다'라는 말은 '어떤 일을 책임을 지고 맡아 관리하다.', '어떤 일에 절대적인 영향력을 발휘하다.', '어떤 일에 대한 주권을 가지고 있다.'라는 의미입니다. 또 '돕는 자'라는 말은 '함께 일하는 사람', '동역자' '도우미'를 뜻합니다.

사도 바울은 자신이 고린도 교인들에게 주인 노릇, 주님 노릇을 하는 꼰대가 아니라 고린도 교인들이 기쁨을 누리도록 함께 일하는 도우미라고 말합니다. 이처럼 바울은 자신이 꼰대가 아닌 도우미가 될 수 있었던 이유를 고린도 교인들이 이미 믿음에서 있기 때문이라고 밝힙니다. "이는 너희가 믿음에 섰음이라(고후 1:24)."

바울이 고린도 교인들이 믿음에 서 있다고 말은 하고 있지만, 바울이 이 말을 할 당시에는 교인들은 믿음에 서 있지 않았습니다. 그 당시 고린도 교인들은 산적한 문제를 가지고 있었습니다. 그중에는 바울을 근심하게 하는 일들이 많았습니다. 거짓 사도들의 주장에 현혹되어 바울에 대적하는 이들도 있었습니다. 벌을 받아야 할 만큼 바울을 괴롭게 하는 사람들이 있었습니다. 하지만 바울은 이런 고린도 교인들을 향해 믿음에 서 있다고 말합니다. 바울은 지금 당장은 아니지만 언젠가는 고린도 교인들이 믿음에 바로 설 것이라는 확신을 가지고 있었던 것 같습니다. 바울은 고린도 교인들이 비록 지금은 믿음에 온전히 서 있는 것이 아님에도 그렇다고 여기고, 그들의 믿음을 주관하려고 하지 않았습니다. 단지 바울은 고린도 교인들이 기쁨에 설 수 있도록 함께하는 도우미일 뿐이라고 말합니다.[18]

사도 바울과 같이 믿음이 위대한 사람도 다른 사람의 믿음을 주관하려고 하지 않았습니다. 우리는 사도 바울이 어떤 믿음을 가지고 있었던 사람인지 알고 있습니다. 바울은 그야말로 '스펙의 종결자'였습니다. 바울은 태어나면서 당시 세계 최강국인 로마 시민권을 가지고 있었던 일등 시민이었습니다. 그리고 당시

---

18 『옥스퍼드 원어성경대전 고린도후서 제1-13장』(제자원, 2006), 106~7쪽.

이스라엘 최고의 학자인 가말리엘 문하에서 배워 학벌도 좋았습니다. 또한, 바리새인 중의 바리새인이었기에 가문과 혈통도 좋았으며 오늘날의 국회의원이나 헌법재판소 재판관과 같은 산혜드린의 회원이었습니다. 그리고 은사(恩賜)도 대단했습니다. 죽은 사람도 기도로 살려내는 능력을 가지고 있었습니다. 바울의 몸에서 손수건이나 앞치마를 가져다가 병든 사람에게 얹으면 병과 악귀가 떠나갈 정도로 기도의 능력에 있어서 탁월한 사람이었습니다. 이뿐만 아니라 하나님으로부터 많은 환상과 계시를 받았으며, 낙원에도 왔다 온 경험이 있는 사람이었습니다. 우리에게 예수님이 누구시며 어떻게 하면 우리가 구원을 받을 수 있는지, 예수 믿는 사람들은 어떤 삶을 살아야 하는지를 신약 27권 가운데 13권이나 기록하여 전해준 사람입니다. 더구나 고린도 교회를 개척한 사람입니다. 이런 대단한 바울도 자신이 세운 고린도 교인들의 믿음을 주관하려고 하지 않았습니다. 다른 사람의 믿음을 지배하는 '꼰대 짓'을 하지 않겠다고 한 것입니다.

바울과 같은 훌륭한 사도가 다른 사람의 믿음을 주관하려고 하지 않는다면 우리는 두말할 필요도 없이 다른 사람의 믿음을 지배하려고 해서는 안 됩니다. 대개 다른 사람의 믿음을 지배하려는 사람은 신앙생활을 오래 한 사람인 경우가 많습니다. 또 나이가 어린 사람보다는 나이가 많은 이들이 그동안 자신들의 경험을 바탕으로 다른 사람의 믿음을 지배하려고 하는 경향이 있습니다. 또 지도자의 위치에 있는 사람, 가르치는 위치에 있는 사람이 다른 사람의 믿음을 지배하려고 들기 쉽습니다.

교회 학교에서 교사로 섬기는 분이 있을 것입니다. 교회 학교에서 아이들을 가르칠 때, 아이들의 믿음을 지배하려고 해서는 안 됩니다. 아이들이 믿음에 설 수 있도록 기쁨으로 도와야 합니다. 간혹 교회 학교 교사들 가운데는 교사로서 본을 보이지 못한 이들도 있습니다. 교사가 예배에 늦고, 예배 시간에 떠들고, 공과 공부 제대로 준비하지 않아 학생보다 성경을 더 모르는 불성실함의 극치를 보이기도 합니다. 산타 할아버지만 누가 착한 아이인지 나쁜 아이인지 모든 것을 알고 계신 것이 아니라, 우리가 가르치는 학생들도 말은 하지 않아도 누가 진짜 선생인지 가짜 선생인지 다 알고 있습니다. 아이들은 말은 하지 않지만. 선생님을 불꽃 같은 눈으로 보고 평가합니다. 혹시 자신이 지금 교회 학교 선생님이라면 나이로, 자신의 경험으로, 힘으로 아이들을 자신에게 이끌고 지배하는 것이 아니라 기쁨으로 도와 아이들이 주님께 가까이 갈 수 있도록 해야 합니다. 아이들에게 꼰대가 아닌 도우미가 되어야 합니다.

그래도 교회에서 다른 성도의 믿음을 주관할 가능성이 가장 큰 사람이 누구일까요? 아마 저와 같은 목회자일 것입니다. 이 위험성을 우리 장로교의 아버지라 할 수 있는 칼빈도 알고 있었습니다. 칼빈은 고린도후서 1장 24절과 관련하여 이렇게 말했습니다. "목회자들은 사람들의 신앙 양심에 대해서 특별한 지배권을 가지지 못한다. 왜냐하면 그들은 지배자가 아니라 봉사하는 사람이며 돕는 사람들이기 때문이다. 이것은 변하지 않는 원칙이다."[19]

한국의 목사님들 가운데는 교인들의 믿음을 지배하려고 하는 사람들이 더러 있습니다. 목사라고 해도 교인들의 믿음을 주관하려고 해서는 안 됩니다. 목사라도 교인들의 신앙생활에서 주인 노릇을 하려고 해서는 안 됩니다. 제가 신학대학원에 다니던 시절, 교수님 가운데 한 분이 한국 교회 목사들은 어디에 가든 자신이 주인공이 되려 한다고 말씀하셨습니다. 교인들의 돌잔치에 가서도 자신이 주인공처럼 말하고, 교인들의 결혼식장에 가서도 자신이 주인공인 것처럼 행동한다고 말씀하셨습니다. 여러분은 나중에 담임 목사가 되었을 때 아무때나 주인공이 되려 하지 말라고 당부하셨습니다. 목사는 교인들에게 주인 행세를 하지 말아야 합니다. 목사는 성도들을 주님의 사람으로 만들어야 하는 것이지, 자기의 사람으로 만들어서는 안 됩니다. 목사는 신앙의 이름으로 사람들을 지배하려고 해서는 안 됩니다. 교인들이 실제 주인이신 주님께 잘 갈 수 있도록 돕는 '특급 도우미'가 되어야 합니다. 목사는 교인들의 믿음을 주관하지 않게 조심해야

---

19 앞의 책, 106쪽.

합니다.

'아멘'과 '서원'을 강요해서는 안 됩니다. 대개 성도들의 믿음을 지배하려고 하는 목사님들은 일반적으로 '아멘'과 서원을 강요하는 경우가 많습니다. 설교 말끝마다 '아멘'하라고 강요합니다. '아멘'을 하지 않으면 혼내기도 합니다. "믿으시면 아멘 하시기를 바랍니다."라고 대개 '아멘'을 강조합니다. 자칭 은사가 충만한 목사님들이 '아멘'을 강요하고, 거기 속한 교회에 다니는 분들이 '아멘'을 잘합니다. 말끝마다 '아멘'을 잘하는 어느 교회에서 목사님과 권사님들이 심방을 가는데, 앞서 걸어가던 목사님이 방귀를 뿡하고 뀌니까 뒤따라오던 권사님이 "아멘."했다는 이야기를 들은 적이 있습니다. 이 이야기가 사실인지는 확인해보지 않았지만 아마 아멘을 남발하는 것을 비판한 유머일 것입니다.

이에 반해 우리는 '아멘'을 거의 안 합니다. '아멘'을 하면 꼰대가 된다고 생각하는 것 같습니다. 우리처럼 너무 '아멘'을 안 하는 것도 문제이지만, 시도 때도 없이 '아멘'을 남발하는 경우도 문제입니다. 목사의 말에 장단이나 흥을 맞추듯이 아무 생각 없이 무조건 '아멘'을 외치는 것은 잘못입니다. 물론 우리 그리스도인들에게 있어 '아멘'은 중요합니다. '아멘'이라는 말은 '상대방의 말이나 의견에 동의를 나타낼 때' 사용합니다. 특히 하나님의 말씀에 대해 동의를 표할 때 '아멘'을 사용합니다. 하나님께서 우리 인간을 '지정의'를 가진 인격적 존재로, 자유 의지를 가진 존재로 창조하셨기 때문에 우리가 '아멘'이라고 동의했을 때 우리 안에서 역사를 일으키십니다. 그래서 우리 그리스도인들에게 있어 아멘은 중요합니다.[20]

이처럼 우리 그리스도인에게 있어 '아멘'이라는 말은 중요하지만 이를 강요하거나 아무 때나 사용하게 되면 말의 참뜻을 훼손하게 됩니다. 제가 청년 시절에 어느 집회에서 유명한 말씀 선포자가 평생 독신으로 주님을 위해 헌신할 사람 "아멘."으로 답하라고 부추기는 것을 보았습니다. 그러자 몇몇 청년들이 '아멘'이라고 답합니다. 하지만 설교자는 몇 명만이 '아멘'하는 것에 만족할 수 없었고 더 큰 목소리와 감정을 섞어 주님을 위해 평생 독신으로 헌신할 사람은 '아멘'하라고 더 강력하게 말했습니다. 그러자 이제 점점 더 많은 청년이 큰 소리로 '아멘'을 합니다. 저는 끝까지 하지 않았습니다. 그래서 지금 결혼하여 아내 1명과 최악의 조합인 두 아들이 있습니다. 물론 결혼을 해본 지금의 저로서는 차라리 그때 '아멘'했던 것도 나쁘지는 않았겠다는 생각이 들 때도 있기는 합니다. 아마 제가 그때 '아멘'하지 않는 것을 제 아내가 더 아쉬워할 것 같습니다.

하지만 제가 그때 '아멘'을 했으면 정말로 결혼을 하지 못했을까요? 아마 '아멘'을 크게 수십 번 했어도 결혼했을 것입니다. 저

는 말씀을 선포하신 분이 독신인 줄 알았습니다. 본인이 독신이기에 저렇게 자신 있게 많은 청년에게 독신을 강요하신 줄 알았습니다. 나중에 그분이 독신인지 궁금하여 인터넷에 검색하여 찾아봤더니 결혼하신 분이었습니다. 본인의 결혼생활이 불행했든지, 아니면 그날 아침에 부부싸움을 하고 나와서 그렇게 독신을 강요했는지 모르겠습니다. 하지만 설교자가 '아멘'이나 '서원'을 강요하는 방향으로 이끌어가는 설교를 하는 것은 잘못입니다. 또 여기에 분위기에 휩쓸려 '아멘'이라고 화답하는 사람들도 생각이 없기는 마찬가지입니다.

우리가 하나님께 서원한 것을 지키는 것은 당연하지만 혹시 분위기에 휩쓸려 이성을 출장보내고 감정이 충만한 상태에서 하나님께 서원한 것이 있다면, 무시하셔도 됩니다. 하나님 제가 그때는 그만 분위기에 취해 정신이 없어서 서원한 것이니 용서해달라고 회개하시면 됩니다. 하나님께서는 분위기에 휩쓸려 서원한 것을 지키지 않았다고 책망하지 않으십니다. 우리 주님은 우리가 바른 이성을 가지고 현실을 정확하게 직시하고 판단하여 주님을 따르길 원하십니다.

이처럼 어느 누군가가 우리의 믿음을 지배하려고 할 때 지배를 당하지 않아야 합니다. 그렇다면 우리가 믿음의 지배를 당하지 않기 위해서는 어떻게 해야 할까요?

자기 스스로 올바른 믿음을 가지고 서 있어야 합니다. 우리 각자가 올바른 믿음에 서 있지 않으면 자신의 믿음을 지키기가 어렵습니다. 스스로 믿음에 서 있지 못하면 이단들의 감언이설에 쉽게 넘어가 이단들에게 믿음을 지배당할 수 있습니다. 그렇기에 스스로 올바로 설 수 있도록 믿음을 키워야 합니다. 올바른 믿음을 갖도록 성경을 바로 알아야 합니다. 또한, 올바른 신학을 가져야 합니다. 성경이나 기본적인 신학 지식 없이 올바른 믿음을 가진 신앙인이 되는 것은 어렵습니다. 그래서 예수님도 공생애 사역을 하실 때 많은 시간을 들여 제자들을 가르치셨습니다. 우리가 다른 사람들에게 우리의 믿음을 지배당하지 않으려면 성경을 제대로 읽고, 성경을 똑바로 공부해야 합니다. 그러기 위해서 스스로 믿음에 서는 일을 게을리해서는 안 됩니다. 그리고 다른 사람의 믿음을 지배하려고 해서도 안 됩니다.

다른 사람의 믿음을 지배하려는 것은 하나님의 주권에 대한 월권입니다. 우리는 경험을 통해서도 다른 사람의 믿음을 도모한다는 것이 무의미하다는 것을 이미 알고 있습니다. 우리가 믿음을 가르치고 전한다고 해서 그 사람의 믿음은 쉽게 변하지 않습니다. 인간은 결코 다른 사람의 믿음을 주관할 수 없습니다. 우리가 다른 사람의 믿음을 마음대로 할 수 없기에 믿음의 사람과 결혼하는 것이 좋습니다.

여자 성도님들 가운데 예수님을 믿지 않는 남편과 결혼해 힘들게 신앙생활을 하는 분들이 있습니다. 남편이 쉽게 신앙을 받아들이십니까? 결코 쉽지 않습니다. 결혼을 물릴 수만 있다면 결혼을 물리고, 남편을 버릴 수만 있다면 남편을 버리고 싶을 때도 있었을 것입니다.

우리의 믿음은 사람의 힘으로는 만들어지지 않습니다. 하나님께서 역사해 주셔야만 믿음과 변화가 생기고 성장할 수 있습니다. 이처럼 사람에 대하여 믿음을 도모하는 분은 오직 하나님이십니다.

그렇기에 우리가 다른 사람의 믿음을 어떻게 해보겠다는 생각은 버리셔야 합니다. 다른 사람의 믿음에 대해 '꼰대 짓'을 하려고 해서는 안 됩니다. 그러한 생각은 교만이며 하나님의 주권에 대한 월권 행위입니다.

예수님처럼 바울처럼 도우미의 삶을 살아야 합니다. 우리가 할 수 있는 것은 사도바울이 고린도 교인들에게 했던 것처럼, 또 우리 예수님이 우리에게 했던 것처럼 사람들에게 기쁨을 주는 도우미가 되는 것입니다. 고린도 교회는 바울이 개척한 교회였지만 사도 바울에 대적하는 사람들도 많이 있었습니다. 바울의 사도직을 부인하며 바울은 그리스도에게 속한 사람이 아니라고까지 공격을 가했지만 바울은 그런 고린도 교인들을 지배하려고 하지 않고, 끝까지 참고 기다리면서 도우미가 되어 고린도 교인들이 바른 믿음을 가질 수 있도록 도왔습니다.

우리 예수님도 마찬가지로 우리의 도우미로 오셨습니다. 예수님은 우리를 지배하기 위해 오신 것이 아니라 돕기 위해 오셨습니다. 그래서 예수님은 십자가에서 자신의 목숨을 내놓기까지 하면서 우리를 끝까지 도우셨습니다. 이런 예수님의 도움이 있었기에 지금 우리는 다시 하나님의 자녀가 되어 행복하게 살아갈 수 있습니다.

이처럼 도우미의 삶은 모든 사람에게 기쁨과 행복을 가져다줍니다. 우리는 다른 사람이 행복하게 믿음 생활할 수 있도록 도와야 합니다. 우리 주변에 있는 사람들이 기쁨으로 살아갈 수 있도록 함께 시간을 보내고, 잘못을 해도 비난하고 책망하기보다는 이해하는 친구가 되어야 합니다. 누군가가 신앙 생활에 있어 잘 모르는 것이 있어 가르쳐 줄 때도 믿음을 주관하려는 것이 아니라 그 사람이 올바르고 성숙한 신앙인이 되도록 도와야 합니다. 사람들이 각자 주체성을 가지고 스스로 예수님을 믿고 행복하게 신앙생활을 할 수 있도록 기쁨으로 서로 도울 수 있어야 합니다. 우리는 서로 다른 사람의 믿음을 주관하려는 '꼰대'가 아니라 기뻐하는 삶을 살도록 돕는 '도우미'가 되어야 합니다.

Q&A를 통한 핵심 정리

Q. 바울은 그리스도인들이 어떤 삶을 살기를 바라고 있습니까?

A. 다른 사람의 믿음을 주관하는 '꼰대'가 아닌 다른 사람이 기뻐하는 삶을 살도록 돕는 '도우미'가 되기를 바랍니다.

5.
착각의 늪

일이 자신 뜻대로 잘 진행되면 하나님의 뜻 가운데 있을 것이
라고, 일이 잘 진행되지 않으면 하나님이 원하시는 일이 아닐 것
이라고 너무 쉽게 착각하지 않으십니까?

여호와의 말씀이 아밋대의 아들 요나에게 임하니라 이르시되

너는 일어나 저 큰 성읍 니느웨로 가서 그것을 향하여 외치라 그

악독이 내 앞에 상달되었음이니라 하시니라

그러나 요나가 여호와의 얼굴을 피하려고 일어나 다시스로 도망

하려 하여 욥바로 내려갔더니 마침 다시스로 가는 배를 만난지라

여호와의 얼굴을 피하여 그들과 함께 다시스로 가려고 뱃삯을 주

고 배에 올랐더라

여호와께서 큰 바람을 바다 위에 내리시매 바다 가운데에 큰 폭

풍이 일어나 배가 거의 깨지게 된지라

사공들이 두려워하여 각각 자기의 신을 부르고 또 배를 가볍게

하려고 그 가운데 물건들을 바다에 던지니라 그러나 요나는 배 밑층에 내려가서 누워 깊이 잠이 든지라

선장이 그에게 가서 이르되 자는 자여 어찌함이냐 일어나서 네 하나님께 구하라 혹시 하나님이 우리를 생각하사 망하지 아니하게 하시리라 하니라

그들이 서로 이르되, 자 우리가 제비를 뽑아 이 재앙이 누구로 말미암아 우리에게 임하였나 알아 보자 하고 곧 제비를 뽑으니 제비가 요나에게 뽑힌지라

무리가 그에게 이르되 청하건대 이 재앙이 누구 때문에 우리에게 임하였는가 말하라 네 생업이 무엇이며 네가 어디서 왔으며 네 나라가 어디며 어느 민족에 속하였느냐 하니

그가 대답하되 나는 히브리 사람이요 바다와 육지를 지으신 하늘의 하나님 여호와를 경외하는 자로라 하고

자기가 여호와의 얼굴을 피함인 줄을 그들에게 말하였으므로 무리가 알고 심히 두려워하여 이르되 네가 어찌하여 그렇게 행하였느냐 하니라

- 욘 1:1-10

사람들은 착각 속에 살아갑니다. 어떤 착각은 인생을 살아가는 데 별 문제가 되지 않습니다.

모태 솔로들의 착각: 자신은 이성 친구가 생기면 상대방이 원하는 건 뭐든 해줄 수 있다고 생각한다.

실연한 사람들의 착각: 자신의 이별을 세상에서 제일 비참한 것으로 여긴다.

한국 교인들의 착각: 예배를 가장 많이 드리고, 새벽 기도도 하고 있기에 자신이 이 세상에서 신앙생활 제일 잘하고 있는 줄 안다.

목회자들의 착각: 자신의 설교에 모든 성도들이 은혜받은 줄로 안다.

하지만 어떤 착각은 심각한 문제를 일으키기도 합니다. 비행할 때 조종사들도 종종 비행 착각을 일으킨다고 합니다. 같은 고도에서도 비행기가 빙빙 돌면서 날 때는 속력을 내면 비행기가 자꾸 위로 올라가는 것처럼 느껴진다고 합니다. 이와 반대로 속력을 내리면 자꾸 아래로 내려가는 것처럼 느껴진다고 합니다. 이런 비행 착각이 일어날 때, 조종사는 자신의 느낌과는 상관없이 계기판을 신뢰하는 것이 중요하다고 합니다. 계기판을 믿지 않고 착각하여 자신의 느낌대로 조종을 하다가는 추락하게 됩니다.

요나도 착각을 일으킵니다. 요나는 선지자이지만 우리와 별반 다르지 않습니다. 요나는 모범적인 하나님의 사람이라기보다는 두드러진 약점을 지닌 하나님의 사람입니다. 그래서 개인적으로 요나 선지자에게 정이 가기도 합니다. 요나가 일으킨 착각은 비행기 조종사가 일으킨 착각처럼 심각한 문제를 일으킵니다. 착각의 늪에 빠지게 된 것입니다.

요나는 하나님의 능력에도 한계가 있다고 착각했습니다. '다시스'는 스페인에 있는 항구입니다. 그 당시 사람들은 스페인이 세계의 끝이라고 생각했습니다. 다시스는 하나님이 가라는 '니느웨'와는 정반대 방향에 있습니다. 이 때문에 요나는 다시스로 가면 하나님이 가라는 니느웨와는 반대 방향인 가장 먼 곳으로 가기에 하나님을 피할 수 있다고 착각했습니다. 요나를 비롯한 당대 사람들은 지역마다 그 지역을 관할하는 신이 있다고 믿었습니다. 그 지역을 넘어가면 신이 영향력을 발휘하지 못한다고 생각했습니다. 열왕기상 20장에 보면 아람(현재의 시리아)과 이스라엘 사람들의 전쟁 이야기 나옵니다. 이때 아람 사람들이 이스라엘의 신이 산의 신이기 때문에 자신들이 산에서 싸웠을 때는 졌지만 만일 평지에서 싸우면 자신들이 이길 것이라고 말합니다. 이처럼 옛사람들은 지역에는 그 지역을 관할하는 신이 있다고 생각했습니다. 이와 마찬가지로 요나도 어느 지역을 넘어가면 하나님의 능력이 더이상 미칠 수 없다고 생각했습니다.

이스라엘 백성들의 이런 사고는 이스라엘이 바벨론에게 망하여 포로로 끌려간 이후에 바뀌기 시작합니다. 만약 하나님이 이스라엘 지역만을 관할하는 신이라면 지금 자신들이 포로로 끌려와 있는 바벨론 지역에서는 하나님께서 전혀 힘을 발휘하지 못합니다. 그렇다면 이스라엘 백성들에게 영영 희망이 없는 것입니다. 당시 사람들은 전쟁은 신들의 전쟁이라고 생각했습니다. 그런데 자신들이 믿는 하나님이 바벨론에서는 전혀 힘을 발휘하지 못한다면 자신들은 영원히 바벨론의 노예로 살아야 합니다. 그래서 이스라엘 백성들의 사고가 바뀌게 된 것입니다. 하나님은 어느 지역에만 계신 것이 아니라 지금 자신들이 포로로 와 있는 바벨론 지역에도 하나님은 계신다고 생각했습니다. 그래야만 바벨론의 포로 생활에서 벗어날 수 있다는 희망을 가질 수 있기 때문입니다. 이스라엘 백성들의 하나님에 대한 인식이 올바른 방향으로 바뀌었습니다. 하나님께서 장소에 구애받지 않고 어디에나 계십니다(렘 23:23-24).[21]

이처럼 하나님은 특정한 장소에만 계시는 분이 아닙니다. 하나님은 가까운 곳에도 계시고, 먼 곳에도 계시고, 천지에 충만하게 계십니다. 하나님은 온 세계에 어디든지 계십니다. 우리 가운데 지금도 하나님이 지역에 따라 능력을 제한받는 분이라고 생각하는 사람은 없을 것입니다. 하나님은 언제 어디에나 계시는 전지전능한 분이라고 알고 있습니다. 하지만 우리도 하나님의 전지전

---

21 오택현 외 5인, 『위기와 대응의 관점에서 본 성서시대의 역사와 신학』(크리스천헤럴드, 2000), 62~7쪽.

능함을 입으로는 고백하지만 실제로는 요나처럼 하나님의 능력을 제한하는 경우가 많이 있습니다. 내 생각으로 되지 않을 것 같으면 하나님도 하지 못할 것으로 생각하고 포기해버린 경우가 많습니다. 우리 믿음의 사람들은 우리의 생각에 하나님의 변수를 넣을 줄 알아야 합니다. 내 힘으로 할 수 없다고 하나님의 능력을 제한해서는 안 됩니다. 나는 하지 못해도 하나님은 충분히 할 수 있다는 것을 잊지 말아야 합니다. 우리는 하나님의 능력을 제한하는 착각을 해서는 절대 안 됩니다.

요나는 일이 자신 뜻대로 잘 진행되니 하나님의 뜻이라고 착각했습니다. 요나가 하나님을 피해 다시스로 도망가기 위해 욥바로 갔는데 곧바로 다시스로 가는 배를 만납니다. "마침 다시스로 가는 배를 만난지라 여호와의 얼굴을 피하여 그들과 함께 다시스로 가려고 뱃삯을 주고 배에 올랐더라(욘 1:3)."

'마침'이라는 단어를 통해 하나님의 말씀을 거역하고 도망가는 데도 일이 잘 풀린다는 사실을 알 수 있습니다. 도망가려던 다시스로 가는 배편을 바로 만나게 된 것입니다. 저도 서울과 평택을 오갈 때 차 시간이 잘 맞아 차가 바로 오면 오늘은 일이 잘 풀린다는 생각이 들어 기분이 좋습니다. 하지만 차를 타려고 했는데 바로 앞에서 차를 놓치면 마음이 무거워집니다. 아마 요나도 하나님을 피해 도망가는 길이 순조롭게 열리자, 하나님의 말씀을 거역하고 도망가지만, 하나님께서 묵인해주신 줄로 착각했을 것입니다. 하나님께서 자신의 이러한 행동을 이해해주시고 용납해주시는 것으로 알았을 것입니다.

하나님의 뜻에 맞는 일이면 하나님께서 도와주시기 때문에 일이 슬슬 잘 풀려 잘 진행될 가능성이 높습니다. 하지만 요나를 통해 알 수 있는 사실은 지금 하는 일이 슬슬 잘 풀린다고 해서 반드시 하나님의 뜻에 맞는 일은 아니라는 것입니다. 일이 자신의 뜻대로 잘 진행된다고 무조건 하나님의 뜻 가운데 있다고 생각해서는 안 됩니다. 어떤 일은 하나님의 뜻 가운데에 있어도 어려움을 겪기도 합니다. 복음서에 보면 제자들은 예수님의 명령에 순종하여 갈릴리 바다를 건너려 배에 올랐을 때 폭풍을 만나 죽을 고생을 하기도 했습니다. 때로는 예수님과 함께 배에 탔지만 폭풍을 만나 어려움을 겪기도 했습니다. 이처럼 예수님의 말씀대로 살거나 예수님과 함께하는 가운데에서도 어려움을 겪을 수 있습니다.

지금 내가 하는 일이 편안하고 잘 되어 문제나 스트레스가 없다고 하나님의 뜻 가운데 있다고 무조건 생각해서는 안 됩니다. 어떤 일은 하나님의 뜻과 멀어지는데도 어느 순간까지는 잘 풀릴 수도 있습니다. 또 지금 내가 하는 일이 어렵고 힘들다고 하나님의 뜻이 아니라고 쉽게 단정해서도 안 됩니다. 지금 하는 일이 어렵고 힘들더라도 하나님의 뜻에 맞는 일이라면 인내 끝에 하나님께서 도와주셔서 승리하게 될 것입니다. 지금 내가 하는 일에 어려움이 있다고 너무 쉽게 하나님의 뜻이 아닐 것이라고 착각하고 그 일을 포기해서는 안 됩니다.

그렇기에 우리는 일이 잘 풀리고 잘 진행되면 무조건 하나님의 뜻이라고 쉽게 단정해서는 안 되고, 지금 하는 일이 쉽게 풀리지 않는다고 무조건 하나님의 뜻이 아니라고 착각해서도 안 됩니다. 지금 하는 일이 잘 풀려가더라도 하나님의 뜻에 맞는지 늘 하나님께 물으며 점검할 수 있어야 합니다. 마찬가지로 지금 당장 일이 잘 안 풀리고 어려움이 있더라도 하나님의 뜻 가운데 있는 일인지 하나님께 끊임없이 물어야 합니다.

요나 자신이 하나님을 경외한 사람이라고 착각했습니다. 요나는 자신을 바다와 육지를 지은 하늘의 하나님, 여호와를 경외하는 자라고 말합니다. "그가 대답하되 나는 히브리 사람이요 바다와 육지를 지으신 하늘의 하나님 여호와를 경외하는 자로라 하고(욘 1:9)". 요나는 입으로 하는 신앙 고백은 제대로 했지만, 행동에 있어서는 가장 높으신 하나님을 자신이 속일 수 있는 것처럼 행동했습니다. 그러면서도 요나는 자신이 하나님을 경외한 사람이라고 착각합니다.

이런 요나의 모습이 우리에게도 있습니다. 우리도 그리스도인다운 행동거지는 전혀 보이지 않으면서 하나님을 잘 섬기고 있다고 착각할 수 있습니다. 소금과 빛의 삶을 전혀 살지 않으면서도 하나님을 잘 믿고 있다고 생각할 수 있습니다. 세상과 구별된 삶을 살지 않고, 세상의 가치를 그대로 수용하고 살아가면서도 주일에 교회에 나온다는 이유만으로 하나님을 잘 믿고 있다고 착각할 수 있습니다.

우리도 요나처럼 신앙 고백은 제대로 잘합니다. 매주 사도 신경으로 신앙 고백도 합니다. 모두 다른 생각을 하면서도 사도 신경 정도는 입술로 고백하는 개인기 정도는 갖추고 있습니다. 또 그동안 신앙생활하면서 들은 것들이 많아 하나님에 대해서도 이론상으로는 어느 정도 알고 있기에 하나님을 잘 믿고 있다고 착각할 수 있습니다.

하지만 하나님을 경외한다고 말하기 위해서는 하나님을 이론상 잘 알고, 말로만 경외한다고 해서는 부족합니다. 행동에 있어서 하나님을 경외하는 모습이 있어야 합니다. 하나님을 경외하는 모습이나 행동은 없으면서 이론상으로 조금 하나님을 안다고 하나님을 경외한다고 착각해서는 안 됩니다. 성경은 한 장도 읽지 않으면서, 기도는 식사 기도로 대체하면서, 교회에서 봉사는 전혀 하지 않으면서, 지금까지 전도 한 번 하지 않으면서 하나님을 경외한다고 말해서는 안 됩니다. 우리는 하나님에 대해 말로 고백하는 것과 행동이 일치하는 신앙인이 되도록 노력해야 합니다. 신앙 고백과 행동이 맞아떨어질 때 정말 하나님을 경외한다고, 신앙이 좋다고 말할 수 있습니다.

요나는 하나님의 능력에도 한계가 있을 것이라고 착각하고, 일이 자신의 의도대로 진행되니 하나님의 뜻이라고 착각하고, 자신의 행동과는 다르게 하나님을 경외한 사람이라고 착각했습니다. 이런 착각으로 인해 요나는 어떻게 되었습니까?

하나님과 점점 더 멀어지게 되어 자신의 생명뿐만 아니라 자신과 함께 한 사람들의 생명까지도 위태롭게 하는 늪에 빠졌습니다. 요나가 하나님과 점점 더 멀어지는 상황을 본문에서는 '내려가다.'라는 말의 반복을 통해 확실하게 알려줍니다. 첫 번째로 "욥바로 내려갔더니(욘 1:3)", 두 번째로 "배 삯을 주고 배에 올랐더라(욘 1:3).", 여기서 올랐더라는 말은 히브리어 원어(야라드)에서 내려갔다는 의미입니다. 배에 올랐다고 표현하지만, 사실은 육지에서 바다에 있는 배로 내려 타는 것입니다. 세 번째는 "배 밑층에 내려가서(욘 1:5)", 네 번째는 요나가 바다에 빠져 물고기 뱃속에 들어갔을 때 산의 뿌리까지 "내려갔사오며(욘 2:6)"라는 부분입니다.

요나는 내려갔는데 시간이 지날수록 점점 더 깊이 내려갑니다. 처음에는 욥바 항구로 내려가고, 그다음에는 바다에 있는 배로 내려가고, 그다음에는 배 아래층으로 내려가고, 결국에는 바다의 깊은 골짜기까지 내려가게 됩니다. 이처럼 '내려가다.'라는 단어의 반복을 통해 하나님을 피해 달아나는 과정에서 요나가 점점 더 하나님과 멀어져 깊은 나락으로 빠져가는 상황을 잘 알려줍니다.[22]

---

22 『옥스퍼드 원어성경대전 요엘·오바댜·요나』(제자원, 2007), 362~6쪽.

우리가 하나님과 단절되었을 때 곧바로 하나님과 멀어지는 경우는 드뭅니다. 서서히 하나님과 멀어지게 됩니다. 이런 사실을 아마 직접 경험한 사람도 있을 것입니다. 주일에 예배에 한 번 빠진다고 해서 바로 하나님과 멀어지지는 않습니다. 하지만 한 번, 두 번, 한 달씩 빠지다 보면 자신도 모르게 하나님과 멀어져 다시 쉽게 하나님께 나와서 예배하기가 쉽지 않음을 경험했을 것입니다. 우리는 하나님과 멀어지는 정도에 비례해 점점 더 죄악의 삶으로 빠져듭니다.

하나님의 명령을 어기고 달아났기 때문에 요나 자신은 말할 것도 없이 요나와 함께 배를 탔던 사람들도 죽을 위기에 처했습니다. 하나님께서 바다 가운데 큰 폭풍을 내려서 배를 침몰시키려고 하셨기 때문입니다. 우리도 내 잘못 때문에 내가 속한 공동체가 어려움을 겪을 수 있다는 사실을 알아야 합니다. 제가 학교 다니던 시절에는 단체로 벌을 받는 경우가 참 많았습니다. 본인은 아무런 잘못을 하지 않았는데도 같은 반에 있는 친구가 잘못하면 덩달아 함께 벌 받는 경우도 많았습니다. 성경에서도 공동체로 책임을 묻고는 합니다. 성경을 보면 죄를 고백하고 회개하는 일이 개인의 문제인 경우가 드물고 대부분 하나님 백성 전체의 문제로 나타납니다. 한 개인이 잘못하면 그가 속한 공동체 전체가 잘못을 저지른 것이 됩니다. 그렇기에 우리는 내 잘못이 내가 속한 공동체에도 심각한 영향을 준다는 사실을 알고 행동을 조심해야 합니다.

요나가 착각의 늪에 빠지지 않으려면 하나님의 말씀에 순종했어야 합니다. 요나가 이렇게 본격적인 착각의 늪에 빠져든 것은 하나님 의 말씀에 순종하지 않은 데서 출발합니다. 하나님께서는 요나 에게 마땅히 해야 할 일을 알려 주셨습니다. "여호와의 말씀이 아밋대의 아들 요나에게 임하니라 이르시되 너는 일어나 저 큰 성읍 니느웨로 가서 그것을 향하여 외치라 그 악독이 내 앞에 상달되었음이니라 하시니라(욘 1:1-2)."

이것을 보면 하나님의 말씀이 요나에게 임하였다는 것과 요나 가 니느웨로 가서 회개하지 않으면 멸망할 것이라는 하나님의 메 시지를 사람들에게 전하는 사명을 주셨다는 것을 알 수 있습니 다. 하지만 요나는 하나님의 말씀에 순종하기 싫어 하나님의 얼 굴을 피하기 위해 니느웨와 정반대 방향인 다시스로 가려고 배 를 탑니다. "요나가 여호와의 얼굴을 피하려고 일어나 다시스로 도망하려 하여 욥바로 내려갔더니(욘 1:3)."

요나가 왜 하나님께서 니느웨로 가라고 할 때 가지 않고 다시 스로 가려고 했을까요? 니느웨가 어떤 도시인지 알면 요나의 행 동에 어느 정도 이해가 갑니다. 니느웨는 티그리스강 상류 동쪽 연안에 자리 잡은 이스라엘의 원수 나라인 앗수르(앗시리아)의 수 도입니다. 이 앗수르는 이스라엘을 늘 침략하여 못살게 굴던 나 라입니다. 실제로 나중에 북이스라엘을 멸망시키는 나라입니다.

쉽게 말해 이스라엘의 원수입니다 요나에게 있어 니느웨는 한국 사람들에게 있어서 일본의 도쿄와도 같은 곳입니다. 아직도 우리 나라의 많은 사람이 일본을 별로 좋아하지 않습니다. 축구에서 우리 대표팀이 다른 모든 국가 대표팀을 이기더라도 일본 대표팀에게 지면 국민들이 열이 받는 이유이기도 합니다. 일본과의 대결에서는 가위바위보도 이겨야 한다는 말이 있을 정도입니다.

요나는 자신이 원수로 여기는 사람들이 살고 있는 니느웨로 가서 니느웨가 망하지 않도록 하나님의 메시지를 전하는 것이 싫었습니다. 오히려 자국의 원수인 니느웨가 망했으면 좋겠다고 생각했습니다. 그래서 니느웨에 가서 그곳 사람들에게 회개하지 않으면 망하게 될 것이라는 하나님의 말씀을 전하기가 싫었던 것입니다. 그렇게 요나는 하나님의 말씀을 거절하고 도망가 큰 폭풍을 만나 죽음의 문턱까지 이르는 늪에 빠졌습니다.

우리도 요나와 같이 행동하는 경우가 참 많습니다. 하나님의 말씀이 있음에도 불구하고 우리가 생각하는 것, 기대하는 것, 마음이 원하는 것과 맞지 않으면 하나님의 말씀을 거부하거나 무시하는 경우가 참 많습니다. 하지만 우리는 하나님의 말씀에 순종하는 삶을 살아야 합니다. 앞에서 말한 것처럼 비행기 조종사가 자신의 느낌이 아닌 계기판을 믿어야 하듯, 우리도 자신이 아닌 하나님의 말씀을 믿고 순종해야 합니다. 하나님은 우리보다 훨씬 더 지혜롭고, 능력이 많으며, 우리를 우리 자신보다 더

사랑하는 분이십니다. 그렇기에 우리는 당장은 내가 원하는 일
이 아닐지라도 하나님이 말씀하시면 순종해야 합니다. 하나님의
말씀에 순종할 때, 우리는 착각의 늪에 빠지지 않습니다.

Q&A를 통한 핵심 정리

Q. 요나처럼 우리도 착각의 늪에 빠지기 쉬운 경우는 언제입니까?

A. 우리는 하나님의 능력에도 한계가 있을 것이라고 착각하기 쉽습니다. 또한, 하는 일이 내 뜻대로 잘 진행되면 하나님의 뜻일 것이라고 착각하기 쉽습니다. 마지막으로, 자신 정도의 신앙생활이면 하나님을 경외하는 사람이라고 착각하기 쉽습니다.

Q. 이런 착각에 빠지면 어떤 상황이 일어나게 됩니까?

A. 하나님과 점점 더 멀어져 자신뿐만 아니라 자신이 속한 공동체에도 어려움을 줍니다.

Q. 착각의 늪에 빠지지 않으려면 어떻게 해야 합니까?

A. 내 생각대로 사는 것이 아니라 하나님의 말씀에 순종하는 삶을 살아야 합니다.

6.
그리스도인의 국가관

그리스도인은 대통령과 같은 위정자들에게 무조건 순종해야 할까요? 그리스도인이 국가 권력에 대해 어떤 태도를 가지는 것이 성경적일까요?

각 사람은 위에 있는 권세들에게 복종하라 권세는 하나님으로부터 나지 않음이 없나니 모든 권세는 다 하나님께서 정하신 바라

그러므로 권세를 거스르는 자는 하나님의 명을 거스름이니 거스르는 자들은 심판을 자취하리라

- 롬 13:1-2

내가 보니 바다에서 한 짐승이 나오는데 뿔이 열이요 머리가 일곱이라 그 뿔에는 열 왕관이 있고 그 머리들에는 신성 모독 하는 이름들이 있더라

내가 본 짐승은 표범과 비슷하고 그 발은 곰의 발 같고 그 입은

사자의 입 같은데 용이 자기의 능력과 보좌와 큰 권세를 그에게 주었더라

- 계 13:1-2

나는 너희를 위하여 기도하기를 쉬는 죄를 여호와 앞에 결단코 범하지 아니하고 선하고 의로운 길을 너희에게 가르칠 것인즉

너희는 여호와께서 너희를 위하여 행하신 그 큰 일을 생각하여 오직 그를 경외하며 너희의 마음을 다하여 진실히 섬기라

만일 너희가 여전히 악을 행하면 너희와 너희 왕이 다 멸망하리라

- 삼상 12:23-25

사람은 보통 자신이 태어난 나라에 대해 애국심이 있습니다. 대체로 다른 나라와 경쟁할 때 애국심이 많이 생깁니다. 일본에서 온 관광객들이 한국의 호랑이를 보더니 "한국 호랑이는 왜 이렇게 작죠? 우리나라 호랑이는 집채만 한데." 그러자 한국 가이드가 살짝 열이 받았습니다. 이번에는 코끼리를 보여주자 일본 관광객들이 이번에는 "우리나라 코끼리는 산채만 한데."라고 말했습니다. 그러자 한국 가이드는 더 열 받았습니다. 마지막으로 이리저리 뛰고 있는 캥거루를 보여주었습니다. 그러자 일본 관광객이 물었습니다. "저건 뭡니까?" 그러자 한국 가이드가 얼른 대

답했습니다. "네, 우리나라 토종 메뚜기랍니다."

그리스도인은 자신의 조국을 사랑해야 합니다. 하나님께서는 이 세상의 많은 나라를 있게 하셨습니다. 우리는 그 많은 나라 중에 대한민국이라는 나라에서 태어났습니다. 지금 우리는 국가의 보호 아래 살아가고 있습니다. 그러므로 우리가 나라를 사랑하는 것은 너무나 당연한 일입니다. 그리고 성경에서도 자신의 나라를 사랑하라고 이야기합니다. 성경을 보면 위대한 신앙의 조상들은 모두 애국자였습니다. 모세는 자기 동족을 위해서라면 자기는 지옥에 가도 좋다고까지 했습니다(출 32:32). 느헤미야도 자신의 조국과 민족을 사랑하는 애국자였습니다(느 1:1-11). 예수님도 이스라엘 민족을 위해서 통곡하셨습니다(눅 19:41-42). 바울도 자신의 민족인 이스라엘이 구원을 받을 수만 있다면 자신은 지옥에 가도 좋다고까지 했습니다(롬 9:3). 이처럼 성경 곳곳에서는 자신의 조국을 사랑해야 한다고 가르칩니다.

이런 사실을 잘 알고 있는 믿음의 선배들은 독립운동을 위해 많은 희생을 감수했습니다. 3·1운동 당시 민족 대표 33인 중에 약 절반인 16명이 기독교인이었습니다. 우리가 잘 아는 유관순 열사, 김구 선생을 비롯한 많은 기독교인들이 조국의 독립에 헌신한 애국지사들이었습니다. 당시 기독교는 다른 종교에 비하면 소수 종교에 지나지 않았습니다. 그러나 나라를 사랑하는 마음과 나라를 위하는 일에서만큼은 가장 앞장섰습니다. 신앙과 나라 사랑이 무관하지 않다는 것을 알고 있었습니다.

그리스도인은 다른 국가나 민족에 배타적이어서는 안 됩니다. 그리스도인이 자신이 태어나고 자란 국가와 민족을 사랑하는 것은 당연합니다. 하지만 그리스도인은 다른 국가나 민족에 대해 배타적이어서는 안 됩니다. 기독교가 배타적 민족주의와 결합하게 되면 엄청난 악을 생산해냅니다.

우리는 이 사실을 20세기의 독일 교회와 히틀러의 관계를 보면 알 수 있습니다. 나치 시대에 고백 교회를 제외한 대부분의 독일 교회는 민족주의라는 미명하에 히틀러의 전쟁에 찬성했습니다. 독일 교회는 히틀러를 통해 그리스도가 자신들에게 오셨다고 말했습니다. 히틀러가 표방한 국가사회주의가 독일 민족을 그리스도의 교회로 만들고자 하는 하나님의 뜻이자 성령의 길이라고 주장했습니다. 그리하여 독일 교회는 전쟁을 위해 기도했습니다. 평화롭게 살던 이웃 나라의 청년들이 독일 군인의 총에 맞아 죽도록 열심히 기도했습니다. 히틀러가 유대인 600만 명을 학살하는 데 교회가 돕는 꼴이 되었습니다.

이처럼 교회가 민족주의와 영합하여 배타주의가 되면 악의 앞잡이가 될 수 있습니다. 교회가 극단적 민족주의와 자국의 이익만을 추구하면 교회와 그리스도인도 사탄의 도구가 될 수 있습니다. 교회와 그리스도인은 자신의 국가와 민족을 사랑해야 하지만, 모든 민족과 온 인류가 그리스도 안에서 한 형제라는 사실

도 잊지 말아야 합니다.[23]

그리스도인은 정당한 국가 권력에 대해서는 순종해야 합니다. 그리스도인은 국가 권력에 복종하는 것이 마땅합니다. "각 사람은 위에 있는 권세들에게 복종하라 권세는 하나님으로부터 나지 않음이 없나니 모든 권세는 다 하나님께서 정하신 바라 그러므로 권세를 거스르는 자는 하나님의 명을 거스름이니 거스르는 자들은 심판을 자취하리라(롬 13:1-2)."

그리스도인 가운데는 우리는 하늘 시민권을 가지고 있는 사람이기에 이 세상 법을 소홀히 하거나 지키지 않아도 된다는 잘못된 신앙을 가진 사람들이 더러 있습니다. 이런 생각은 잘못된 신앙입니다. 그리스도인은 하늘 시민권을 가지고 있어도 죽어 천국에 갈 때까지는 이 땅에서 살아야 합니다. 그렇기에 우리는 이 땅에서 살아가는 동안에는 이 세상의 법과 제도에 의해 제한을 받는 것은 당연합니다. 자신이 속해 있는 국가 권력을 존중하는 것은 마땅합니다. 만약 우리가 정당한 국가의 권위를 무시하고 사람마다 자신이 옳다고 생각하는 대로 행동하면, 무질서한 세상이 되어 사람들은 안정된 삶을 살아가기가 어려울 것입니다. 하나님께서는 이러한 일을 막기 위하여 국가를 세우고 그 국가를 잘 통치하도록 국가 권력을 주었습니다. 그렇기에 우리 그리

---

23 김명용, 『열린 신학 바른 교회론』(장로회신학대학교출판부, 1997), 131~41쪽.

스도인을 포함한 모든 사람은 정당한 국가 권력에 대해서는 순종해야 합니다.

그리스도인은 부당한 국가 권력에 대해서는 오히려 저항해야 합니다. 부당한 국가 권력에 대해서는 순종할 필요가 없습니다. 로마서 13장에서 말하는 국가 권력은 정당한 국가 권력을 전제로 합니다. 그러므로 부당한 국가 권력에 대해서는 오히려 저항해야 합니다. 저는 신학을 공부하기 전에 교회에서 대통령은 하나님이 세운 사람이기에 우리가 판단하고 비난해서는 안 된다는 이야기를 많이 들었습니다. 심판하더라도 하나님께서 하실 것이기 때문에 부당한 권력이라고 할지라도 우리는 그냥 순종해야 한다는 말을 들었습니다. 하지만 신학을 하고 나서 이러한 가르침이 잘못되었다는 것을 알았습니다. 이 사실을 요한계시록 13장을 통해 확인할 수 있습니다. "내가 보니 바다에서 한 짐승이 나오는데 뿔이 열이요 머리가 일곱이라 그 뿔에는 열 왕관이 있고 그 머리들에는 신성 모독하는 이름들이 있더라 내가 본 짐승은 표범과 비슷하고 그 발은 곰의 발 같고 그 입은 사자의 입 같은데 용이 자기의 능력과 보좌와 큰 권세를 그에게 주었더라(계 13:1-2)."

요한계시록은 묵시 문학의 형식을 빌려 쓴 글로서 비유와 상징으로 되어있습니다. 그렇기에 요한계시록을 알기 위해서는 비유와 상징을 잘 이해해야 합니다. 비유와 상징을 모르고 요한계시록을 읽으면 이상한 괴물이나 뿔 달린 도깨비가 연상됩니다.

이것을 해석해보겠습니다. '내가 보니'라는 말은 요한이 환상 가운데 있다는 점과 장면이 전환될 때 사용되는 관용적 표현입니다. '바다에서 한 짐승이 나오는데'에서 바다는 악의 상징으로 극도로 혼란한 세계를 뜻합니다. 묵시 문학에서 짐승은 국가를 상징합니다. 물론 여기서 국가는 로마 제국를 가리킵니다. 그 짐승은 뿔이 열이요 머리가 일곱이었습니다. 뿔은 힘과 권력의 상징으로 로마의 분봉왕들을 가리킵니다. 분봉왕은 한 지역을 다스리는 임금을 지칭하는 말입니다. 그 뿔에는 열 왕관이 있다는 말은 아직 임금이 되지 못했지만 그의 능력 여하에 따라 임금이 될 수 있다는 의미입니다. 뿔이 10개가 있다고 합니다. 여기서 10은 세상의 완전수를 가리킵니다. 머리는 로마의 황제들을 가리킵니다. 7은 종교적인 완전수를 가리킵니다. 그 머리들에는 신성모독하는 이름들이 있더라는 말의 의미는 로마 황제들이 스스로를 신으로 여겼던 것을 의미합니다. 그렇기에 뿔이 열이요, 머리가 일곱이라는 말은 강하고 완벽한 권력을 상징합니다. 2절은 계속해서 그 짐승(로마 제국)에 대해 설명합니다. 표범은 사나움과 잔인함을 상징합니다. 곰의 발과 같다는 말은 느리면서도 파괴적인 힘을 가지고 있다는 의미입니다. 사자의 입과 같다는 말은 무서움과 잔인함을 암시합니다. 로마 제국이 이런 막강한 힘과 잔인함을 가지고 있다는 것입니다. 이런 권세를 용이 주었

다고 합니다. 묵시 문학에서 용은 마귀를 상징합니다.[24]

요한계시록 13:1-2절에서 로마가 가지고 있는 권세는 마귀로부터 온 권세이기에 하나님의 백성은 이 권세에 순종하면 안 됩니다. 로마 황제가 황제 숭배를 강요하면서 무서운 칙령을 반포하고 있는데, 그 모든 것이 마귀에게서 비롯되었다는 것입니다. 그렇기에 하나님의 백성은 죽는 한이 있더라도 이에 저항하라는 것입니다. "네가 죽도록 충성하라 그리하면 내가 생명의 면류관을 네게 주리라(계 2:10)." 요한은 박해 속에 있는 그리스도인들에게 박해의 장본인인 로마 제국이 마귀임을 설명하고 끝까지 싸워 승리할 것을 권면합니다.[25] 이처럼 악한 국가 권력에 대해서는 저항해야 합니다. 그저 자기 마음에 들지 않는다고 국가 권력에 저항할 수는 없습니다.

그리스도인은 국가 권력이 잘못하고 있을 때 이를 개혁하기 위한 노력을 먼저 해야 합니다. 그리스도인은 비판과 감화를 통해 국가 권력을 변화시켜야 합니다. 그런데 이와 같은 방법으로 문제가 해결되지 않고 국가 권력이 하나님의 뜻을 완전히 무시하고 사탄의 기능을 할 때는 불가피하게 국가 권력에 저항해야 합니다. 종교 개혁자 칼빈도 다음의 두 가지 경우에 저항권을 인정

---

24 박수암, 『요한계시록』(대한기독교서회, 2003), 208~10쪽.
25 김명용, 『현대의 도전과 오늘의 조직신학』(장로회신학대학교출판부, 2002), 126~8쪽.

했습니다. 첫째는 '국가나 통치자가 하나님이 받아야 할 경배를 대신 받으려고 할 때'입니다. 둘째는 '통치자가 독재자가 되어 포악하고 방자하여 백성의 자유를 억압할 때'입니다. 부당한 국가 권력에 대해서는 무조건 순종하는 것이 아니라 저항하는 것이 성경의 가르침입니다.[26]

그럼 그리스도인이 자신의 조국을 사랑하는 방법은 무엇일까요?

오직 하나님만을 경외하고 마음을 다하여 진실로 섬겨야 합니다. 이스라엘 백성들은 새로 시작된 임금 체제에 한껏 빠진 상태였습니다. 실제로 암몬 족속과의 전투에서 자신들이 임금으로 세운 사울이 승리를 거두자 임금 체제가 좋다는 확신에 차 있었습니다. 이제는 이방 나라와 대등한 관계에서 맞설 수 있어 안보를 보장받을 수 있다고 굳게 믿었습니다. 이제 이스라엘 백성들에게 있어서 하나님은 잊혀진 연인과 같은 존재로 전락할 처지가 됩니다. 바로 이때 사무엘이 나서서 이스라엘 백성들에게 경종을 울리고자 오직 여호와만을 마음을 다하여 진실로 섬겨야 한다고 말합니다(삼상 12:24).

사울이 이스라엘을 암몬의 침입으로부터 구해낼 수 있었던 것은 하나님이 그에게 능력을 주셨기에 가능한 것입니다. 사울 스

---

26   김명용, 『열린 신학 바른 교회론』, 80~2쪽.

스로의 능력으로 된 것이 아닙니다. 그러므로 이스라엘 백성들은 자신들이 요구하여 세운 임금이 암몬과 싸워 나라를 지켰다고 생각하는 것은 착각에 불과할 뿐입니다. 사울은 그저 하나님이 사용하신 도구에 불과합니다. 그렇기에 사울 임금도 하나님 앞에서 교만하면 안 되지만, 이스라엘 백성들 역시 인간인 임금을 하나님보다 더 의지해서는 안 됩니다. 그를 하나님보다 더 의지한다면 그가 우상이 되고 맙니다. 이 이야기는 비록 시대적 변천에 따라 제도나 정치 형태는 변할지라도 역사를 주관하는 자는 오직 하나님 한 분뿐이라는 사실을 알려줍니다. 또한, 이데올로기나 정치 체제, 지도자와 관계없이 늘 하나님만을 바로 섬기는 것이 나라를 지키는 길임을 똑똑히 알려줍니다.

현재 우리나라에는 여러 가지 어려움이 있는데, 이 어려움에서 빠져나오기 위해서는 좋은 대책을 세우고 이를 정치 지도자들뿐만 아니라 모든 국민이 마음을 모아 실천해야 합니다. 하지만 우리 그리스도인이 가장 먼저 해야 할 일은 사무엘 선지자가 말씀하신 것처럼 국가의 존폐 위기를 좌우하는 하나님을 온전히 받들고 섬기는 신앙을 회복해야 합니다. 하나님을 하나님 되게 해야 합니다. 우리 그리스도인은 하나님을 경외하며 마음을 다하여 진실로 섬길 때, 이 세상을 주관하고 다스리는 하나님이 우리나라를 지켜주셔서 우리나라가 더 안전하고 좋은 국가가 될 수 있습니다.

나라와 민족을 위해 기도해야 합니다. 사무엘은 자신의 나라와 민족을 위해 기도하지 않는 것이 죄라고 말합니다. "나는 너희를 위하여 기도하기를 쉬는 죄를 여호와 앞에 결단코 범하지 아니하고(삼상 12:23)." 한마디로 나라와 민족을 위해 기도하지 않는 것이 역적이라는 것입니다. 나라와 민족을 위해 기도하는 것이 진정한 나라 사랑입니다. 기도가 애국입니다. 그리스도인이 나라와 민족을 지키는 길은 나라를 위해서 기도하는 것입니다. 국가가 올바른 방향으로 가고 위정자들이 올바른 정치를 하기 위해서는 성령의 능력과 도움 없이는 불가능합니다. 그렇기에 나라와 위정자들을 위해 기도해야 합니다.

실제로 우리 믿음의 선배들은 지금의 우리보다 훨씬 배우지도 못했고, 힘든 상황에서 어렵게 살았지만 항상 먼저 우리나라를 위해 눈물로 기도하셨습니다. 아마 이분들의 눈물의 기도가 있었기에 지금 우리나라가 이 정도로 잘 살고 있는지도 모릅니다. 지하 자원도 없고, 역대 대통령을 비롯한 정치인들도 나쁜 소리를 듣지만 지금의 대한민국은 3050클럽에 가입했습니다. 3050클럽은 30세에서 50세까지만 출입 가능한 클럽은 물론 아닙니다. 인구가 5000만 명을 넘으면서 1인당 국민소득이 3만 달러 이상인 국가들을 가리키는 말입니다. 우리나라가 3050클럽에 7번째로 가입한 나라라고 합니다. 미국, 영국, 독일, 프랑스, 이탈리아, 일본 다음으로 대한민국입니다.

우리나라 사람들은 정치인들을 혐오합니다. 정치인과 어린아이의 공통점은 하는 일 없이 늘상 먹고 자고 놀며, 자신에게 반대하면 누구하고든 싸움을 아주 잘하며, 항상 동네와 주변을 어지럽히고 시끄럽게 만들고, 큰소리만 지르면 다 되는 줄로 안다는 것입니다. 하지만 어린아이와 정치인의 결정적 차이점이 있습니다. 어린아이에게는 "아이고, 우리 강아지."라고 하지만, 정치인에게는 다른 의미의 '강아지' 소리를 한다는 것입니다.

지금 우리나라 정치인들의 말과 행동을 보면 존경할 수 없지만, 그래도 그들이 올바른 방향으로 나라를 이끌어 갈 수 있도록 기도해야 합니다. 우리도 사무엘처럼, 믿음의 선배들처럼 대한민국을 위해 사랑과 간절함이 담긴 마음으로 국가와 위정자들을 위해 늘 기도해야 합니다. 지금 여러 가지 일들로 어려움을 겪고 있는 우리나라가 하나님 앞에 올바로 설 수 있도록 기도해야 합니다. 물질만을 추구하는 탐욕을 버리고 생명을 더 소중히 여기는 국가와 국민으로 바뀔 수 있도록 기도해야 합니다. 우리나라가 부정부패가 사라지고, 정의가 넘쳐나는 국가가 되도록 기도해야 합니다. 개인의 이익만을 추구하면 살았던 것을 회개하고 더불어 잘 살아가는 공동체 정신을 회복할 수 있도록 기도해야 합니다.

선하고 의로운 길을 가르치고, 나부터 그 가르침대로 살아야 합니다. 사무엘은 백성들이 올바른 길로 가도록 가르치겠다고 합니다. "선하고 의로운 길을 너희에게 가르칠 것인즉(삼상 12:24)."

교회와 그리스도인은 선하고 의로운 길을 가르쳐야 합니다. 교회와 그리스도인은 하나님의 말씀에 근거하여 국가가 나아가야 할 방향을 제시해야 합니다. 우리 대한민국이 하나님의 뜻에 맞게 가도록 가르치고 경고해야 합니다. 사회가 부정직하고, 사치하고, 이기적이고, 자기 이익만을 추구하려고 할 때 그렇게 나아가지 않도록 가르쳐야 합니다.

또 교회와 그리스도인은 국가가 나아가야 할 올바른 방향을 제시할 뿐만 아니라 먼저 솔선수범해서 바르게 사는 모습을 보여주어야 합니다. 우리 그리스도인만이라도 선하고 의로운 삶을 살도록 노력해야 합니다. 아니 다른 그리스도인은 선하고 의롭게 살지 못하더라도 혼자만이라도 바르게 살려고 노력해야 합니다. 나부터 바르게 살아야 합니다. 그렇지 않으면 나를 포함한 내가 속한 공동체는 멸망의 길로 가게 됩니다. "만일 너희가 여전히 악을 행하면 너희와 너희 왕이 다 멸망하리라(삼하 12:25)."

사무엘은 선하고 의로운 삶을 살지 않고 악을 행하는 삶을 살면 개인도, 그가 속한 공동체도 함께 망할 것이라고 경고합니다. 그렇기에 우리 그리스도인은 다른 사람이 어떻게 살든 관계없이 나만이라도 악을 행하지 않고 선하고 의롭게 살아야 합니다. 내가 먼저 선하고 의로운 삶을 살면 내 주변에 선한 영향력을 미쳐 많은 사람이 선하고 의로운 길에 동참하는 역사가 일어납니다. 나부터 선하고 의롭게 사는 것이 바로 애국입니다.

Q&A를 통한 핵심 정리

Q. 그리스도인은 국가 권력에 대해 어떤 자세를 가져야 합니까?

A. 정당한 국가 권력에는 순종해야 하지만 부당한 국가 권력에는 저항해야 합니다.

Q. 그리스도인이 자신의 조국을 사랑하는 방법은 무엇입니까?

A. 오직 하나님만을 경외하고 마음을 다하여 진실로 섬겨야 합니다. 나라와 민족을 위해 기도해야 합니다. 선하고 의로운 길을 가르치고, 나부터 그 가르침대로 살아야 합니다.

7.
이단(異端) 옆차기

많은 이단이 판치는 세상에서 그리스도인은 어떻게 이단을 물리칠 수 있을까요?

사랑하는 자들아 영을 다 믿지 말고 오직 영들이 하나님께 속하였나 분별하라 많은 거짓 선지자가 세상에 나왔음이라

이로써 너희가 하나님의 영을 알지니 곧 예수 그리스도께서 육체로 오신 것을 시인하는 영마다 하나님께 속한 것이요

예수를 시인하지 아니하는 영마다 하나님께 속한 것이 아니니 이것이 곧 적그리스도의 영이니라 오리라 한 말을 너희가 들었거니와 지금 벌써 세상에 있느니라

자녀들아 너희는 하나님께 속하였고 또 그들을 이기었나니 이는 너희 안에 계신 이가 세상에 있는 자보다 크심이라

그들은 세상에 속한 고로 세상에 속한 말을 하매 세상이 그들의 말을 듣느니라

우리는 하나님께 속하였으니 하나님을 아는 자는 우리의 말을 듣고 하나님께 속하지 아니한 자는 우리의 말을 듣지 아니하나니 진리의 영과 미혹의 영을 이로써 아느니라

- 요일 4:1-6

그러나 어리석은 변론과 족보 이야기와 분쟁과 율법에 대한 다툼은 피하라 이것은 무익한 것이요 헛된 것이니라

이단에 속한 사람을 한두 번 훈계한 후에 멀리하라

이러한 사람은 네가 아는 바와 같이 부패하여 스스로 정죄한 자로서 죄를 짓느니라

- 딛 3:9-11

지금 많은 이단이 우리 가까이에 있습니다. 혹시 우리 공동체 안에도 이단이 있을 수 있습니다. 그렇다면 조용히 떠나주시기 바랍니다. 우리 교회 주변에도 집회에 참석하라는 이단의 포스터가 종종 붙어있는 것을 보게 됩니다. 또 예전에 우리 중 누군가는 모르는 여인으로부터 편지를 받아 기대하면서 읽었는데 신천지에 참여하라는 초대 편지였습니다. 지금 우리 주변에는 많은 이단이 활동하고 있기에 조심해야 합니다. 이단에 빠지지 않기 위해서는 이단을 물리쳐야 합니다. 이단옆차기를 해야 합니다. 이단에 대처하기 위해서는 먼저 이단의 특징을 알아야 합니다.

이단은 예수님을 온전히 믿지 않습니다. 이단은 예수님을 올바르게 믿지 않습니다. "이로써 너희가 하나님의 영을 알지니 곧 예수 그리스도께서 육체로 오신 것을 시인하는 영마다 하나님께 속한 것이요 예수를 시인하지 아니하는 영마다 하나님께 속한 것이 아니니 이것이 곧 적그리스도의 영이니라 오리라 한 말을 너희가 들었거니와 지금 벌써 세상에 있느니라(요일 4:2-3)."

여기서 예수님을 부인하는 것은 하나님의 아들인 예수님이 세상에 오시기는 오셨는데, 인간으로 오심을 인정하지 않는 것입니다. 하나님의 아들은 영이시기 때문에 더러운 육체를 가진 인간으로 오실 수 없다는 것입니다.

이것은 초기 교회의 이단인 '영지주의'를 배경으로 합니다. 영지주의라는 말은 고대 그리스어로 '앎, 깨달음, 비밀스런 지식을 소유한 사람' 등의 뜻을 가진 그노시스(χνωσις)에서 비롯된 말입니다. 영지주의자들은 이 세계를 영의 세계와 물질의 세계로 나눕니다. 영의 세계는 거룩하고 선하며 영원하다고 생각합니다. 하지만 물질세계는 악하고 더럽다고 여깁니다. 인간의 육신은 물질계에 속하기 때문에 악하고 열등한 것으로 여깁니다. 이런 사고를 가진 영지주의자들은 하나님의 아들인 예수님이 악하고 더러운 육체를 입고 오실 리가 없다고 생각합니다. '영'만을 중요시했던 영지주의자들은 크게 두 부류로 나누어집니다. 한 부류는 육체는 어떤 일을 하더라도 영만 깨끗하면 문제 될 것이 없다고 생각하여 극도의 방탕주의로 나아갑니다(계 2장의 니골라당의 교훈, 발람의 교훈, 이세벨의 교훈). 또 한 부류는 죄악된 육체에 만족을 주어서는 안 된다고 생각하기 때문에 금욕주의자가 됩니다. 혼인을 금하고, 금식을 밥 먹듯이 하게 됩니다(딤전 4:1-3).

이처럼 영지주의자들은 육체를 죄악시하기에 예수 그리스도께서 육체의 몸을 입고 이 땅에 오신 성육신 사건을 부정할 수밖에 없습니다. 그렇기에 당연히 영지주의자들은 예수님의 인성을 부인하는 결론에 도달하게 됩니다.[27]

예수님의 인성을 부인하면 적그리스도입니다(요일 4:3). 적그리스도는 헬라어로 '안티크리스토스(Ἀντίχριστος)'인데, 헬라어 '안티'는 '대적한다.'라는 뜻도 있고 '대신한다.'라는 뜻도 있습니다. 사실 대적자는 그 자리를 대신 차지하려고 하는 자입니다. 적그리스도는 예수님의 자리를 대신 차지하려고 하는 자입니다. 그런데 이단의 교주가 이런 형태를 보입니다. 이단의 교주가 예수님의 자리를 대신 차지합니다. 예수님을 부인합니다. 마치 자기가 예수님인 것처럼 행세합니다. 자신이 재림 예수이므로 자신을 믿으면 구원을 받는다고 말합니다.

이단은 아니지만 요즘 목회자나 교인 가운데에도 예수님의 자리를 대신 차지하려고 하는 사람들이 더러 있습니다. 예수님이

---

27 박수암, 『신약연구개론』(장로회신학대학교출판부, 1998), 29~30쪽.

드러나야 할 자리에 자신을 드러내기 좋아하고, 예수님이 영광 받아야 할 자리에 자신이 영광받는 경우도 많습니다. 혹시 우리 도 예수님이 있어야 할 자리에 지금 자신이 있다면 적그리스도 와 크게 다르지 않음을 알아야 합니다. 우리는 적그리스도처럼 예수님의 자리를 차지하려고 해서는 안 됩니다. 예수님이 마땅 히 받아야 할 영광을 내가 가로채서도 안 됩니다. 우리는 성경에 서 가르쳐준 대로, 또 2000년 기독교 교회 공동체가 고백한 대 로 예수님을 온전히 믿어야 합니다.

이단은 세상에 속한 말을 합니다. 이단은 하나님께 속한 게 아니 라 세상에 속했습니다. 그래서 세상에 속한 말을 합니다. 여기에 세상에 속한 생각을 하는 사람들이 쉽게 속습니다. "그들은 세 상에 속한 고로 세상에 속한 말을 하매 세상이 그들의 말을 듣 느니라(요일 4:5)."

세상에 속한 말에는 두 가지 특징이 있습니다. 하나는 상식적 으로 생각할 때 맞는 말처럼 들린다는 것이고, 다른 하나는 자 신의 욕심을 채워준다는 것입니다. 이런 말을 들으면 세상에 속 한 사람은 쉽게 속습니다. 사탄이 인류를 처음 속일 때도 이런 방법을 이용했습니다. 사탄은 선악과를 먹으면 죽지 않고 하나님 처럼 된다는 말로 사람의 욕심을 자극했습니다. 이 말을 듣고 선 악과를 보니 정말 먹어도 죽지 않을 것 같았고, 오히려 먹으면 하 나님처럼 될 것 같았습니다. 그래서 사탄의 말에 속아 선악과를 먹은 것입니다.

이단도 이런 방법으로 사람들을 속입니다. 그럴듯하게 성경을 해석합니다. 그러면 많은 사람이 혹해서 넘어갑니다. 우리도 하나님 말씀에 바로 서지 못하면 그들의 잘못된 성경 해석과 욕심을 자극하는 말에 속아 이단에 빠지게 됩니다. 그렇기에 우리는 이단에 넘어가지 않기 위해서라도 성경에 대해 바로 알고, 성경을 올바로 해석할 수 있는 실력을 갖추어야 합니다.

이단은 다툼을 좋아합니다. 이단은 논쟁하고, 다투기를 좋아합니다. "어리석은 변론과 족보 이야기와 분쟁과 율법에 대한 다툼은 피하라 이것은 무익한 것이요 헛된 것이니라(딛 3:9)."

사도 바울은 디도에게 어리석은 변론, 족보 이야기, 분쟁과 율법에 대한 다툼은 피하라고 권합니다. 여기서 말한 '변론'은 사실이나 진리에 근거하지 않고, 단지 자신의 주장을 합리화하기 위해 소모적인 말싸움을 벌이는 것을 의미합니다. 바울은 이런 변론을 어리석은 것이라고 말합니다. 여기서 말한 '족보 이야기'는 '가계의 기록'을 말합니다. 유대인들 가운데는 자신의 가문에 대한 허구의 전설을 만들어 자신들의 가문이 우월하다는 것을 내세우고, 자기 집안 나름의 신앙 전통을 확립하고 정당화하려 했습니다. 여기서 '분쟁'은 말다툼을 말합니다. '율법에 대한 다툼'은 율법에 대해 옳고 그름을 가지고 싸우는 것입니다. 바울은 이런 것들을 가지고 다투는 것은 무익하고 헛된 것이니 피하라고 합

니다.[28]

지금도 이단들은 다투기를 좋아하고, 쓸데없는 불필요한 논쟁을 많이 합니다. 성경에도 없는 말을 주장하는 엉터리 논쟁입니다. 우리는 성경에서 굳이 알려주지 않는 것들을 상상해서 알려고 하지 마십시오. 이단 가운데는 아담의 키가 얼마인지 알 수 있다고 합니다. 아담의 키는 '아담 사이즈'입니까? 성경에 아담의 키가 얼마인지 기록되어 있지 않습니다. 그러면 굳이 알 필요가 없습니다. 이단은 기존 교회에는 진리가 없고 자기만이 옳다고 주장합니다. 자신들만이 옳다고 주장하고 다른 사람의 말을 듣지 않기 때문에 이단과는 대화하기가 매우 어렵습니다. 그렇기에 이단과는 논쟁을 피하는 것이 좋습니다.

이단은 부패하여 죄를 짓습니다. 예수님을 부인하고, 세상에 속한 말을 하고, 다투기를 좋아하는 이단들을 가리켜 바울은 한마디로 부패하였다고 평가합니다. "이러한 사람은 네가 아는 바와 같이 부패하여 스스로 정죄한 자로서 죄를 짓느니라(딛 3:11)."

여기서 '부패하다'라는 말은 '나쁜 쪽으로 변하다.', '악화하다.', '나쁜 길에 빠지다.'라는 의미입니다. 또 여기서 '스스로 정죄한'이라는 말은 '스스로 유죄 판결을 받은'이라는 뜻입니다. 스스로 죄를 짓고 진리에서 떠난 것을 알면서도 의도적으로 죄를 짓는 상

---

28 『옥스퍼드 원어성경대전 데살로니가전후서·디도서·빌레몬서』(제자원, 2006), 602쪽.

태에서 벗어나지 않고 도리어 이를 즐기는 상태를 말합니다.[29]

지금 이단의 교주나 상층부는 많이 부패했으며 죄를 짓습니다. 돈을 밝히고, 윤리적으로도 많이 타락했습니다. 많은 사람을 이단에 빠져 재산을 탕진하게 하고, 성적으로 착취하기도 합니다. 우리는 부패한 이단에 빠져 죄를 짓지 않도록 조심해야 합니다. 이단옆차기로 이단을 물리쳐야 합니다.

이단옆차기로 이단을 물리치기 위해서 우리가 어떤 기술을 갖추고 있어야 할까요?

분별력이 있어야 이단옆차기를 할 수 있습니다. 이단인지 이단이 아닌지 분별할 수 있어야 합니다. 분별력이 있어야 이단을 물리칠 수 있습니다. "사랑하는 자들아 영을 다 믿지 말고 오직 영들이 하나님께 속하였나 분별하라 많은 거짓 선지자가 세상에 나왔음이라(요일 4:1)."

여기서 '분별하다.'라는 말은 어떤 사실을 잘 검토하고 검증하여 진위 여부를 파악하는 것을 가리킵니다. 영들이 하나님께 속한 진리의 영인지 아니면 거짓의 영인지 구별해야 합니다.

어떤 사람이 자기가 하나님의 영을 받아서 하나님의 말씀을 전한다고 주장해도 그대로 믿지 말고 정말 그가 하나님께 속한 사람인지 확인해 보아야 합니다. 왜냐하면 이단도 자기가 하나님

---

29 앞의 책, 604쪽.

의 영을 받은 사람이라며 다가오기 때문입니다.

요한 당시에도 이미 많은 거짓 선지자가 세상에서 활동하고 있었습니다. '거짓 선지자'는 하나님의 말씀을 전한다면서 다른 말씀을 전하는 가짜 선지자입니다. 겉으로는 하나님을 이야기하지만, 자신의 이익을 위해서 하나님을 이용하는 사람입니다. 얼핏 보아서는 하나님과 성경에 관해 이야기하기에 거짓 선지자와 참 선지자를 구분하기가 쉽지 않습니다.

이단은 하나님을 이야기하고, 우리보다 성경에 대해 더 많이 이야기합니다. 이단도 잘못된 방식이긴 하나, 오히려 우리보다 성경 공부를 더 많이 합니다. 우리는 누군가가 하나님과 성경을 말한다고 무조건 믿는 것이 아니라 과연 그 사람이 하나님께 속하였는지 분별해야 합니다.

우리가 하나님께 속해 있으면 이단을 이길 수 있습니다. 왜냐하면 예수 그리스도가 적그리스도와 거짓 선지자들보다 더 크기 때문입니다. 우리가 하나님과 교제하여 우리 안에 예수님이 계시면 이단을 충분히 이길 수 있습니다. "자녀들아 너희는 하나님께 속하였고 또 그들을 이기었나니 이는 너희 안에 계신 이가 세상에 있는 자보다 크심이라(요일 4:4)." 하나님께 속한 자가 이단 옆차기를 잘하여 이단에 빠지지 않습니다.

지금 우리나라에 너무나 많은 이단이 있어 모든 이단의 특징을 하나하나 정확하게 다 파악하여 분별하는 것은 매우 어렵습니다. 그렇기에 이단은 이단을 연구하는 전문가들에게 맡기고, 우리는 느낌으로 그들이 이단인지 알아차릴 수 있어야 합니다. 우리가 이단을 구별할 수 있는 기준입니다.

첫째, 성경의 일부를 지나치게 확대 해석해 강조하면 이단이 아닌지 의심해 보아야 합니다. 둘째, 성경 이외의 또 다른 성경이 있다고 주장하면 이단입니다. 셋째, 자신들은 하나님과 성경의 모든 진리를 100% 완벽하게 통달하였다고 말하면 의심해보아야 합니다. 넷째, 기존 교회의 제도는 무조건 거부하며 자신이 다니고 있는 교회에만 진리가 있다고, 자신들만이 바르게 신앙생활하고 있다고 주장하면 이단일 가능성이 매우 높습니다. 다섯째, 예수님을 믿는 것 말고도 또 다른 방법의 구원이 있다고 말하면 100% 이단입니다. 자신을 재림 예수 혹은 선지자나 보혜사라고 말하면서 신격화하고 숭배의 대상으로 삼으면 무조건 이단입니다. 여섯째, 시한부 종말론을 주장하면 이단입니다. 시한부 종말론자들은 종말이 곧 온다고 말해 사람들을 겁먹게 합니다. 지금까지 시한부 종말론을 주장해서 맞춘 사람 한 명이라도 있었습니까? 한 명만 있었어도 이미 우리는 지금 주님과 함께 살고 있을 것입니다. 성경에서는 종말의 시기에 관해서는 오직 하나님만 알고 계신다고 분명히 말하고 있는데도 자꾸 종말의 때를 예측합니다. 그렇기에 종말이 있을 것이라고 구체적인 날짜를 말한다면 100% 이단입니다. 일곱째, 돈을 너무 밝히면서 성도들에게 헌금을 강요하고 돈을 강탈하거나 비윤리적이면 이단일 가능성이 높습니다. 마지막으로, 그릇된 신비주의 분위기를 형성하고, 지나치게 신비체험을 강조하면 이단일 가능성이 높습니다.

대개 이런 주장들이나 행동을 하게 되면 이단일 가능성 거의 100%에 가깝습니다.

하나님을 알고 교회의 가르침을 따를 때, 이단옆차기를 잘할 수 있습니다. 하나님께 속한 성도들은 하나님께 속한 사도들의 교훈을 듣게 됩니다. "우리는 하나님께 속하였으니 하나님을 아는 자는 우리의 말을 듣고 하나님께 속하지 아니한 자는 우리의 말을 듣지 아니하나니 진리의 영과 미혹의 영을 이로써 아느니라(요일 4:6)."

여기에 사용된 '아는'이라는 단어는 창세기 4장에서 아담과 하와가 동침했다는 말에서 사용됩니다. 이 단어의 의미처럼 하나님을 안다는 말은 하나님을 지적으로만 아는 것이 아니라 체험적·관계적으로 깨달은 것을 뜻합니다. 하나님을 사랑하고, 하나님의 뜻을 기쁘게 순종하고, 하나님과 인격적·영적 교제를 나누는 것을 의미합니다.**30** 이처럼 하나님을 아는 자는 요한이 하는 말, 하나님께 속한 교회 공동체가 하는 말을 거부하거나 무시하지 않고 듣습니다. 이런 사람을 요한은 '진리의 영'을 가진 사람

---

30 『옥스퍼드 원어성경대전 야고보서·요한서신·유다서』(제자원, 2006), 526쪽.

으로 표현합니다.

반면에 하나님을 알지 못해 하나님께 속하지 않으면 요한의 말, 즉 교회 공동체의 말을 듣지 않습니다. 요한은 이런 사람을 가리켜 '미혹의 영'을 가진 사람으로 이야기합니다. 하나님께 속하지 않는 미혹의 영을 가진 사람은 하나님의 말씀과 반대되는 세상에 속한 말을 하게 됩니다. 또 세상에 속한 사람은 이단의 말을 듣고 따릅니다.

우리가 이단에 대처하여 이단에 빠지지 않기 위해서는 하나님께 속해 있는 교회의 가르침을 잘 따라야 합니다. 그러기 위해서 가장 중요한 것은 교회를 떠나지 않는 것입니다. 교회에서 사람들과 교제하며 함께 있을 때는 이단의 공격에 이겨낼 수 있지만, 교회를 떠나면 이단의 공격을 받아 넘어질 수 있습니다. 그렇기에 우리는 교회에서 함께 모여서 하는 신앙생활을 소홀히 여겨서는 안 됩니다. 이단에 넘어가지 않는 가장 강력한 이단 대처법 가운데 하나가 바로 매주 교회에 나와 교회의 가르침을 잘 듣고 따르는 것임을 알아야 합니다.

이단을 멀리하는 것도 이단옆차기에서 중요한 기술입니다. 사도 바울은 이단에 속한 사람들에게 한두 번 그들을 긍휼히 여기는 마음으로 그들이 상황을 돌이킬 수 있도록 권면할 필요가 있다고 말합니다. 하지만 한두 번 권면에도 그들이 돌이키지 않는다면 멀리하라고 말합니다. "이단에 속한 사람을 한두 번 훈계한 후에 멀리하라(딛 3:10)."

그런데 가족이나 친구 가운데 이단에 빠져 있는 사람이 있다면 그냥 멀리할 수는 없습니다. 친구나 가족이 이단에 빠졌을 때 그들이 이단에서 빠져나와 건전한 신앙생활을 할 수 있도록 도와야 합니다. 하지만 이단에 빠진 사람이 내가 몇 마디 말한다고 해서 "아이고 내가 잘못 믿었네."하고 이단에서 빠져나오지 않습니다. 이단으로부터 친구나 가족을 구출하기 위해서는 인내가 필요합니다. 이때, 이단을 연구한 전문가들은 이단에 빠진 당사자에게 단체의 실체를 고민할 수 있는 질문을 던지는 게 좋다고 말합니다. 이단에 빠진 사람이 스스로 자신이 속한 단체의 문제를 인지할 수 있도록 도와주라고 합니다.

가족이나 친구를 이단에서 구출해 오겠다고 직접 이단 집단에 들어가는 무모함을 보여서는 안 됩니다. 이단 집단과는 되도록 가까이하지 않는 게 좋습니다.

Q&A를 통한 핵심 정리

Q. 이단의 특징으로는 어떤 것들이 있습니까?

A. 예수님을 부인하고 세상에 속한 말을 합니다. 불필요한 다툼을 좋아합니다. 또한, 부패하여 죄를 짓습니다.

Q. 이단에 빠지지 않기 위해서는 어떻게 해야 합니까?

A. 이단인지 아닌지 분별해야 합니다. 하나님께 속한 교회의 가르침을 잘 따라야 하며, 이단을 멀리해야 합니다.

제2부

생활의 지혜

1.
밥맛 나는 교회

교회에 모이기를 싫어하는 교인들이 점점 더 많아지는 시대에 '밥맛 나는 교회'를 만들기 위해서 어떻게 해야 할까요?

> 서로 돌아보아 사랑과 선행을 격려하며
> 모이기를 폐하는 어떤 사람들의 습관과 같이 하지 말고 오직 권
> 하여 그 날이 가까움을 볼수록 더욱 그리하자
>
> - 히 10:24-25

요즘 밥맛은 좋으십니까? 박원순 서울시장은 자신과 같이 식사하면 밥맛이 좋아진다고 합니다. 왜 그런지 아십니까? '시장이 반찬'이기 때문입니다. 우리 모두에게 밥맛 나는 일들이 많이 일어났으면 좋겠습니다.

지금 자신이 다닌 교회가 밥맛 나는 교회가 되기를 바랄 것입니다. 하지만 현실에서는 말처럼 쉽지 않습니다. 왜냐하면 지금 우리

가 다니는 교회는 온전한 의인들의 모임이 아니기 때문입니다. 교회 안에는 불완전한 사람들이 모여 있습니다. 교회 안에는 항상 나와 생각과 취향이 다른 사람들이 있어 내 마음에 안 맞는 사람이 있습니다. 주는 것도 없는데 이유 없이 미운 사람도 있습니다. 교회 안에는 다양한 교인들이 있습니다.

교회 안에는 예수 믿는 예수교인만 있는 것이 아니라 다양한 교인들이 있다고 합니다.

핸드폰 교인: 예배 중에 핸드폰으로 문자를 주고받는 교인

운동선수 교인: 교회 체육 대회 때만 나오는 교인

고양이 교인: 줄곧 토닥거려주어야 만족하는 교인

종이 교인: 비만 오면 축 쳐져 안 나오는 교인

주차장 교인: 교회 주차장에 자기 차를 주차하기 위해 나오는 교인

상업 교인: 교인들을 대상으로 장사하기 위해 나오는 교인

시험관 교인: 설교 시간에 점수 매기는 교인

묵상 교인: 설교만 시작되면 고개 숙이고 직통 계시를 받기 위해
                조는 교인

줄행랑 교인: 축도를 안 받고 도망가는 교인

칠면조 교인: 교회에 올 때마다 옷을 바꿔 입으며 자랑하는 교인

국회의원 교인: 한 가정에서 대표로 한 사람만 나오는 교인

교회는 회사처럼 인성 검사나 적성 검사, 스펙을 보고 뽑는 것이 아니기 때문에 사회보다 더 이상한 사람이 있는 게 정상입니다. 아마 교회에 갈 때 시험이나 면접을 보고 가는 분들은 한 분도 없을 것입니다. 교회는 성도님들이 오기만 하면 묻지도 않고, 따지지도 않고 무조건 반갑게 받아들입니다. 그렇기에 교회는 이런저런 다양한 사람들이 있어 자신과 맞지 않는 사람이 반드시 있게 마련입니다. 자신의 눈에 거슬리는 사람이 하나씩은 꼭 있습니다.

그러나 우리는 자신도 누군가에는 눈에 거슬리는 사람일 수 있음을 기억할 필요가 있습니다. 지금 나의 말과 행동이 다른 사람을 힘들게 하여 지금 자신이 밥맛 없는 사람은 아닌지 늘 자신을 돌아볼 수 있어야 합니다. 그리하여 나부터 교회가 밥맛 나는 공동체가 될 수 있도록 말하고 행동해야 합니다.

교회가 밥맛 나는 공동체가 되기 위해서 어떻게 해야 할까요?

서로 돌아보아야 합니다. 어느 한쪽만 돌아보는 것이 아니라 '서로' 돌아보아야 합니다(히 10:24). 우리가 예수님이 아닌 이상 일방적으로 돌아보기는 어렵습니다. 일방적으로 돌아보다가는 어느 순간 시험에 들어 실족하게 됩니다. 그렇기에 서로 돌아보아야 합니다. 한 번 돌아보는 것으로 끝나는 것이 아니라 계속해서 돌아보아야 합니다. 여기서 '돌아보다.'라는 말은 '마음을 지배하다.',

'어떤 것에 관심을 가지다.', '자세히 살피다.'라는 의미입니다.[31] 표준 새 번역에서는 '돌아보다.'라는 말을 '마음을 쓰다.'라고 번역해 놓았습니다.

그러므로 서로를 돌아본다는 것은 그냥 대충 보거나 우연히 생각날 때만 보는 것이 아니라 항상 주의 깊게 살피고 세심하게 관찰하는 것을 말합니다. 옆에 있는 사람과 인사 정도 하는 것을 말하지 않습니다. 옆에 있는 사람에게 관심을 가지고 대하는 것을 말합니다. 누구에게 좋은 일이 있는지? 누구에게 슬픈 일이 있는지? 지금 누가 힘들어하는지? 서로 알 수 있어야 합니다.

많은 분들이 주일에 교회에 나와 각자 맡은 일을 열심히 섬기고 계십니다. 열심히 섬기는 일 매우 중요합니다. 하지만 그 섬기는 일에 너무 몰두하여 지금 내 옆에 있는 사람들을 돌보는 일에 소홀하거나 무관심해서는 안 됩니다. 우리는 여러 가지 일로 바쁠지라도 나와 함께 신앙생활하고 있는 사람들을 항상 돌아보아야 합니다.

어떤 방식으로 돌아봐야 하는지 방법까지 알려줍니다. "사랑과 선행을 격려하라(히 10:24)." 서로 돌아보는 방법은 사랑과 선행을 격려하는 것입니다. 사랑과 선행과 격려는 예수님이 우리를 돌보시는 방법입니다. 우리도 예수님이 하셨던 것처럼 사랑과 선행과

---

31 『옥스퍼드 원어성경대전 히브리서 제8-13장』(제자원, 2006), 239쪽.

격려로 서로 돌아보아야 합니다.

사랑으로 돌아보아야 합니다. 예수님은 사랑의 달인이십니다. 최고의 사랑을 지니신 분입니다. 예수님은 우리가 반복해서 잘못해도 우리를 포기하지 않고 따뜻한 사랑으로 끊임없이 우리를 바로 잡아주셨습니다. 예수님은 당시 사회에서 가장 더러운 죄인이라고 욕을 먹던 창녀와 세리도 비난하지 않고 사랑으로 받아주셨습니다. 당신을 버리고 도망간 제자들도 다 용서하고 사랑으로 받아주셨습니다. 또 예수님은 우리를 구원하기 위해 십자가의 고통과 치욕을 다 당하고 돌아가셨습니다. 우리를 심판해야 하실 분이 우리를 위해 오히려 심판을 당하셨습니다. 이것보다 더 큰 사랑이 어디 있습니까? 십자가는 우리를 향한 최고의 사랑입니다. 이런 사랑을 우리에게 먼저 베푸신 예수님이 내가 너희를 사랑한 것 같이 서로 사랑하라고 말씀하십니다(요 13:34).

우리는 자신만의 생각과 방법으로 사랑을 베풀어서는 안 됩니다. 상대방의 입장에서 사랑을 베풀어야 합니다. 다음은 상대방의 입장에서 사랑을 베풀어야 한다는 것을 알려주는 이야기입니다. 소와 사자가 있었습니다. 둘은 죽도록 사랑했습니다. 둘은 결혼해 살게 되었습니다. 둘은 최선을 다했습니다. 소가 최선을 다해 맛있는 풀을 날마다 사자에게 대접했습니다. 사자는 힘들었지만 소를 사랑했기에 참았습니다. 사자도 최선을 다해 맛있는 살코기를 날마다 소에게 대접했습니다. 소도 괴로웠지만 사자를 사랑했기에 참았습니다. 하지만 소와 사자는 참는 것에 한계가 왔습니다. 소와 사자는 다툽니다. 끝내 헤어지고 맙니다. 헤어지면서 서로에게 한 말 "난 최선을 다했어."

우리는 소와 사자처럼 어리석게 자신의 생각과 방법대로 사랑해서는 안 됩니다. 우리는 상대방의 입장에서 상대방이 필요로 한 것을 사랑으로 돌아보아야 합니다. 서로 상대방의 입장에서 사랑으로 돌볼 때 밥맛 나는 교회가 될 수 있습니다.

선행으로 돌아보아야 합니다. 예수님은 선행의 종결자이십니다. 사도행전에 보면 예수님의 공생의 삶을 한마디로 선한 일을 행하셨다고 평가합니다. "그가 두루 다니시며 선한 일을 행하시고(행 10:38)."

예수님의 공생애 삶은 우리에게 착한 일을 베푸는 것이었습니다. 예수님은 식사도 거르시고, 제대로 주무시지도 못하면서 우리에게 수많은 선한 일을 해주셨습니다. 예수님은 놀라운 능력을 가지고 있었지만, 항상 능력을 자신을 위해 사용하는 것이 아니라 어려운 사람들을 위해서 사용하셨습니다. 배고픈 사람들을 위해 기적을 베푸셔서 배불리 먹게 하셨습니다. 병든 사람들을 고쳐주기도 하셨습니다. 귀신들린 사람들도 치유하셨습니다. 죽은 사람을 다시 살리기도 하셨습니다. 이처럼 예수님은 평생 다른 사람들을 돕는 착한 삶을 사셨습니다.

그렇기에 예수님의 제자인 우리도 착하게 살아야 합니다. 예수님은 산상 수훈에서 우리에게 착하게 살아 믿지 않는 세상 사람들이 우리의 착한 행실을 보고 하나님께 영광을 돌리는 삶을 살아야 한다고 말씀하십니다. "그들로 너희 착한 행실을 보고 하늘에 계신 너희 아버지께 영광을 돌리게 하라(마 5:16)."

하나님의 자녀인 우리는 자신의 행동이 바로 하나님의 영광과 직결됨을 깨달아 착하게 살아야 합니다. 당연히 세상만이 아니라 교회에서도 선한 행실을 보여야 합니다. 우리가 교회에서 서로 착한 행실로 돌아볼 때 밥맛 나는 교회가 될 수 있습니다.

격려로 돌아보아야 합니다. 예수님은 격려에 있어서도 일인자이십니다. 제자들을 끊임없이 격려해주셨습니다. 자신과 3년 동안 함께 했던 제자들이 예수님을 배반하고 도망갔지만, 예수님은 제자들을 배척하지 아니하고 격려해주셨습니다.

만약 제가 예수님이었다면 부활하고 나서 제일 먼저 빌라도를 찾아가서 하이킥을 날렸을 것 같습니다. 그다음에 제자들을 찾아가 내가 너희들에게 어떻게 했는데 나에게 이럴 수 있느냐고 화를 내고 호되게 야단쳤을 것 같습니다.

하지만 우리 예수님은 자신을 저주까지 하면서 배반하여 낙심하고 있는 베드로를 직접 찾아가 베드로를 용서하고 격려하시며 새로운 사명을 주셨습니다. 예수님의 부활을 믿지 못하고 살아가는 의심 많은 도마에게 직접 나타나셔서 도마의 삶에 부활에 대한 확신을 주셨습니다. 우리 예수님은 자신을 배반한 베드로와 믿음 없는 도마를 격려해 새로운 사람으로 살아갈 수 있게 하셨습니다.

격려는 낙심한 사람 안에 용기를 불어넣는 것입니다. 인간은 어려운 일을 당하면 주저앉게 됩니다. 그때 일어설 수 있도록 힘을 공급해주는 것이 격려입니다.

심리학자들이 고통을 견딜 수 있는 사람의 능력이 어느 정도인지 측정해보기 위해 한 실험을 했습니다. 같은 연령대에 비슷한 신체 조건을 가지고 있는 사람을 선발하여 맨발로 얼음물 속에 서 있게 했습니다. 실험 결과 어떤 사람은 다른 사람들보다 거의 두 배나 얼음물 속에 더 오래 있었습니다. 어떤 사람이 오래 서 있었을까요? 이렇게 물어보면 "독한 놈이요, 발에 감각이 없는 놈이요."라고 대답한 분들 있습니다.

격려를 받은 사람이 오래 서 있었다고 합니다. 누군가가 그 곁에 서서 힘내라고 말해준 사람은 홀로 서 있는 사람들에 비하여 고통을 견디는 힘이 무려 두 배나 높았다고 합니다. 이처럼 격려는 사람들이 어려움에 처했을 때 이겨낼 수 있는 힘을 줍니다.

이런 격려는 주로 말을 통해 이루어집니다. 한마디 말이 사람을 살리기도 하고 죽게도 합니다. 우리 그리스도인들은 덕이 되는 말을 해야 한다는 사실은 너무 잘 알고 있습니다. 하지만 실제로 입술을 통해 흘러나오는 말 가운데 덕이 되지 않는 말도 있습니다.

그리고 우리나라 말에는 좋은 일에도 부정적으로 표현하는 경우가 있습니다. 아침에 눈 뜨자마자 "아이고, 피곤해 죽겠다."라고 말합니다. 또 배고프면 "배고파 죽겠다."라고 합니다. 이제 밥을 먹고 나면 "배불러 죽겠다."라고 말합니다. 이처럼 우리는 알게 모르게 부정적인 말을 쓰는 데 익숙합니다.

하지만 예수 믿는 우리는 우리말에 의하여 복음이 전파될 수도 있고, 우리의 잘못된 언어로 복음이 전파되는 데 장애가 될 수 있기에 더욱 조심해야 합니다. 우리 그리스도인의 말은 위로와 격려, 사랑의 말을 하여 사람을 살릴 수 있어야 합니다. 우리가 매스컴을 통해 알 수 있듯이 악플로 인해 자살하는 경우도 있습니다. 우리는 비방하는 말 대신 칭찬과 격려의 말을 해야 합니다. 우리는 한 마디의 사랑과 칭찬, 격려의 말이 얼마나 사람에게 힘을 주는지 잘 알고 있습니다.

그렇기에 우리는 서로 비방하고 깔아뭉개는 말을 하지 말아야 합니다. 서로 잘하는 일에 칭찬해주고, 어렵고 힘들어하는 사람에게는 사랑과 격려의 말을 해야 합니다. 조금 못한다고 나무라거나 비난하지 마시고, 잘할 수 있도록 서로 사랑으로 힘을 주어야 합니다. 교회에서 서로 격려하는 말로 돌아볼 때 밥맛 나는 교회가 될 수 있습니다.

무엇보다 자주 모이고 긴밀하게 교제해야 합니다. 밥맛 나는 교회가 되기 위해서는 교인들이 자주 모여야 합니다. "모이기를 폐하는 어떤 사람들의 습관과 같이 하지 말고 오직 권하여 그날이 가까움을 볼수록 더욱 그리하자(히 10:25)."

히브리서가 기록될 당시에 그리스도인들 가운데는 교회에 나와 예배 모임에 참석하기를 포기하는 자들이 있었습니다. 또한, 유대 종교나 이방 종교의 영향으로 로마의 박해를 이유로 모임을 싫어하는 자들도 있었습니다. 그런가하면 아예 유대교로 되돌아가거나 믿음을 버려 모이기를 폐하는 사람들도 있었습니다.[32] 그들에게 이런 모임의 포기는 하나의 습관이 되었습니다.

모이기를 포기하는 것은 곧 그리스도의 공동체의 결속을 해하는 일이기에 히브리서 기자는 강한 어조로 이를 비판하면서 서로 권면하여 교회에 모이기를 멀리하려는 유혹을 물리쳐야 한다고 강조합니다. 임박한 재림의 날에 그리스도 앞에 함께 서기 위하여 서로 격려하면서 모이기에 더욱 힘써야 한다고 말합니다.

이 말씀은 요즘 한국 교회의 상황과도 잘 맞습니다. 예수님을 믿기는 하지만 교회에 가기를 싫어하는 사람들이 점점 많아지고 있습니다. 교회에 가기 싫다는 사람에게 이유를 물어보면 매우 다양해 일일이 열거할 수 없을 정도입니다. 하지만 몇 가지로 압축해볼 수는 있습니다. 첫째, 교회가 교회답지 못하고 타락했기 때문에 가기 싫다고 합니다. 둘째, 교회 안의 인간관계 때문에

---

32 앞의 책, 240쪽.

상처를 받아 교회에 다니기 싫다고 말합니다. 셋째, 목회자에 대해 신뢰감이 생기지 않고, 목회자들이 현실과 동떨어진 설교를 하기에 교회에 가기가 싫다고 말합니다.

교회에 마음을 두지 못한 사람들은 교회를 떠나 매 주일 이 교회, 저 교회를 쇼핑하듯 자신이 맞는 교회를 찾아다닙니다. 그래도 자신의 입맛에 맞는 교회를 찾기가 쉽지 않습니다. 그러면 이제 교회에 나가지 않든지, 교회에 가더라도 가끔 한 번씩 갑니다.

어느 주일날 예배를 마친 목사님이 교회에 잘 나오지 않는 교인을 보면서 "성도님, 하나님의 군사가 되어야 합니다."라고 말했다고 합니다. 그러자 그 교인이 웃으면서 "목사님 저는 이미 하나님의 군사입니다."라고 말했습니다. 목사님은 "그래요? 그런데 왜 성탄절과 부활절에만 교회에 나오시나요?"라고 했습니다. 그러자 그 교인이 목사님에게 이렇게 말했다고 합니다. "저는 특수부대 비밀요원입니다."

우리는 성경에 나온 어떤 그리스도인들처럼 교회에 나오기 싫어해서는 안 됩니다. 이런저런 핑계로 주일에 교회 나오기를 싫어해서는 안 됩니다. 날씨가 좋으면 놀러 가야 하기에, 또 비가 오면 교회 가기 불편하다고, 누구 보기 싫다고, 오늘은 왠지 그냥 가기 싫다고, 늦잠 자고 싶다고 주일에 교회에 나오는 것을 포기해서는 절대 안 됩니다. 주일에는 반드시 교회에 나와 하나님께 예배해야 합니다. 우리는 주일에 그 어떤 일보다 교회에 모여 예배하는 일을 가장 우선순위에 두어야 합니다.

하나님께서 교회를 세우고 함께 모여 신앙생활하게 한 것은 우리가 혼자 힘으로는 신앙생활을 잘해내기 어렵기 때문입니다. 내가 약할 때는 누군가가 교회에 같이 가자고 권면해주어야 합니다. 또 다른 지체가 약해져 교회 가기 싫어한다면 내가 같이 가자고 권면해야 합니다. 이렇게 서로서로 격려하며 함께 신앙의 길을 가야 믿음을 유지할 수 있습니다. 교회는 이 세상의 어떤 기관보다도 하나님 나라를 체험하기 위한 가장 좋은 장소입니다. 그렇기에 우리 그리스도인들은 교회를 통해 하나님 나라를 미리 맛보고 살아갈 수 있습니다. 이렇게 중요한 역할을 하는 곳이 지금 우리가 다니고 있는 교회입니다.

교회 공동체를 떠나서 혼자 신앙생활을 하면 더 잘할 것 같지만 결코 그렇지 않습니다. 무디에게 이런 일화가 있다고 합니다. 어떤 사람이 교회에서 상처를 받고 무디를 찾아왔습니다. 이 사람은 교회를 비난하며 자기는 앞으로 교회에 나가지 않고 혼자 신앙생활을 하겠다고 했습니다. 마침 겨울이어서 난로를 피우고 있었습니다. 무디는 아무 말 없이 잘 타고 있는 석탄 한 덩어리를 꺼내 난로 옆에 놓았습니다. 석탄이 어떻게 되었겠습니까? 점점 꺼져갔습니다. 이 사람은 그것을 보다가 아무 말도 하지 않고 떠났습니다.

우리의 신앙생활도 숯불이 타는 것과 비슷합니다. 숯불은 혼자 탈 수 없듯이 우리도 혼자서는 신앙생활을 할 수 없습니다. 그래서 하나님이 교회를 세워주신 것입니다. 우리는 교회에 모여서 신앙생활을 해야 믿음을 잘 지킬 수 있습니다. 우리 그리스도인들은 교회에서 교제 가운데 함께 있을 때는 신앙을 지킬 수 있지만 교회의 교제 가운데 멀어지게 되면 쉽게 신앙을 잃어버릴 수 있습니다. 이단의 유혹에 넘어간 이들도 교회 공동체에서 이탈해 혼자 신앙생활을 하다가 넘어가는 경우가 대부분입니다.

그렇기에 우리는 교회에 모여 예배하고, 교제하는 일을 소홀히 여겨서는 안 됩니다. 서로 사랑하고, 서로 선행하고, 서로 격려하며 돌아보아야 합니다. 우리는 함께 모이기를 서로 권면하여 교회에 모이기를 멀리하고자 하는 유혹을 물리쳐야 합니다.

Q&A를 통한 핵심 정리

Q. 밥맛 나는 교회가 되기 위해서는 어떻게 해야 합니까?

A. 서로 돌아보아야 하며 서로 권면하여 교회에 자주 모여야 합니다.

Q. 서로 돌아보는 방법은 무엇입니까?

A. 사랑과 선행으로 격려하는 것입니다.

2.
개미만도 못한 사람

게으른 사람이 개미를 통해 배워야 할 지혜는 무엇일까요?

게으른 자여 개미에게 가서 그가 하는 것을 보고 지혜를 얻으라

개미는 두령도 없고 감독자도 없고 통치자도 없으되

먹을 것을 여름 동안에 예비하며 추수 때에 양식을 모으느니라

게으른 자여 네가 어느 때까지 누워 있겠느냐 네가 어느 때에 잠

이 깨어 일어나겠느냐

좀더 자자, 좀더 졸자, 손을 모으고 좀더 누워 있자 하면

네 빈궁이 강도 같이 오며 네 곤핍이 군사 같이 이르리라

- 잠 6:6-11

사람의 행실이 좋지 않을 때 우리는 흔히 '개만도 못한 사람'이
라고 이야기합니다. 사람이 개와 달리기 시합을 해서는 안 된다
고 하지요? 사람이 개와 달리기 시합을 해서 이기면 '개보다 더

한 놈'이 됩니다. 달리기 시합에서 사람이 개에게 지면 '개보다 못한 놈'이 됩니다. 사람이 개와 달리기 시합에서 비기면 어떻게 됩니까? '개 같은 놈'이 됩니다.

위의 본문에서는 게으른 사람을 가리켜 개미만도 못한 사람이라고 합니다. 요즘 많은 사람들이 '귀차니즘'에 빠져 있다고 합니다. 귀차니즘은 '만사가 귀찮아서 게으름 피우는 현상이 고착화된 상태'를 말하는 인터넷 용어입니다. 또한 귀차니즘을 자주 겪는 사람을 가리켜 '귀차니스트'라고도 부릅니다. 또 게으름은 '이타이이타이병'에서 따와 '이따가이따가병'이라고 불리기도 합니다. 게으른 사람은 될 수 있으면 해야 할 일을 뒤로 미룹니다. 대부분 학창시절에 시험 공부를 할 때 이 병을 경험해 보았을 것입니다. 다음은 시험 기간에 시험 공부를 하는 단계라고 합니다.

1. 집에 가서 해야지.
2. 밥 먹고 해야지.
3. 배부르니 좀 쉬었다 해야지.
4. 지금 보는 텔레비전만 보고 해야지.
5. 밤새워 열심히 공부해야지.
6. 내일 아침에 일찍 일어나서 해야지.
7. 이런 젠장!

본문을 보면 극도로 게으른 사람이 나오고, 게으른 사람의 일반적인 모습에 대해 알려줍니다.

게으른 사람은 잠을 너무 지나치게 많이 잡니다. 잠언 기자는 게으름의 가장 대표적인 모습이라 할 수 있는 '잠'을 지나치게 자는 것을 예로 들어 게으른 사람의 모습을 설명합니다. "게으른 자여 네가 어느 때까지 누워 있겠느냐 네가 어느 때에 잠이 깨어 일어나겠느냐 좀 더 자자 좀 더 졸자 손을 모으고 좀 더 누워 있자 하면(잠 6:9-10)."

이 말씀이 친근하게 다가오는 사람이 있을 것입니다. 매일 아침 자신의 모습을 보고 있는 것 같은 사람이 있을 것입니다. 10분만, 5분만 더 자겠다고 하는 자신의 모습일 수 있습니다.

잠언의 다른 부분에도 게으른 자의 모습이 잘 그려져 있습니다. "게으른 자는 문짝이 돌쩌귀를 따라서 도는 것 같이 침상에서 돈다(잠 26:14)." 게으른 사람은 돌쩌귀에 붙어있는 문짝처럼 침대에 누워 이리저리 뒹굴면서 엑스레이를 찍습니다. 잠언 기자는 게으름의 대표적인 행동이 잠을 많이 자는 것이라고 합니다.

사실 지나친 수면은 사람에게 활력을 주기보다는 나태함과 무기력과 연약함을 가져다줍니다. 잠을 너무 많이 자면 잠에 취해 오히려 더 피곤하고 의욕도 없어집니다.

유근영 서울대의대 예방의학교실 교수팀의 연구 결과[33]에 의하면 하루에 잠을 너무 많이 자거나 적게 자면 사망확률이 높다고 합니다. 성인 한국인의 적정 하루 수면시간은 7~8시간이라고 합니다. 수면을 7~8시간을 취하는 사람에게서 사망 위험이 가장 낮다고 합니다. 7시간 자는 사람에 비해 5시간 이하로 자는 사람은 사망확률이 21% 정도 높다고 합니다. 또 10시간 이상 자는 사람은 36% 높다고 합니다. 이 연구 결과에 따르면 지금 여러분의 수면 습관은 어떻습니까? 생명을 연장하고 있습니까, 생명을 단축하고 있습니까? 잠을 너무 적게 자서 생명을 단축하는 분들도 계실 것이고, 또 잠을 너무 많이 자서 생명을 단축하는 분들도 계실 것입니다. 이 연구 결과에 따르면 오래 살기 위해서라도 잠을 너무 적게 자거나 너무 많이 자서는 안 됩니다. 필요 이상으로 잠을 하루 1시간씩만 더 자도, 1년이면 365시간, 환산하면 15일 이상을 낭비하는 셈입니다.

또 잠이 지나치게 많으면 하나님과 관계도 제대로 유지할 수 없습니다. 잠이 많으면 영적인 게으름과 나태함으로 이어지기 쉽습니다. 잠이 많으면 주일 예배에 못 나오거나 지각하기 쉽습니다. 잠이 많은 사람은 예배에 나오더라도 예배 시간에 잠을 자서 하나님의 말씀을 잘 들을 수 없습니다.

---

33 "한국인 적정 수면 시간은 7~8시간", 『하이닥』, 2014.1.19.

잠언 기자는 '좀 더 자자, 좀 더 눕자.'라는 식의 게으른 모습에 대해 안타까워합니다. "어느 때까지 누워 있겠느냐 어느 때에 잠이 깨어 일어나겠느냐(잠 6:9)." 잠언 기자가 '어느 때'라는 표현을 두 번 반복해서 사용하고 있는 것은 속히 일어나라는 의미가 담겨 있습니다. 누워 있거나 잠만 자지 말고 그만 일어나라는 것입니다. 언제까지 무의미하게 빈둥거리며 시간을 보내겠느냐는 질책과 안타까움이 배어 있는 말입니다.[34]

게으른 사람은 모든 것을 귀찮아하면서 움직이기를 싫어합니다. 게으른 사람은 자신의 게으름에 대한 책망에도 아무런 대꾸도 하지 않습니다(잠 6:10). 대꾸하기조차 귀찮아하는 모습을 보여줍니다. 게으른 자가 얼마나 움직이기를 싫어하는지 또 다른 잠언에서도 알려줍니다. "게으른 자는 그 손을 그릇에 넣고도 입으로 올리기를 괴로워하느니라(잠 26:15)." 게으른 사람은 숟가락질도 하기 싫을 정도로 움직이기를 귀찮아합니다. 게으름 대회가 있다면 상을 받을 것 같습니다. 게으름 대회에서 상을 받은 사람들은 이런 사람들이었다고 합니다. 3등은 다음 주에 다시 수술한다고 환자의 수술한 곳을 열어 놓은 채로 둔 외과 의사, 2등은 어차피 벗을 것이라며 집에서부터 옷을 벗고 공중목욕탕에 가는 사람, 1등은 강도가 손들지 않으면 쏜다는 소리를 듣고도 귀

---

34 『옥스퍼드 원어성경대전 잠언 제1-13장』(제자원, 2006), 310쪽.

찾아서 손을 들지 않아 총에 맞아 죽은 은행원이라고 합니다.

게으른 사람은 항상 핑계를 대면서 일하기 싫어합니다. 게으른 사람은 대개 이런저런 핑계가 많습니다. "게으른 자는 말하기를 사자가 밖에 있은즉 내가 나가면 거리에서 찢기겠다 하느니라(잠 22:13)."

게으른 자는 자신이 밖에 나가면 거리에서 사자를 만나 물려 죽을지도 모르니 못 나가겠다고 핑계를 댑니다. 고대 팔레스타인 지역에 사자가 없었던 것은 아니지만 길거리에서 사자를 만날 일은 거의 없습니다. 거리에서 사자를 만나 물려 죽을 확률은 아마 여러분이 워터파크에서 식인 상어를 만나 물리게 될 확률과 같을 것입니다. 하지만 게으른 사람은 이런저런 핑계를 대면서 자신을 합리화하고 일을 하려고 하지 않습니다. 온갖 핑계를 대면서 자신이 마땅히 해야 할 일을 하지 않습니다.

게으르기로 소문난 사람이 있었다고 합니다. 모두가 일하러 갔는데 낮잠을 자고 있었습니다. 그런데 잠결에 소리가 들려왔습니다. 게슴츠레 눈을 뜨고 보니 도둑이 담을 넘고 있는 것이 보였습니다. 하지만 게으른 사람은 움직이지 않고 마음속으로 "어 도둑이네."라고 하고는 "저놈이 담을 넘어 마당 안에 들어오기만 해봐라."라고 중얼거리면서 잠에 빠졌습니다. 이내 다시 쿵하는 소리가 들렸습니다. 게으른 사람이 어렵게 다시 눈을 떠 보니 도둑이 담에서 뛰어내려 마당으로 살금살금 걸어오고 있었습니다.

하지만 여전히 게으른 사람은 자면서 마음속으로 중얼거렸습니다. "이놈이 방안으로 들어오기만 해봐라." 도둑은 게으른 사람이 깊이 잠든 줄 알고 안방으로 살금살금 기어들어 갔습니다. 하지만 여전히 게으른 사람은 잠에 취한 채 중얼거렸습니다. "저놈이 안방으로 들어가네. 뭘 가지고 나오기만 해봐라." 잠시 후 도둑은 안방에서 돈이 될 만한 물건들을 한 보따리 짊어지고 나왔습니다. 그리고 대문 쪽으로 걸어갔습니다. 여전히 게으른 사람은 대문을 열고 나가는 도둑의 뒷모습을 보면서 여전히 잠에서 깨어나지 못한 채 한 마디를 중얼거렸습니다. "이놈 나중에 다시 오기만 해봐라." 이처럼 게으른 사람은 온갖 핑계를 만들어 움직이지 않아 지금 자신이 마땅히 해야 할 일을 놓치게 됩니다.

게으른 사람은 스스로 지혜롭다고 착각하여 자신이 잘못되었다는 것을 모릅니다. 게으른 자는 지혜롭다고 착각할 뿐만 아니라, 교만하고 어리석기까지 합니다. "게으른 자는 사리에 맞게 대답하는 사람 일곱보다 자기를 지혜롭게 여기느니라(잠 26:16)."

게으른 자가 귀찮은데, 생각을 깊게 하겠습니까? 게으른 자는 깊이 생각하지도 않으면서 사리에 맞게 대답하는 일곱 사람보다 자신의 견해가 합당하다고 여깁니다. 여기서 '사리에 맞게 대답하는 사람'은 '분별력이나 판단력이 탁월하여 바르게 판단하고 합당한 대답을 줄 수 있는 사람'을 의미합니다. 또 '일곱'이라는 말은 성경에서 7은 완전수이기 때문에 '가장 현명한 사람들'을 가리키는 상징적인 표현입니다. 게으른 자는 어떠한 질문에도 지혜롭고 합당하게 대답할 수 있는 가장 현명한 사람들보다 자신을 더 지혜롭게 여깁니다. 게으른 자는 게으르기만 할 뿐만 아니라 교만하고 어리석어 자기의 삶의 방식과 태도가 잘못되었다고 인정하기는커녕 옳다고 생각합니다. 그렇기에 게으른 자에게는 소망이 없습니다.[35]

이런 게으름에 빠진 사람의 끝은 어떻게 될까요?

게으른 사람은 부귀영화를 누리지 못하고 빈궁하고 곤핍해집니다. 게으른 사람이 평생 보지 못하는 영화가 있다고 합니다. 무엇인지 아십니까? 조조영화입니다. 게으른 사람은 조조영화도 보지 못하지만 게으른 사람은 절대 '부귀영화'를 보지 못합니다. 게으른 자는 부귀영화를 누리지 못하고 빈궁하고 곤핍해집니다. "네 빈궁이 강도같이 오며 네 곤핍이 군사같이 이르리라(잠 6:11)."

이처럼 게으른 사람은 가난하게 됩니다. 잠언 기자는 빈궁을 강도에, 곤핍을 군사에 비유하여 이야기합니다. 강도가 강도질할 때 언제 강도짓을 할지, 강도짓을 해도 되는지 의견을 묻지 않습니다. 강도는 예측할 수 없을 때 강한 힘을 가지고 묻지도 않고 따지지도 않고 자기 마음대로 강도짓을 합니다. 군사가 침략 전쟁을 할 때도 침략하려고 하는 국가에 대해 언제 전쟁을 할지, 전쟁을 해도 되는

---

35 『옥스퍼드 원어성경대전 잠언 제25-31장·아가』(제자원, 2006), 115~6쪽.

지 의견을 묻지 않습니다. 자신들이 유리할 때 침략할 뿐입니다. 게으른 사람에게 빈궁과 곤핍도 이렇게 생각지도 못한 때에 감당할 수 없는 모습으로 다가와 고통을 줍니다.

잠언 기자는 게으른 사람은 개미에게 가서 개미에게 보고 배우라고 합니다. "게으른 자여 개미에게 가서 그가 하는 것을 보고 지혜를 얻으라(잠 6:6)."

여기서 '그가 하는 것'이라는 말은 개미의 타고난 생활 습관을 말합니다. '보고'라는 말은 시각적으로 보는 것만이 아니라 '숙고하다.', '고려하다.', '인식하다.'라는 의미입니다. 개미의 생활 방식과 습성을 유심히 관찰하고 탐구하여 개미로부터 현명함과 지혜를 얻어 개미만도 못한 사람이 되어서는 안 된다는 것입니다.[36]

우리가 개미만도 못한 사람이 되지 않기 위해서는 어떻게 해야 할까요?

개미처럼 자율적으로 일할 수 있어야 합니다. 개미에게는 인간 사회에 있는 두령과 감독자와 통치자가 없습니다. "개미는 두령도 없고 감독자도 없고, 통치자도 없으되(잠 6:7)."

여기서 '두령'은 '결정권을 가지고 있는 행정관'을 말합니다. '감독자'는 '어떤 일을 집행하고 관리하고 감독하는 자'를 말합니다. '통치

---

36 『옥스퍼드 원어성경대전 잠언 제1-13장』(제자원, 2006), 308쪽.

자'는 '권력을 가지고 다스리는 최고의 통치자'를 말합니다.[37] 이처럼 두령이나 감독자, 통치자는 사람들을 다스리는 지도자, 리더를 지칭하는 말입니다. 하지만 개미는 자신을 다스리는 존재가 없어도 스스로 자율성을 가지고 움직인다는 것입니다. 개미는 자율성을 가지고 부지런히 움직여 먹을 것을 저축하는데, 게으른 사람은 빈궁과 곤핍이 오고 있는데도 전혀 준비하지 않고 있음을 질책하는 말씀입니다.

지금 우리는 어떻습니까? 자신의 일을 비롯한 주님이 맡긴 일을 자율적으로 열심히 하고 있습니까? 특히 교회의 일은 자율적으로 하지 않으면 대책이 없습니다. 회사에서는 일하지 않으면 월급을 주지 않거나 해고해 통제가 가능합니다. 하지만 교회는 예수님을 믿는 사람들의 자율적인 모임이기에 자원하는 마음으로 섬기지 않으면 어찌할 도리가 없습니다. 우리 교회가 원만하게 운영되기 위해서는 자발적인 참여와 섬김이 절대적으로 필요합니다.

요즘 많은 젊은이들이 자율적으로 일을 하지 못한다고 합니다. 어릴 때부터 모든 일을 엄마가 다 해주어 아이 스스로 할 수 있는 능력이 키워지지 않아 대학생들 가운데에도 다른 사람이 해주지 않으면 어떤 일도 혼자 처리하지 못하는 초등학생 같은 대학생,

---

37 앞의 책, 308~9쪽.

'초대딩'이 있다고 합니다. 수강 신청도 엄마와 함께하고, 성적에 대한 이의 신청도 엄마가 교수님을 찾아간다고 합니다. 우리는 자율성을 가지고 독립된 인격체로서 자신의 판단과 책임하에 일을 처리할 수 있어야 합니다.

개미처럼 미래를 부지런히 준비해야 합니다. 개미는 부지런히 일하여 먹을 것을 미리 준비합니다. "먹을 것을 여름 동안에 예비하며 추수 때에 양식을 모으느니라(잠 6:8)."

개미는 먹을 것을 여름 동안 예비하고, 추수 때를 놓치지 않고 양식을 모읍니다. 개미는 일할 수 없는 겨울을 대비하기 위해 여름에 먹을 것을 준비하며 부지런히 일합니다. 잠언 기자는 한낱 미물에 불과한 개미도 미래를 위해 이처럼 열심히 준비하여 일하는데, 만물의 영장이라고 하는 인간이 앞으로 있을 일들을 생각하지 않고 살아가서는 안 된다고 가르쳐줍니다.

우리도 개미처럼 미래를 위해 게으름을 피우지 말고, 하루라도 젊었을 때 미래를 위해 부지런히 준비해야 합니다. 우리는 그동안 많은 계획을 세웠습니다. 하지만 세웠던 계획이 게으름 때문에 무너지는 경험도 많이 했을 것입니다. 게으름 때문에 마땅히 해야 할 일을 놓쳐서는 안 됩니다. 개미가 겨울을 대비하여 여름에 열심히 준비하는 것처럼 우리도 미래의 삶을 위해 열심히 준비해야 합니다. 앞으로는 '100세 시대'를 살아간다고 하지 않습니까? 인간이 오래 사는 것은 축복이지만 준비되지 않은 채로 오래 사는 것은 오히려 더 괴로울 수 있습니다. 행복한 노후 생활을 위해서라도 미리 준비해야 합니다.

우리 그리스도인들은 이 세상 가운데에서 행복한 삶을 살기 위해 철저히 준비해야 하지만, 여기에 덧붙여 언젠가는 맞이하게 될 죽음에 대한 준비도 철저히 해야 합니다. 요즘 한국의 많은 그리스도인은 죽음 이후의 내세를 생각하지 않고, 현세 중독의 질병에 걸려 현세만을 추구합니다. 마치 이 땅 가운데에서 삶이 전부인 것처럼, 영원히 죽지 않는 것처럼 모든 것을 이 땅의 삶에 올인하여 살아가고 있습니다. 하지만 인간인 이상 한 사람도 예외 없이 죽음을 맞이합니다. 죽음 이후의 심판이 있다고 성경은 우리에게 가르쳐줍니다. 지금 이 땅을 사는 동안 우리의 행위가 아무것도 아닌 것이 아니라, 하나님에 의해 평가됩니다. 그런데 지금 많은 그리스도인이 이 현실적인 죽음을 망각하고 세상에 집착하여 더 많이 소유하고, 더 많은 권력을 가지는 데에만 몰두합니다. 그러느라 죽음 이후의 심판을 위한 대비와 준비는 전혀 하지 못한 경우가 많습니다.

마태복음 25장에 보면 신랑을 맞으러 나간 열 처녀 비유가 나옵니다. 이 비유에서 다섯 처녀는 미련하고, 다섯 처녀는 슬기롭다고 말합니다. 미련함과 슬기로움의 차이는 기름을 준비하느냐의 여부였습니다. 슬기로운 처녀들은 등과 함께 여분의 기름을 준비했습니다. 하지만 미련한 처녀들은 등만 준비하고, 여분의 기름은 준비하지 않았습니다. 그리하여 이 미련한 다섯 처녀는 막상 그토록 기다리던 신랑이 왔을 때 신랑을 맞이하지 못하고 기름을 사러 갔습니다. 기름을 사러간 사이에 신랑이 도착하여 기름을 미리 준비한 슬기로운 다섯 처녀는 혼인 잔치에 참여할 수 있었습니다. 하지만 기름을 준비하지 못했던 미련한 처녀들은 혼인 잔치에 참여하지 못했습니다. 이 비유가 우리에게 주는 교훈은 그리스도인들은 슬기로운 다섯 처녀처럼 늘 깨어 준비된 삶을 살아야 한다는 것입니다.

실제로 사도 바울은 이런 삶을 살았습니다. 그렇기에 말년에 이런 고백을 합니다. "나는 선한 싸움을 싸우고 나의 달려갈 길을 마치고 믿음을 지켰으니 이제 후로는 나를 위하여 나의 면류관이 예비되었으므로 주 곧 의로우신 재판장이 그 날에 내게 주실 것이며 내게만 아니라 주의 나타나심을 사모하는 모든 자에게도니라(딤후 4:7-8)." 사도 바울은 지금까지 마지막 날을 준비하는 삶을 살아왔기에 죽음조차 두려워하지 않고 주님을 만났을 때 받을 상에 대해 확신합니다.

우리는 슬기로운 다섯 처녀처럼, 사도 바울처럼 주님 만났을 때를 대비하여 준비하는 삶을 살아야 합니다. 우리도 마지막 날 바울과 같은 고백을 할 수 있도록 우리의 삶을 철저히 하나님께 드리고 헌신하는 삶을 살아야 합니다. 우리는 마지막 날 주님을 만날 때 당당하도록 이 세상을 사는 동안 주님과 동행하면서 주님이 기뻐하시는 일들을 많이 하고 살아야 합니다. 그렇기에 게으름을 피워서는 안 됩니다.

Q&A를 통한 핵심 정리

Q. 게으른 사람의 일반적인 특징은 무엇입니까?

A. 잠이 지나치게 많습니다. 모든 것을 귀찮아하면서 움직이기를 싫어합니다. 항상 핑계를 만들어 일하기 싫어합니다. 자신이 지혜롭다고 착각하여 게으름에 빠진 자신이 잘못되었다는 것을 모릅니다.

Q. 게으른 사람이 맞이하게 될 삶은 어떻습니까?

A. 빈궁하고 곤핍해집니다.

Q. 개미만도 못한 게으른 사람이 되지 않기 위해서는 어떻게 해야 합니까?

A. 자율적으로 일할 수 있어야 합니다. 미래를 위해 부지런히 준비해야 합니다.

3.
시간을 지배하는 자

똑같이 주어진 시간을 지금 어떻게 사용했을 때 세월을 아끼는 사람이 될까요?

그런즉 너희가 어떻게 행할지를 자세히 주의하여 지혜 없는 자 같이 하지 말고 오직 지혜 있는 자 같이 하여

세월을 아끼라 때가 악하니라

그러므로 어리석은 자가 되지 말고 오직 주의 뜻이 무엇인가 이해하라

술 취하지 말라 이는 방탕한 것이니 오직 성령으로 충만함을 받으라

시와 찬송과 신령한 노래들로 서로 화답하며 너희의 마음으로 주께 노래하며 찬송하며

범사에 우리 주 예수 그리스도의 이름으로 항상 아버지 하나님께 감사하며

— 엡 5:15-20

"시간을 지배할 줄 아는 사람이 인생을 지배할 줄 아는 사람이다."라는 말이 있습니다. 이 말은 우리 인생에 있어 시간이 매우 소중하다는 것을 말해줍니다. 인터넷에서 시간의 소중함에 대해 알려주는 글입니다. 1년의 소중함을 알고 싶으면 입학 시험에 떨어진 학생에게 물어보십시오. 1년이라는 시간이 얼마나 귀한지 알게 될 것입니다. 한 달의 소중함을 알고 싶으면 미숙아를 낳은 산모에게 물어보십시오. 한 달의 시간이 얼마나 힘든 시간인지 알게 될 것입니다. 한주의 소중함을 알고 싶으면 주간 잡지 편집장에게 물어보십시오. 한주의 시간이 쉴 새 없이 돌아간다는 것을 알게 될 것입니다. 하루의 소중함을 알고 싶으면 아이가 다섯 딸린 일일 노동자에게 물어보십시오. 24시간이 정말 소중한 시간이라는 것을 알게 될 것입니다. 한 시간의 소중함을 알고 싶으면 약속 장소에서 애인을 기다리는 사람에게 물어보십시오. 한 시간이 정말로 길다는 것을 알게 될 것입니다. 1분의 소중함을 알고 싶으면 기차를 놓친 사람에게 물어보십시오. 1분이 얼마나 소중한 시간인지 알게 될 것입니다. 1초의 소중함을 알고 싶으면 간신히 교통사고를 모면한 사람에게 물어보십시오. 그 순간이 운명을 가를 수 있는 시간이라는 것을 알게 될 것입니다. 1,000분의 1초의 소중함을 알고 싶으면 올림픽에서 아쉽게 은메달은 딴 육상선수에게 물어보십시오. 1000분의 1초에 신기록을 세울 수 있다는 것을 알게 될 것입니다.

이처럼 시간은 매우 소중합니다. 우리는 시간이 매우 귀중하다는 것을 잘 알고 있습니다. 시간은 모든 사람에게 공평하게 주어집니다. 오래 살고, 조금 일찍 죽을 수는 있지만, 누구에게나 동일하게 하루에 24시간이 주어집니다. 하루 24시간 동일하게 주어진 시간을 얼마나 잘 활용하느냐에 따라 삶이 많이 달라집니다. 시간을 잘 사용하신 사람은 승리의 삶으로 가까이 가지만 시간을 잘못 사용하여 낭비하게 되면 실패의 삶으로 나아가기 쉽습니다. 나폴레옹이 시간에 관해 이런 말을 했습니다. "오늘 나의 불행은 언젠가 내가 잘못 보낸 시간의 보복이다." 10대를 잘못 보낸 자는 20대에 보복을 당하고, 20대를 허비한 사람은 30대에 후회하게 됩니다. 그렇기에 우리는 지금 주어진 시간을 잘 활용해야 합니다.

본문에서도 시간이 소중하기에 시간을 낭비하지 말라고 말합니다. 시간을 아껴야 한다고 합니다. "세월을 아끼라 때가 악하니라(엡 5:16)."

여기서 '아끼다(엑사고라조, ἐξαγοράζω).'라는 말은 본래 '(물건을)사다.'라는 뜻입니다. 시장에 아무리 좋은 물건이 있어도 내가 돈을 내고 사지 않으면 내 것이 아닙니다. 내가 돈을 주고 사야만 그 때부터 내 것입니다. 시간도 마찬가지입니다. 흘러가는 시간은 내 것이 아닙니다. 흘러가는 시간을 아껴서 잘 사용해야 비로소 그 시간이 내 것이 됩니다. 지금 예배하고 있는 중에도 시간이 흘러가고 있습니다. 예배하는 시간에 예배에 집중하지 않고, 잡생각을 하고 있다면 시간을 낭비하고 있는 것입니다. 지금 흘러가고 있는 이 시간에 예배에 집중하여 하나님의 은혜를 받게 될 때 시간을 아끼는 것입니다. 그렇기에 공동 번역에서는 "세월을 아끼라."라는 말을 이렇게 번역해 놓았습니다. "여러분에게 주어진 기회를 잘 살리십시오."**38**

본문에서 사도 바울이 세월을 아껴야 하는 이유가 무엇이라고 말합니까? 우리말 성경에서는 번역되어 있지 않지만 신약이 본래 기록된 헬라어 성경으로 보면 '때가 악하니라.'는 말 앞에 '왜냐하면(호티, ὅτι)'이라는 말이 있습니다. 우리가 세월을 아껴야 하는 이유는 때가 악하기 때문입니다. '때'라는 말은 '시대'라는 의미입니다. 시대가 악하기 때문에 기회를 잘 붙잡아 세월을 아껴야 한다고 말합니다.

"세월을 아끼라 때가 악하니라."라는 말을 통해 바울이 편지를 보낼 당시의 에베소 교인들이 시간을 낭비할 일이 많이 있었음을 짐작할 수 있습니다. 에베소는 로마의 식민지 아시아 주의 수도입니다. 에베소는 동방으로 이어지는 두 개의 중요한 상업 도로가 있는 상업이 성행한 항구 도시였습니다. 또 에베소에는 아데미 신전이 있어 매춘이 성행하고 술집이 많이 있었습니다. 이

---

38 『옥스퍼드 원어성경대전 갈라디아서·에베소서』(제자원, 2006), 729쪽.

런 향락 문화가 에베소 지역에 발달하였기 때문에 에베소 지역에 사는 사람들은 자칫 잘못하면 타락하여 시간을 낭비할 기회가 많이 있었습니다.[39]

오늘 우리가 살고 있는 시대도 시간을 허비할 일이 많이 있습니다. 지금 우리 사회도 에베소 지역의 사람들처럼 온갖 쾌락에 빠질 환경이 조성되어 있습니다. 어디에 가나 술집이 많이 있습니다. 마약을 할 수 있는 곳도 있습니다. 도박을 할 수 있는 곳도 있습니다. 성매매를 할 수 있는 곳도 있습니다. 정신 차리지 않으면 타락에 빠지기 쉬운 환경에 노출되어 있습니다. 에베소서가 기록된 당시의 시대 상황과 오늘 우리의 시대 상황이 도긴개긴입니다. 그렇기에 우리도 가는 세월을 아껴 시간을 지배하는 자가 되기 위해서는 사도바울이 에베소 교회 교인들에게 했던 말을 오늘 우리에게 주시는 말씀으로 받아들여 지혜롭게 행동해야 합니다. "그런즉 너희가 어떻게 행할지를 자세히 주의하여 지혜 없는 자 같이 하지 말고 오직 지혜 있는 자 같이 하여(엡 5:15)." 바울은 에베소 교인들에게 세월을 아끼기 위해서 어떻게 처신하는 것이 지혜롭게 행동하는 것인지 늘 관심을 가지고 살피라고 합니다.

사도 바울은 허송세월을 보내지 않고 세월을 아껴 시간을 지배하는 자가 되기 위해서는 어떻게 하라고 알려줍니까?

---

39 『관주해설 성경전서 개역개정판: 독일성서공회 해설』(대한성서공회, 2013), 310쪽.

하나님의 뜻이 무엇인지 알고 행해야 합니다. 어리석은 자가 되지 않기 위해서는 오직 하나님의 뜻을 파악하는 것이 중요합니다. "그러므로 어리석은 자가 되지 말고 오직 주의 뜻이 무엇인가 이해하라(엡 5:17)." 여기서 어리석은 자는 '생각이나 행동을 제어하지 못하는 사람'입니다. 어리석은 자가 되지 않기 위해서는 오직 하나님의 뜻을 파악하는 것이 중요합니다. 우리가 세월을 낭비하는 어리석은 사람이 되지 않으려면 하나님의 뜻을 알아 하나님의 뜻대로 사는 것이 중요합니다. 하지만 하나님의 뜻을 아는 것이 저절로 이루어지는 것은 아닙니다. 그렇기에 오늘 본문에서도 주의 뜻이 무엇인가 '이해하라.'리고 합니다. '이해하라.'라는 말의 의미는 알아가려는 대상과 자기 마음을 합치해 그 본질을 깨달아 아는 것입니다. 하나님께 자기 마음을 합치하여야만 하나님의 뜻을 알 수 있습니다. '이해하라.'라는 말을 헬라어 성경으로 보면 현재 능동태 명령형입니다. 현재는 계속이나 반복의 상태를 나타낼 때 사용하는 시제입니다. 능동태는 자기 스스로 해야 하는 상황을 가리킬 때 사용됩니다. 명령형은 반드시 해야 할 사항일 때 사용합니다. 그렇기에 하나님의 뜻을 파악하기 위해서는 인간의 자발적이고 계속적인 노력이 필요함을 알 수 있습니다.[40]

---

40 『옥스퍼드 원어성경대전 갈라디아서·에베소서』(제자원, 2006), 730쪽.

하나님의 뜻을 알기 위한 인간적인 노력으로는 어떤 것들이 있을까요? 성경을 읽고 배우는 것, 기도하는 것, 예배 가운데 말씀을 잘 듣는 것, 신앙 서적을 읽는 것, 믿음의 사람들과 교제하는 것 등이 있습니다. 하지만 이 가운데 하나님의 뜻을 가장 잘 알 수 있는 것은 성경과 기도일 것입니다. 성경과 기도를 통해 하나님을 만나, 하나님의 뜻을 알고, 그 뜻 가운데 살아가는 게 지혜로운 일입니다. 성경과 기도를 통해 지금 이곳에서 나에게 말씀하신 하나님의 뜻을 알아야 합니다. 그러기 위해 성경을 매일 읽고 바르게 해석해야 합니다. 기도도 올바르게 해서 하나님의 음성을 제대로 들어야 합니다. 성경을 읽지 않거나 성경을 읽기는 하는데 잘못 해석한다든지, 기도를 잘못하면 하나님의 뜻과 완전히 멀어질 수 있습니다.

우리는 경험을 통해서 하나님의 뜻을 안다는 것이 그리 쉬운 일이 아님을 알고 있습니다. 지금 이 순간에 하나님께서 나에게 바라시는 뜻을 파악한다는 것이 쉽지 않습니다. 과연 지금 내가 선택한 것이 하나님의 뜻인지 아닌지를 명확하게 아는 것이 어렵습니다. 그래도 하나님의 뜻을 알기 위해 노력해야 합니다. 하나님의 뜻을 알기 위한 방법 가운데 하나는 우리 믿음의 선배들이 했던 "예수님이라면 이 상황에서 어떻게 하셨을까?"라는 질문을 늘 스스로 물으며 세상 가운데서 살아가는 것입니다. 우리가 세상 가운데 어떤 일을 결정할 때 늘 "예수님이라면 이 상황에서 어떤 결정을 하셨을까?", "지금 이 상황에서 예수님께서 내가 어떤 결정을 내리기를 원하실까?"라는 질문을 한다면 하나님의 뜻을 파악할 수 있습니다.

우리가 하나님의 뜻 가운데 지금 내가 해야 할 일의 우선순위를 정하여 필요한 일을 할 때 시간을 낭비하지 않고, 시간을 지배하는 지혜로운 사람입니다. 아무리 열심히 일해도 하나님의 뜻에 벗어나는 일이라면 시간을 낭비하고 있는 것입니다. 그렇기에 우리가 하나님의 뜻에 맞는 일을 할 때, 세월을 아껴 시간을 지배하는 자가 될 수 있습니다.

성령으로 충만함을 받아 방탕한 생활을 하지 말아야 합니다. 사도 바울은 술에 취하면 곧 방탕함으로 이어진다고 말합니다. "술 취하지 말라 이는 방탕한 것이니 오직 성령으로 충만함을 받으라 (엡 5:18)." 방탕함은 대개 맨정신에 이루어지지 않습니다. 이 사실을 잠언에서도 알려줍니다. "네 눈에는 괴이한 것이 보일 것이요 (잠 23:33)." 술취한 사람의 눈에는 괴이한 것이 보인다고 합니다. 여기서 '눈에는 괴이한 것이 보일 것'이라는 말의 의미는 이방 여인(음란한 여인)을 주목한다는 것입니다. 술 취함으로 인해 성적 범죄에 빠져들게 됩니다. 이처럼 술은 음행으로 이어지기 쉽습니다.[41]

---

41 『옥스퍼드 원어성경대전 잠언 제14-24장』(제자원, 2006), 599쪽.

술 취한 사람들의 유형은 다양합니다.

에로 영화형: 무조건 이유 없이 옷을 벗어젖힌다.

삼류 극장형: 필름이 끊긴다.

청문회형: 횡설수설 묻지도 않은 얘기를 하고 또 한다.

무단 발포형: 술집이건 전봇대건 가리지 않고 방뇨한다.

변사형: 울먹이는 목소리로 신세 한탄을 끊임없이 늘어놓는다.

김 삿갓형: 술자리에서 어느새 사라져 갈 곳을 잃고 정처 없이 길거리를 방황한다.

요즘들어 음주 문화가 많이 바뀌었지만 예전에는 술을 마시면 끝장을 보는 문화가 있었습니다. 내일이 없는 문화였습니다. 저는 말투나 외모와 달리 서울이 아닌 시골이 고향입니다. 제가 어릴 때만 해도 마을의 최고 어르신이 매일 바뀌었습니다. 바로 술 취한 분이 그날의 어르신이었습니다. 고래고래 고함을 쳐 온 동네를 떠들썩하게 만들고 가족들을 괴롭혔습니다. 이런 우리나라 음주 문화를 보고 복음이 전해질 당시 선교사님들은 한국 교회는 술이 사람에게 좋지 않은 영향을 미칠 때가 많으므로 술을 아예 먹지 말라고 가르쳤습니다. 이리하여 금주가 한국 교회의 전통이 되었습니다.

성경에 보면 술 자체가 나쁜 것은 아닙니다. 성경에 보면 술에 대해 긍정적인 면과 부정적인 면이 함께 나와 있습니다. 그렇기에 술을 먹느냐 먹지 않느냐의 여부가 신앙이 좋고 나쁨을 가르는 기준이 될 수는 없습니다. 그렇다고 한국의 그리스도인이 술을 아무 곳에서나 자유롭게 먹는 것은 올바른 신앙은 아닙니다. 교회를 다니고 있는 사람들 가운데, 혹은 교회를 다니지 않는 사람들 가운데 그리스도인은 술을 당연히 먹지 않는다고 생각하는 사람들이 많습니다. 그렇기에 내가 술을 먹음으로써 다른 사람의 마음에 불편함이 생긴다면 술을 먹지 말아야 합니다. 내 양심으로는 술을 먹는 것이 죄가 되지 않는다고 생각할지라도 나의 술 먹는 모습을 보고 누군가가 불편해한다면 먹지 않는 게 바른 신앙인의 자세입니다.

본문에서는 방탕함의 예로 술 취하는 것을 들었지만 술 이외에도 어떤 것에 빠져서 정상적인 생활을 할 수 없다면 그 어떤 것이라도 다 방탕한 것입니다. 예전에 20~30대를 대상으로 설문조사를 했을 때 10명중 8명 이상이 무엇인가에 중독된 경험이 있다고 말했습니다.[42] 가장 많이 중독된 것으로 '컴퓨터 게임'이라 답한 응답자가 33.2%로 가장 많았습니다. 이어 스마트폰 25.4%, 쇼핑 16.6%, 담배 13.0%, 술 6.7% 순이었습니다. 이런 중독으로부터 벗어나기 위한 자신의 의지력에 대해 어떻게 생각하

---

[42] "20·30대 84.3% "나는 중독자"", 『뉴스한국』, 2012.7.31.

느냐는 질문에 90% 이상이 의지력이 부족하다고 대답했습니다. 요즘 이처럼 많은 사람이 이런저런 중독에 빠져 정상적인 생활을 하지 못하는 경우가 많습니다.

그럼 우리가 방탕한 생활을 하지 않기 위해서는 어떻게 해야 합니까? 오직 성령으로 충만함을 받아야 합니다(엡 5:18). '오직'이라는 말을 통해 다른 방법이 없음을 알 수 있습니다. 사람은 대개 의지력이 약합니다. 그렇기에 자신의 힘으로 방탕함에서 빠져나오기가 쉽지 않습니다. 방탕하지 않기 위해서는 성령으로 충만함을 받아야 합니다. 여기서 '성령으로 충만함을 받으라.'라는 말은 성령에 의해 심신이 가득 채워지는 것을 의미합니다. 성령으로 충만함을 '받으라.'는 말을 헬라어 원어로 보면 현재 명령 수동태형입니다. 현재형은 행위가 반복, 지속될 때 사용하는 시제입니다. 그렇기 때문에 성령의 충만함은 일시적이거나 한 번의 행위로 그쳐서는 안 되고 항상 지속되어야 합니다. 또한, 수동태형으로 되어있다는 것은 성령께서 주도권을 가지고 우리에게 이를 주신다는 것입니다. 우리는 성령님께서 나를 완전히 이끌어 갈 수 있도록 내 삶의 주도권을 내어드려야 합니다. 우리가 성령으로 충만함을 받으면 술만이 아니라 세상의 어떤 방탕에도 빠지지 않고 세월을 아낄 수 있습니다. 우리는 매일매일 성령님께 붙잡혀 그분의 인도를 받아야만 세월을 아껴 시간을 지배하는

자가 될 수 있습니다.[43]

늘 찬송과 감사가 넘치는 삶을 살아야 합니다. 사도 바울은 우리가 시간을 낭비하지 않기 위해서 늘 찬송과 감사가 넘치는 삶을 살아야 한다고 알려줍니다. "시와 찬송과 신령한 노래들로 서로 화답하며 너희의 마음으로 주께 노래하며 찬송하며 범사에 우리 주 예수 그리스도의 이름으로 항상 아버지 하나님께 감사하며(엡 5:19-20)." 우리는 마음을 다하여 공동체가 함께 하나님을 찬양해야 합니다. 다른 성도와 화합하고 어울리며, 하나가 되어 하나님을 찬양해야 합니다. 이사야 43장 21절에서도 하나님께서 우리를 만드신 목적 가운데 하나가 우리가 하나님을 찬송하게 하기 위해서라고 알려줍니다. 하나님의 피조물인 우리는 하나님을 찬양함으로써 하나님께 영광을 돌리는 삶을 살아야 합니다. 또 모든 일에 하나님께 감사할 수 있어야 합니다.

본문의 저자인 바울이 다음과 같은 삶을 살았습니다. 감옥에서도 그리스도 예수 안에서 늘 하나님을 찬송하고 감사하는 삶을 살았습니다. 바울은 죄를 지어 감옥에 들어간 것이 아니기 때문에 충분히 억울할 수도 있었습니다. 이런 상황에서 바울은 조금도 불평불만을 하지 않았습니다. 만약 바울이 복음을 전하면서 당한 자신의 어려움에 대해 불평불만을 했다면 지금과 같은

---

43 『옥스퍼드 원어성경대전 갈라디아서·에베소서』(제자원, 2006), 732쪽.

위대한 사도가 될 수 없었을 것입니다. 아마 도중에 복음 전하는 일을 포기했을 수도 있습니다. 그러나 바울은 어떤 상황에서도 주님 안에서 늘 찬송과 감사가 넘치는 삶을 살았습니다. 이런 삶을 살았기에 바울은 기독교 역사상 가장 위대한 이들 가운데 한 사람이 될 수 있었습니다.

불만을 가지고 살아가는 것은 시간을 낭비하는 것입니다. 우리가 잘 아는 것처럼 이집트에서 탈출한 이스라엘 백성들은 하나님의 말씀에 순종하지 않고 불평불만을 하다가 약속의 땅인 가나안에 들어가지 못하고 광야에서 여호수아와 갈렙을 제외하고 모두 죽었습니다. 하나님의 말씀에 순종했다면 이스라엘 백성들은 11일 정도면 가나안 땅에 갈 수 있었다고 합니다. 이처럼 불평과 불만을 하는 것은 무의미하게 시간을 낭비하는 행동입니다. 불평불만을 하면서 삶을 살아가든 찬송과 감사가 넘치는 삶을 살아가든 어차피 시간은 흘러갑니다. 그렇기에 불평불만을 하면서 시간을 보내기보다는 주어진 시간을 주님 안에서 찬송과 감사를 하면서 보내는 게 훨씬 좋지 않겠습니까? 우리에게 주어진 시간을 불평불만을 가지고 사는 것이 아니라 찬송과 감사로 살아갈 때 세월을 아껴 시간을 지배하는 자가 될 수 있습니다.

지나고 보면 세월은 참 빨리 흘러갑니다. 물론 처한 상황에 따라 시간이 천천히 간다고 느끼는 사람도 있을 것입니다. 군대에 가 있는 형제님들은 시간이 잘 안 간다고 느낄 것입니다. 하지만 군대에서 휴가를 나오거나 신혼 여행 기간의 시간은 '에버랜드'에서 'T익스프레스' 타는 시간 만큼 짧게 느껴집니다. 일반적으로 세월이 가는 느낌의 속도는 나이에 비례한다고 합니다. 자동차 속도로 말하면 10대에는 10㎞의 속도로 세월이 가고, 20대에는 20㎞, 30대에는 30㎞로 간다는 것입니다. 점점 세월이 빨라진다고 느낍니다. 저도 돌이켜보면 10대 때에는 시간이 더디게 가는 것 같아 시간이 빨리 지나 어른이 되었으면 좋겠다는 생각을 많이 했습니다. 하지만 지금은 세월이 참 빨리 간다는 느낌을 많이 받습니다. 지금 자신이 젊을수록 세월을 아껴야 합니다.

나에게 주어진 오늘은 영원히 다시 오지 않습니다. 오늘은 어제 죽어간 사람이 그토록 보고 싶던 바로 그 날입니다. 그렇기에 우리는 지금 나에게 단 하루밖에 주어지지 않았다는 마음으로 세월을 아껴 최선을 다해 살아야 합니다. 우리에게 주어진 시간은 수십 년이 아니라 바로 오늘, 지금입니다. 오늘이야말로 우리에게 주어진 최고의 선물입니다. 영어 단어 'present'에는 '현재(present)'라는 뜻과 '선물(present)'이라는 뜻이 있습니다. 그래서 우리는 현재를 선물이라고 부릅니다. 지금 나에게 주어진 시간을 선물로 여겨 소중하게 다루어야 합니다. 시간을 지배하는 자가 승리하는 인생을 살게 됩니다.

Q&A를 통한 핵심 정리

Q. 악한 시대를 살아가는 우리가 시간을 지배하는 지혜로운 자가 되기 위해서 어떻게 해야 합니까?

A. 하나님의 뜻이 무엇인지를 알고 행해야 합니다. 또한, 성령으로 충만함을 받아 방탕한 생활을 멀리해야 합니다. 늘 찬송과 감사가 넘치는 삶을 살아야 합니다.

4.
멘탈 갑

소위 말하는 '멘탈 갑(甲)'의 상태를 유지하는 데 방해되는 요소는 무엇입니까? '멘탈 갑'의 상태를 유지하기 위해서 어떻게 해야 합니까?

노하기를 더디하는 자는 용사보다 낫고 자기의 마음을 다스리는 자는 성을 빼앗는 자보다 나으니라

- 잠 16:32

자기의 마음을 제어하지 아니하는 자는 성읍이 무너지고 성벽이 없는 것과 같으니라

- 잠 25:28

아무 것도 염려하지 말고 다만 모든 일에 기도와 간구로, 너희 구할 것을 감사함으로 하나님께 아뢰라

그리하면 모든 지각에 뛰어난 하나님의 평강이 그리스도 예수 안에서 너희 마음과 생각을 지키시리라

- 빌 4:6-7

우리 사회는 강한 멘탈을 요구합니다. 치열한 경쟁에서 살아남기 위해서는 멘탈이 강해야 합니다. 직장에 들어가기 위해서는 수백 통의 자기소개서를 쓸 수 있는 강한 멘탈을 가져야만 합니다. 세상에는 우리의 상상을 초월한 끔찍한 일이 많이 일어납니다. 어디를 가나 항상 나를 괴롭히는 바로와 아베와 같은 '돌아이'도 있습니다. 우리가 살아가는 세상은 악하고 불의하며, 불공평하게 보입니다. 세상에서 일어나는 일을 보면 울분을 토하게 하는 일이 너무나 많습니다. 강한 멘탈을 가지고 있지 않으면 살기가 점점 더 힘든 사회입니다. 강한 멘탈을 가지고 있지 않으면 우울증에 걸리기 쉬운 사회에 살고 있습니다. 이런 시대에 살고 있는 우리는 마음을 잘 지켜야 합니다.

그런데 마음을 지키기가 쉽지 않습니다. 우리의 마음은 흔들리는 갈대와 같습니다. 예전에는 여성의 마음이 흔들리는 것을 가리켜 갈대와 같다고 말했습니다. 요즘은 남성들의 마음도 여성들 못지않게 많이 흔들립니다. 그리하여 요즘 남성들의 마음을 가리켜 갈대 위의 메뚜기와 같다고 말합니다. 대부분 사람들은 하루에 여러 가지 생각이 셀 수 없이 더 떠오르고 또한 바뀌는 존재입니다. 미움이 마음을 지배하는가 하면 사랑도 생기고, 고마움이 생기는가 하면 어떤 때는 섭섭함의 지배를 받습니다. 이렇게 해야겠다는 생각이 드는가 하면 저렇게 해야겠다는 생각이 들기도 합니다. 마치 우리의 마음이 장마철 기압골처럼 이리저리 왔다 갔다 합니다. 이런 우리의 마음을 잘 지켜야 합니다. '멘탈 갑'이 되어야 합니다.

'멘탈 갑'은 '멘탈(정신)이 튼튼하여 큰 고난을 겪고도 멘탈이 잘 흔들리지 않는 사람'을 일컫는 말입니다. '멘탈 갑'과 비슷한 말로는 '강철 멘탈', '부처 멘탈', '예수 멘탈' 등이 있다고 합니다. 이에 반해 멘탈이 약한 사람을 잘 깨지거나 부서지기 쉬운 물건에 빗대어 '유리 멘탈', '쿠크다스 멘탈', '두부 멘탈'이라고 부릅니다. 이런 멘탈을 가진 사람은 작은 상처에도 마음의 상처를 입습니다.

'멘탈 갑'이 되었을 때 승리하는 인생을 살 수 있습니다. 인생에 있어 승리한 사람들을 분석했을 때 공통점이 있습니다. 그 공통점 가운데 하나가 멘탈이 강한 사람, '멘탈 갑'이라고 합니다. 잠언 기자는 자기의 마음을 다스리는 사람이 성을 빼앗는 사람보다 더 낫다고 말합니다. "노하기를 더디하는 자는 용사보다 낫고 자기의 마음을 다스리는 자는 성을 빼앗는 자보다 나으니라(잠 16:32)."

여기서 '자기의 마음을 다스리는 자'는 '어떤 상황에서도 감정의 동요 없이 냉철한 판단력과 평안을 유지하는 자'를 가리키는 말입니다. '멘탈 갑'인 사람입니다. '멘탈 갑'인 사람이 성을 빼앗는 용사보다 더 낫다고 말하면서 자신의 마음을 잘 다스리는 것의 중요성을 강조합니다.

성경의 인물 가운데 마음을 잘 다스려 승리한 삶을 살았던 사람이 많이 나옵니다. 많은 인물이 있지만, 창세기에 나온 이삭을 예로 들어보겠습니다. 창세기 26장에 의하면 이삭은 자기와 자기 부족이 생존하는 데 토대가 된 우물을 빼앗기는 막대한 불이익을 당합니다. 한 번만 빼앗겨도 힘이 든 일을, 이삭은 3번이나 당합니다. 고대 근동 지역은 강수량이 적어 우물은 생존과 직결되는 매우 중요한 문제였습니다. 그러나 이삭은 이렇게 중요한 우물을 놓고 그랄 목자들과 싸우지 않았습니다. 이삭이라고 그들과 대결하고 싶지 않았을까요? 성경에는 기록되어 있지 않지만, 이삭의 하인들 가운데 강경파들은 블레셋 사람과 한 판 붙자고 주장한 사람도 있었을 것입니다. 또 하인들 가운데는 새로운 우물을 파는 것이 너무 힘들어 매번 블레셋 사람에게 양보하는 주인 이삭에게 불만을 토로하기는 사람도 있었을 것입니다. 그러나 이삭은 자신의 우물을 빼앗기면서도 또 다른 우물을 파는 것으로 위기를 헤쳐나갑니다. 한 번도 아닌 세 차례나 우물을 빼앗기고 거주지를 옮겨가며 새 농토를 일궈야 하는 이삭의 정신적·육체적 고통은 이루 말할 수 없었을 것입니다. 그럼에도 불구하고 이삭은 끝까지 발끈하지 않았습니다. 이삭은 힘을 가지고 있었지만 끝까지 마음을 잘 다스려 온유함을 유지했습니다. 멘탈을 잘 유지한 것입니다.

힘으로 싸우지 않고 끝까지 온유함으로 대한 결과 이삭은 넓은 땅을 차지할 수 있었고, 하나님으로부터 놀라운 복을 약속받 았습니다. 아버지 아브라함때부터 경쟁자였고, 얼마 전까지만 해도 이삭을 추방하고 박해한 아비멜렉과 그의 일당들이 이삭을 찾아와 평화조약을 맺자고 요청했습니다. 이는 사실 아비멜렉이 이삭에게 굴복한 것과 다름없는 일입니다. 이처럼 이삭은 아비멜 렉으로부터 추방을 당하고 박해를 받았지만, 온유함을 잃지 아 니하고 인내해 결국 아비멜렉을 평화로 굴복시키고 승리하였습 니다. 이뿐만 아니라 이삭은 화평을 위한 노력으로 하나님의 복 을 받아 누리게 되었습니다. 이처럼 이삭은 멘탈을 유지하기 어 려운 상황에서 '멘탈 갑'이 되어 사람들과 하나님에게 인정받는 삶을 살았습니다.

'멘탈 갑'이 되지 못하면 실패한 인생을 살게 됩니다. 마음을 잘 다 스리지 못하여 멘탈 갑이 되지 못하면 실패한 인생이 되기 쉽습 니다. "자기의 마음을 제어하지 아니하는 자는 성읍이 무너지고 성벽이 없는 것과 같으니라(잠 25:28)." 자신의 마음을 다스리지 못하여 멘탈이 무너진 사람은 성읍이 무너지고 성벽이 없는 성 처럼 세상과 싸워 이길 수 없습니다. 자신의 마음을 잘 다스리 지 못하고 멘탈이 약한 사람은 인생에서 실패하게 됩니다.

성경에 보면 많은 재능을 가지고 있었지만, 마음을 잘 다스리 지 못해 실패한 삶을 살았던 사람들도 많이 나옵니다. 삼손을 한 번 생각해보겠습니다. 삼손은 힘이 천하장사여서 싸움을 잘

했지만 자신의 마음을 다스리지 못해 어려운 삶을 살았습니다. 삼손은 '식스팩'을 소유한, 마초 근성이 강한 남자였습니다. 맨손으로 사자를 찢어 죽이고, 혼자서 나귀 턱뼈를 무기 삼아 철병기로 무장한 블레셋 군사 천 명을 한 방에 쓸어버리기도 합니다. 하지만 삼손은 멘탈이 약했습니다. 자신의 마음을 다스리지 못하고 강한 힘을 가지고 조급하게 감정대로 행동했습니다. 화가 나면 부수고 죽였습니다. 좋으면 당장 그것을 얻었습니다. 삼손은 '나실인'이었습니다. 나실인은 포도주와 독한 술을 마시지 않고, 머리털을 밀거나 깎지 않으며, 사체(死體)를 만지지 않기로 서약한 사람입니다. 삼손은 나실인이었기 때문에 시체를 가까이하지 않아야 했는데도 사자의 시체에서 꿀을 취하여 먹었습니다. 정욕을 억제하지 못하고 기생들과 가까이 지냈습니다. 삼손은 자기의 감정대로 행동했기 때문에 기분이 상하면 참고 견디지 못했습니다. 그렇기에 블레셋의 기생 들릴라가 자신을 파멸시키려고 힘의 근원이 무엇인지 묻는데도 결국 그 비밀을 가르쳐줍니다. 이렇게 삼손은 자기의 마음을 다스리지 못했기 때문에 자기 힘의 비밀을 알려주고 결국 블레셋 사람들에게 잡혀 눈까지 뽑히고 감옥에서 맷돌을 돌리는 비참한 신세가 되었습니다. 물론 삼손이 자신의 마음을 잘 다스리지 못하여 이렇게 큰 낭패를 당했지만 죽을 때 하나님의 은혜를 입어 다시 새 힘을 얻어 블레셋을 파멸시키며 인생을 마감하기는 했습니다. 하나님께서 맡겨

주신 사역인 블레셋을 치는 일을 마치기는 했습니다. 하지만 만약 삼손이 자신의 마음을 잘 다스리는 멘탈 갑이었다면 훨씬 더 아름다운 모습으로 하나님이 주신 사명을 감당하면서 멋진 인생을 살았을 것입니다.

이처럼 마음을 잘 다스리는 '멘탈 갑'은 승리하는 삶을 살지만 마음을 잘 다스리지 못하는 유리 멘탈을 가진 사람은 어려운 삶을 살게 됩니다.

'목계지덕(木鷄之德)'이라는 말을 들어보셨을 겁니다. 목계지덕(木鷄之德)은 '나무로 만든 닭의 덕(德) 또는 능력(能力)'이라는 말로 '작은 일에도 흔들림이 없고 자기의 감정을 통제하고 다스릴 줄 아는 능력'을 비유한 고사성어입니다.

주나라의 선왕(宣王)은 당시 닭을 잘 훈련시키는 기성자(紀渻子)라는 사람에게 닭을 맡기면서 잘 훈련시켜 보라고 명했습니다. 열흘이 지난 뒤에 왕은 닭이 싸울 준비가 되었는가를 물었습니다. 기성자는 아직 닭의 마음이 교만하고 속에 시기심이 가득하여 힘에만 의지하려 한다고 말을 하면서 아직은 준비가 덜 되었다고 아룁니다. 왕은 다시 열흘 후에 닭의 상태를 물었습니다. 기성자는 "이제 교만함은 사라졌지만 다른 닭의 소리와 작은 행동에도 반응을 하여 진중함이 부족합니다.", "이제 작은 일에 반응하는 조급함을 버리고 진중함을 많이 갖추었으나 아직 눈에 살기(殺氣)가 가득합니다."라고 대답했습니다. 드디어 사십 일째

되는 날, 기성자는 다음과 같이 왕에게 아뢰었습니다. "다른 닭들 중에 비록 우는 놈이 있더라도 전혀 변화가 없으며, 멀리서 바라보면 나무로 만든 닭 같습니다. 드디어 덕을 갖추었습니다. 다른 닭들이 감히 맞서지 못하고 도리어 달아납니다."

우리도 목계처럼 어떤 상황에 있더라도 '멘탈 갑' 상태를 유지할 때 승리할 수 있습니다. 그렇기에 우리는 마음을 잘 다스릴 수 있는 '멘탈 갑'이 되어야 합니다. 하지만 현실에서 말처럼 '멘탈 갑'이 되는 일이 쉽지 않습니다.

'멘탈 갑' 상태를 유지하는 데 가장 방해되는 요소가 무엇입니까?

가장 방해되는 요소 가운데 하나가 **분노**입니다. 마음에 분노가 일어나게 되면 멘탈 갑을 유지하기 어렵습니다. "노하기를 더디하는 자는 용사보다 낫고 자기의 마음을 다스리는 자는 성을 빼앗는 자보다 나으니라(잠 16:32)."

앞절과 뒷절에 동일한 의미를 반복하여 그 의미를 강조하는 동의 대구법의 문학 양식을 사용합니다. 앞부분의 '노하기를 더디하는 자'는 뒷부분의 '자기의 마음을 다스리는 자'와 의미가 같습니다. 성질을 내면 자신의 마음을 다스리기가 어려워진다는 말입니다. 화를 내면 '멘탈 붕괴'가 일어난다는 말입니다. 노하면 '멘탈 갑'이 될 수 없다는 말입니다. 앞부분의 '용사'는 뒷부분의 '성을 빼앗는 자'와 같은 뜻입니다. 성을 빼앗는 강한 용사보다 자신의 마음을 잘 다스려 노하기를 더디하는 사람이 더 낫다고 말합니다. 이 말은 자신의 마음을 컨트롤하여 발끈하지 않는 것이 매우 어렵다는 것을 보여줍니다. 또한, 다른 사람을 다스리기 전에 자신의 마음을 다스리고 분노를 제어할 수 있다면, 뛰어난 용사보다 더 영화로움을 누릴 수 있다고 알려줍니다.[44]

화를 내면 자신의 마음이 황폐해집니다. 하나님과의 관계도 멀어지게 되고, 사람에게 상처를 주게 됩니다. 그렇기에 우리는 가능한한 화를 내지 말아야 합니다. "사람이 성을 내게 되면 하나님의 의를 이루지 못하기에 성을 내는 것을 더디하라(약 1:19-20)."

요즘 많은 사람들이 화를 참지 못하여 범죄를 저지른 경우가 참 많습니다. 그야말로 화난 대한민국입니다. 순간적인 화를 참지 못하고 보복 운전을 하다가 감옥에 간 사람도 있습니다. 그저 자신을 쳐다보았다는 이유로 싸웁니다. 전문가들에 따르면 이처럼 쉽게 화를 내는 것은 사람들이 치열한 경쟁 속에서 살아남기 위해 스트레스를 과도하게 많이 받은 상태에 있고, 경쟁에서 뒤쳐진다고 생각하는 사람들은 자존감이 매우 낮아져 조금만 건드려도 폭발하는 것이라고 합니다.

화를 내면 멘탈이 무너져 일을 그르치는 경우가 많습니다. 아마 우리 가운데에도 마음을 다스리거나 지키지 못하고 발끈하

---

44 『옥스퍼드 원어성경대전 잠언 제14-24장』(제자원, 2006), 211쪽.

여 일을 망친 경험들이 있을 것입니다. 어떤 일이든 이기기 위해서는 쉽게 흥분하지 않고, 멘탈을 잘 유지하는 것이 중요합니다.

'멘탈 갑'이 되는 데 방해되는 또 다른 요소는 '염려'입니다. 염려는 '마음이 하나로 모이지 못하고 나뉘어 걱정하는 것'을 말합니다. 이런저런 일을 염려하면 마음이 분열됩니다. 이때, 마음에서 평정심이 사라집니다. '취직은 할 수 있을까?', '결혼은 할 수 있을까?', '코로나 19에 걸리면 어떡하지?'라고 염려를 하면 마음이 흔들려 '멘탈 갑'을 유지하기 어렵습니다.

하나님께서 인간을 만드실 때 염려하면서 살도록 설계하지 않았기에 우리 마음에 염려가 많으면 몸이 아프기 시작합니다. 불면증이 생기고, 위장병이 생깁니다. 잠언에서도 마음의 즐거움은 양약이라도 심령의 근심은 뼈를 마르게 한다고 경고합니다(잠 17:22).

그런데 사실 우리가 염려하고 있는 것들 가운데 96%는 불필요한 것이라고 합니다. 우리가 염려한 것 가운데 40%는 절대 현실에서 일어나지 않을 것입니다. 또 우리가 하는 염려의 30%는 이미 일어난 일, 즉 과거의 염려입니다. 과거의 실수나 실패로 인한 불행의 경험이 오늘의 불행으로 이어질지도 모른다는 염려입니다. 또 우리가 하는 염려의 22%는 매우 사소한 것이라고 합니다. 또 우리가 하는 염려의 4%는 우리 힘으로는 어찌할 도리가 없는 불가항력의 일이라고 합니다. 그렇기에 이런 문제는 우리가 아무리 염려해도 해결되지 않습니다. 단지 우리가 하는 염려 가운데 4%만 우리가 바꿔 놓을 수 있는 일에 대한 것이라고 합니다. 이 말이 사실이라면 우리가 해야 할 염려는 없는 것입니다. 절대 현실로 일어나지 않는 40%에 대해서는 어차피 일어나지 않으므로 염려할 필요가 없습니다. 이미 일어난 30%에 대해서도 염려할 필요가 없습니다. 이미 일어난 일은 담담히 받아들여야 합니다. 사소한 염려 22%는 어차피 시간이 지나가면 해결되기 마련입니다. 나의 힘으로 불가능한 4%는 염려는 어차피 나의 힘으로 해결할 수 없는 영역이기에 염려할 필요가 없습니다. 우리가 바꿔 놓을 수 있는 4%는 염려해야 할 것이 아니라 주님께 기도하면서 해결하면 됩니다. 그렇기에 엄밀히 말하면 우리가 염려해야 할 일은 없습니다. 염려로 인해 멘탈이 무너질 필요가 없습니다.

그럼 우리가 어떻게 하면 '멘탈 갑'이 될 수 있을까요?

하나님께 기도하여 하나님의 평강이 우리의 마음과 생각을 지켜주실 때 가능합니다. 사도 바울은 멘탈 갑이 되기 위해서는 아무것도 염려하지 말고 모든 일에 기도와 간구로 감사함으로 하나님께 아뢰라고 합니다. "아무것도 염려하지 말고 다만 모든 일에 기도와 간구로 너희 구할 것을 감사함으로 하나님께 아뢰라 그리하면 모든 지각에 뛰어난 하나님의 평강이 그리스도 예수 안에서 너희 마음과 생각을 지키시리라(빌 4:6-7)."

사도 바울은 염려할 시간에 주님께 기도와 간구를 하라고 합니다. 기도와 간구를 마지못해서 하는 것이 아니라 하나님께 지속적으로 감사함으로 해야 합니다. 감사함으로 하나님께 기도하고 간구하면 하나님의 평강이 그리스도 예수 안에서 우리의 마음(의지)과 생각(정신)을 지켜주신다고 약속하십니다(빌 4:7). 그 어떤 기도의 응답보다도 그리스도 안에서 평강이 가장 귀한 응답입니다. 기도는 주님의 평강이 나의 마음을 주장하는 시간입니다.

또 염려되는 부분을 주님께 맡기어야 합니다. "너희 염려를 다 주께 맡기라(벧전 5:7)" '주께 맡기라.'라는 말의 원뜻은 '의도적으로 던져 버리는 것'입니다. 우리 염려를 주님께 던지라는 말입니다. 우리 염려를 주님께 던지면 주님이 알아서 책임져주십니다. 우리도 일상 삶 가운데 자신에게 맡기라고 했을 때 자신이 책임진다는 것을 의미합니다. 예를 들어 여러분이 친구들하고 밥 먹으러 갈 때 자신에게 맡기라고 하면 밥값을 자신이 책임지겠다는 말이지 자신이 밥값 거두는 일을 책임지겠다는 말은 아닐 것입니다. 주님께서 우리에게 모든 염려를 자신에게 맡기라는 것은 우리의 모든 염려를 자신이 책임지고 해결해주시겠다는 것입니다. 그렇기에 우리는 우리의 염려를 주님께 맡겨야 합니다.

실제로 바울은 자신이 처한 형편에 관계없이 항상 그리스도 안에 있었기 때문에 멘탈 갑을 유지하여 하나님이 주신 평강을 누리면서 살아갔습니다. 바울은 감옥에서 발이 착고에 매인 가운데에서도 보통 사람이 이해하기 어려운 평강을 누릴 수 있었습니다. 바울은 로마로 압송되어 갈 때 앞이 보이지 않는 유라굴로의 광풍을 만났을 때에도 두려워하지 않고 평안을 유지할 수 있었습니다.[45] 이처럼 어떤 상황에서도 멘탈이 흔들리지 않는 '멘탈 갑'은 하나님의 평강이 그리스도 예수 안에서 우리의 마음과 생각을 지켜주실 때 가능합니다.

그렇기에 우리는 어떠한 형편과 처지에서도 하나님의 평강이 우리들의 마음과 생각을 지켜주시도록 기도해야 합니다. 우리가 기도하지 않으면 눈에 보이는 환경을 바라보기 때문에 염려가 생길 수밖에 없습니다. 기도는 우리의 시선을 눈에 보이는 환경을 뛰어넘어 하나님을 바라보게 하는 망원 렌즈입니다. 기도는 우리와 하나님의 관계를 밀착하게 하는 지름길입니다. 기도는 하나님의 평강을 우리의 마음과 생각에 끌어다 누릴 수 있는 통로입니다. 그러므로 우리가 화와 염려로 인해 멘탈이 무너지지 않으려면 기도의 자리로 나아가야 합니다. 그리스도인은 염려가 될 때, 자기 삶의 주인 되신 하나님께 기도해야 합니다. 모든 염려를 하나님께 맡기고 마음의 평정을 유지하면 '멘탈 갑'이 될 수 있습니다.

---

45 『옥스퍼드 원어성경대전 빌립보서·골로새서』(제자원, 2006), 282쪽.

Q&A를 통한 핵심 정리

Q. 멘탈 갑이 되는 데 가장 방해가 되는 요소는 무엇입니까?

A. 성내는 것과 염려입니다.

Q. 멘탈 갑 상태를 유지하기 위한 방법은 무엇입니까?

A. 하나님께 기도하여 하나님의 평강이 우리의 마음과 생각을 지켜주실 때 가능합니다.

5.
불사신

영원히 남는 '불사신(不死身)'이 되기 위해 어떤 삶을 살아야 할까요?

> 이 세상이나 세상에 있는 것들을 사랑하지 말라 누구든지 세상을 사랑하면 아버지의 사랑이 그 안에 있지 아니하니
> 이는 세상에 있는 모든 것이 육신의 정욕과 안목의 정욕과 이생의 자랑이니 다 아버지께로부터 온 것이 아니요 세상으로부터 온 것이라
> 이 세상도, 그 정욕도 지나가되 오직 하나님의 뜻을 행하는 자는 영원히 거하느니라
>
> - 요일 2:15-17

아마 죽지 않고 영원히 살 수 있는 불사신이 될 수 있다면 누구든 되려고 할 것입니다. 불사신이라는 말은 '어떤 병이나 상처,

고통 등에도 죽지 않고 견디어 내는 몸'을 뜻합니다. 사람들은 불사신이 되는 방법을 찾기도 했습니다. 우리가 잘 아는 진시황제는 죽지 않기 위해 불로초를 구했습니다. 하지만 영원히 살기를 희망했던 진시황제도 49세에 죽었다고 합니다. 오히려 불로초를 찾아다녔던 사람들이 불로초를 찾느라 열심히 돌아다녀 몸이 건강해져 더 오래 살았다고 합니다.

요즘도 어떤 식품이 몸에 좋다고 방송이 되면 바로 다음 날 제품 가격이 폭등하고, 품귀 현상이 일어납니다. 사람들은 건강하게 오래 살기를 바랍니다. 이처럼 사람들은 불사신이 되고 싶지만 아담의 후손인 피조물인 인간은 유한하기에 이 세상에서 죽음을 이길 수 없습니다. 이 세상에서 죽음을 이기고 살아남아 불사신이 된 사람은 아무도 없습니다.

그리스도인은 세상의 가치 척도를 따라 살아서는 안 됩니다. 사도 요한은 그리스도인이 세상을 사랑하는 것을 경계하고 있습니다. "이 세상이나 세상에 있는 것들을 사랑하지 말라 누구든지 세상을 사랑하면 아버지의 사랑이 그 안에 있지 아니하니(요일 2:15)."

성경에서 '세상'이라는 말은 두 가지 의미로 사용됩니다. 첫째, 하나님이 창조하시고 사랑하시는 긍정적 의미의 세상입니다. 이 세상은 잘되고 구원받아야 할 대상입니다. 요한복음 3장 16절에서 말한 세상이 이런 긍정적 의미의 세상입니다. "하나님이 세상을 이처럼 사랑하사 독생자를 주셨으니 이는 그를 믿는 자마다 멸망하지 않고 영생을 얻게 하려 하심이라."

둘째는 타락하여 사랑하지 말아야 할 부정적 의미의 세상입니다. 본문이 말한 '세상을 사랑하지 말라.'라는 내용이 여기에 해당됩니다. 여기서 '세상을 사랑하지 말라.'라는 말은 세상의 가치 척도를 따라 살지 말라는 의미입니다. 여기서 '사랑하다.'라는 말은 단순히 어떤 대상을 좋아하는 감정을 의미하는 것이 아니라 어떤 일에 대하여 몰두하고 더 높은 우선순위를 두는 것을 의미합니다.[46] 세상을 통해 얻을 수 있는 쾌락을 좋아하여 하나님보다 세상에 더 높은 우선순위를 두고 그것에 몰두하는 것을 의미합니다. 세상에 '올인'하는 것을 가리킵니다.

요한이 알려준 세상의 가치 척도는 육신의 정욕과 안목의 정욕과 이생의 자랑입니다. 사도 요한은 하나님 아버지로부터 온 것이 아닌 세상으로부터 온 세상의 가치척도가 무엇인지 구체적으로 알려줍니다. "이는 세상에 있는 모든 것이 육신의 정욕과 안목의 정욕과 이생의 자랑이니 다 아버지께로부터 온 것이 아니요 세상으로부터 온 것이라(요일 2:16)."

'육신의 정욕'은 하나님을 거슬러 자기 좋을 대로 하고자 하는 성향을 의미합니다. 육신의 정욕은 인간이 자신의 욕구를 충족하기 위한 악한 욕망입니다. 육신의 정욕은 필요 이상의 더 많은

---

46 『옥스퍼드 원어성경대전 야고보서·요한서신·유다서』(제자원, 2006), 410쪽.

것을 소유하기 위한 소유욕, 다른 사람보다 더 높은 자리에 오르고 싶은 권세욕을 말합니다.

'안목의 정욕'은 눈을 통해 추구하게 되는 죄악된 욕망입니다. 대개 범죄는 눈을 통해 봄으로 시작됩니다. 하와가 선악과 범죄를 지을 때도 하와의 눈이 먼저 선악과를 보암직하게 여겼습니다. 다윗이 밧세바를 범했을 때도 다윗의 눈이 목욕하는 밧세바를 보고 성욕이 일어나 죄를 지었습니다. 그렇기에 어떤 신학자들은 안목의 정욕을 '성적인 욕망'으로 해석하기도 합니다. 이처럼 대개의 유혹은 눈으로부터 시작됨을 알 수 있습니다. 요즘도 많은 경우에 우리의 눈을 통해 유혹을 합니다. 저도 가끔 알지 못하는 동생으로부터 문자가 옵니다. "오빠 좋은 영상이 있어요. 화끈하게 보여드릴 게요." 이런 문자에 호기심을 발동하면 유혹에 넘어가 야동을 보게 됩니다. 그렇기에 이런 문자는 보는 즉시 열지 말고 삭제해버리는 게 좋습니다.

'이생의 자랑'은 하나님과 관계없는 인생에 대한 자랑을 말합니다. 이생의 자랑은 자신을 자랑하거나 자신이 가진 재물을 가지고 교만한 마음으로 허풍을 떠는 것을 말합니다.[47]

대부분 인간은 '자랑질'을 좋아하나, 하나님은 '자랑질'을 싫어하십니다. 성경에서는 자랑에 대해 부정적으로 말하지만 우리는 대개

---

47 앞의 책, 412쪽.

자랑하기를 좋아합니다. 사람들은 저마다 자랑거리를 가지고 있습니다. 정도의 차이는 있지만 세상에서 자기 자랑을 하지 않는 사람은 거의 없습니다. 우리는 자랑을 하기 위한 사명을 가지고 태어난 것처럼 끊임없이 자기 자랑을 하며 세상을 살아갑니다. 자기가 학벌이 좋다고, 돈이 많다고, 외모가 멋지다고, 건강하다고, 인격이 훌륭하다고, 자기가 해놓은 일이 많다고, 자기 자식들이 잘 됐다고 자랑합니다. 교회에서조차 어떤 일을 하고 나면 그 일을 자신이 했다고 자랑하고 싶은 이들이 많습니다.

자랑은 아이들의 세계에서도 마찬가지입니다. 아이들도 자기가 사는 집이 몇 평인지 자랑한다고 합니다. 또 자기 아버지의 직업에 대해서도 자랑한다고 합니다. A라는 아이가 우리 아빠는 유명한 과학자라고 자랑했습니다. B라는 아이는 "우리 아빠는 큰 무역 회사의 사장이야."라고, C라는 아이는 "우리 아빠는 유명한 대학교수야."라며 자기 아빠에 대해 서로 자랑하고 있는데, 옆에 있던 D라는 아이는 가만히 듣고만 있었습니다. 그러자 나머지 세 아이가 D에게 묻습니다. "너희 아버지 직업은 무엇이니?" D라는 아이가 대답합니다. "우리 아빠는 청와대 안에 있는 모든 사람을 벌벌 떨게 하지." 그러자 세 아이가 "너희 아버지 대통령이시니?"라고 묻고, D가 말합니다. "청와대 보일러실에서 일하시거든." 이처럼 어른이나 아이나 할 것 없이 자랑하기를 좋아합니다.

하지만 성경에서는 우리가 자랑을 하는 것은 허풍을 떠는 것이며 심지어는 악한 것이라고 평가합니다. 우리가 성경에서 보아 알듯이 자랑하다가 한 방에 훅 간 사람들 많습니다. 다니엘에 나온 느부갓네살 임금도 자신을 자랑하다가 미치광이가 되어 임금의 자리에서 쫓겨나 노숙자가 되었습니다. 사도행전 12장에 나온 헤롯도 마땅히 하나님께 돌려야 할 영광을 자신의 자랑으로 여기다가 벌레에 먹혀 죽었습니다. 이처럼 하나님은 자랑하는 것을 싫어하십니다. 그렇기에 우리는 자랑하지 말아야 합니다.

예수 그리스도만을 자랑해야 합니다. 사도 바울은 자랑하려면 예수 그리스도만을 자랑해야 한다고 말합니다. "그러나 내게는 우리 주 예수 그리스도의 십자가 외에 결코 자랑할 것이 없으니(갈 6:14)."

바울은 우리를 구원하신 그리스도의 십자가만을 자랑하고 나머지는 자랑할 것이 없다고 말합니다. 우리가 잘 아는 것처럼 사도 바울은 자랑할 것이 많은 '엄친아'였습니다. 바울은 예수님을 만나기 전까지 세상적으로 볼 때 내세울 것이 너무 많았습니다. 자신의 학벌, 신분, 지위 등 모든 면에서 자랑할 것이 많았습니다. 사실 바울은 예수님을 만나기 전에 이런 것을 자랑하며 살았습니다. 그런데 예수님을 만나서 가치관이 바뀌자 그동안 자신의 자랑거리였던 이 모든 것들을 배설물처럼 여기게 되었습니다. 자기 자랑의 허탄함을 깨닫고 이런 자랑을 버렸습니다. 그리고 이제 바울은 오히려 자신의 약함을 자랑하고 오직 예수님만을 자랑하는 사람으로 바뀌었습니다.

엄친아의 반대말이 '엄둥아'라고 합니다. 엄둥아는 '엄마 등골을 빼 먹는 아들'입니다. 엄친아인 바울도 자기를 자랑하지 아니하고 오직 주님만을 자랑했습니다. 엄친아인 바울도 자기를 자랑하지 않고 주님만을 자랑하는데, 하물며 엄둥아에 가까운 우리는 주님만을 자랑하는 삶을 살아야 하지 않을까요?

이처럼 사도 요한 당시의 성도들 가운데는 육신의 정욕과, 안목의 정욕과 이생의 자랑에 빠진 분들이 많았습니다. 이런 사도 요한 당시의 성도의 모습이 오늘 우리의 모습이기도 합니다. 오늘 우리 그리스도인 가운데는 이 세상에서 쾌락과 명예와 권력과 부를 다 얻으려고 욕심내는 사람들이 점점 많아지고 있습니다. 교회 안에서도 하나님의 영광을 위해 성공해야 한다는 말을 자주 하고, 자주 듣습니다. 모두가 유명한 사람이 되려고 합니다. 이를 나쁘다고만 할 수 없습니다. 하지만, 그리스도인이 이 세상에서 출세하고 성공하는 것에 너무 집착하면 잘못된 방향으로 갈 가능성이 커집니다. 그리스도인이 세상의 욕망을 추구하면 하나님과 멀어지게 됩니다. 하나님과 멀어지면 교회와 사회와 세상을 망가뜨립니다. 마침내는 하나님을 욕되게 합니다.

우리가 이런 세속적인 가치 척도인 육신의 정욕과 안목의 정욕, 이생의 자랑 같은 기준으로 살아가는 것에서 조금이라도 자유로워지는 방법은 없을까요?

세상으로부터 온 것은 조만간 사라지게 된다는 사실을 아는 것입니다. 사도 요한은 세속적인 가치 척도로 살아가지 않는 방법을 알려줍니다. "이 세상도 그 정욕도 지나가되(요일 2:17)." 이 세상의 모든 것은 잠시 잠깐이고 결국은 사라지게 된다는 사실을 늘 인식하고 살면 이 세상의 가치만을 추구하고 살아가지 않을 수 있습니다. 세상에서 온 것도 우리에게 일시적으로 행복과 기쁨을 가져다주는 것이 많습니다. 그러나 그것은 온전한 기쁨이 아닙니다. 곧 허무해지는 기쁨입니다. 직장에서 승진을 하면 행복하고 기쁩니다. 좋은 집을 사면 기쁩니다. 자녀들이 공부를 잘하여 좋은 직장에 들어가면 행복합니다. 하지만 이런 것들이 우리에게 영원한 행복과 기쁨을 가져다주지는 못합니다. 이런 세속적인 것들은 죽음 앞에서 소망을 주지 못하기 때문입니다. 세상과 정욕만을 추구하는 삶을 살았던 사람은 죽음 앞에서 허무함을 느낄 것입니다. 이 세상도 사라지고, 이 세상의 욕망도 사라지게 됩니다. 이 모든 것은 하나님의 심판에 의해 완전히 사라지게 됩니다.

세속적인 것은 이미 사라지고 있다는 사실을 우리는 이미 조금씩 경험하고 있습니다. 사람은 나이가 먹어감에 따라 모든 것이 평등해진다고 합니다. 40대가 되면 지식의 평준화가 일어납니다. 40대가 되면 대학을 나왔건 안 나왔건 거의 비슷합니다. 새로 나온 지식을 따라가기 힘들어집니다. 컴퓨터와 스마트폰도 잘 다루지 못하고, 요즘 아이돌의 노래도 잘 모릅니다. 50대가 되면 미모의 평준화가 일어납니다. 외모가 뛰어난 사람이나 미운 사람이나 거의 비슷해집니다. 얼굴에 주름이 지기 시작하고 똥배가 나오기 시작합니다. 보톡스를 해도 별 효과가 없어집니다. 60대가 되면 건강의 평준화가 일어납니다. 배에 초코 복근을 가진 사람이나 석 삼을 가졌던 사람이나 비슷해집니다. 70대가 되면 성에 있어 남녀평등이 일어난다고 합니다. 언뜻 봐서는 남자인지 여자인지 잘 구별이 되지 않습니다. 하는 행동도 비슷해집니다. 80대가 되면 재산의 평균화가 일어난다고 합니다. 돈이 많든 적든 건강이 허락하지 않아 어차피 마음대로 쓰지도 못하고 누리지도 못하기에 재산이 필요 없다고 합니다.

이처럼 세속적인 것들은 시간이 흘러감에 따라 사라지게 됩니다. 육신의 정욕이든 안목의 정욕이든 이생의 자랑이든 모든 것은 잠깐 있다가 없어지는 안개와 같습니다. 우리가 잠깐 있다가 없어질 안개와 같은 것에 내 마음을 빼앗기고 내 인생을 거기에 올인하면 그 사람만큼 어리석은 사람이 어디 있겠습니까? 우리는 영원히 살아남을 수 있는 일에 인생을 걸어야 하지 않을까요? 불사신이 될 수 있는 것에 우리의 인생을 올인해야 하지 않을까요?

그럼 우리가 불사신이 되려면 어떻게 해야 할까요?

세상의 욕망을 따라 사는 것이 아니라 하나님의 뜻(사랑)을 행하는

삶을 살아야 합니다. 사도 요한은 하나님의 뜻을 행하는 사람만이 영원히 거한다고 말합니다. "오직 하나님의 뜻을 행하는 자는 영원히 거하느니라(요일 2:17)." 여기서 '거한다.'라는 말은 그리스도와 함께 있게 된다는 의미입니다. 그리스도인이라면 하나님의 뜻을 파악하여 하나님의 뜻대로 살기를 희망합니다.

학자들은 보통 하나님의 뜻을 크게 세 가지로 분류합니다. 첫째, 하나님의 주권적인 뜻입니다. 하나님의 주권적인 뜻은 인간의 협력과는 상관없이 이루어지는 하나님의 절대적인 영역을 말합니다. 이 하나님의 주권적인 뜻은 아무도 거스를 수 없으며 확고하며 고정적인 것입니다. 예를 들면 예수님의 재림사건이 여기에 해당합니다. 그렇기에 우리 가운데 자신에게 기분 나쁜 일이 있어 지구가 멸망했으면 좋겠다고 생각하며 아무리 열심히 기도해도 절대로 하나님께서는 그 기도를 들어주시지 않습니다.

둘째, 하나님의 윤리적인 뜻입니다. 이는 하나님의 명령에 관련된 윤리적인 부분입니다. 예를 들어 '서로 사랑하라.', '미워하지 말라.'라는 명령입니다. 이런 하나님의 윤리적인 뜻은 성경에서 분명하게 가르쳐주기 때문에 우리는 이를 마음에 두고 실천하기만 하면 됩니다. 그렇기에 하나님의 윤리적인 뜻을 놓고 하나님의 뜻을 알기 위해 기도할 필요는 없습니다. 예를 들어 내가 누군가 미워하는 사람이 있다면 하나님에게 그 사람을 용서하는 것이 하나님의 뜻이냐고 기도할 필요가 없습니다. 용서해주는 것이 당연히 하나님의 뜻입니다. 용서하는 마음과 힘을 달라고 기도해야 합니다.

셋째, 하나님의 개별적인 뜻입니다. 하나님의 개별적인 뜻은 대체로 개인에 관한 것입니다. 두 가지로 분류해서 생각해 볼 수 있습니다. 한 가지는 우리가 부담 없이 자유롭게 선택할 수 있는 영역입니다. 예를 들어 옷 입는 선택을 하는 것입니다. 교회에 가면서 어떤 옷을 입을지 하나님께 기도하여 이 옷을 입고 가라고 응답 받아 옷을 입는 사람이 있으십니까? 옷 입는 일들은 자신의 취향에 따라 자연스럽게 결정하면 됩니다. 물론 교회에 오면서 너무 야하게 입고 와서 다른 사람을 시험에 들게 해서는 안 됩니다.

다른 한 가지는 성경에서 구체적으로 가르쳐주지 않는 어려운 결정에 관한 사항입니다. 예를 들어 우리 인생에 있어 중요한 일이라 할 수 있는 직장, 결혼할 배우자에 관한 것입니다. 이런 사항에 대해서는 성경에 구체적으로 기록되어 있지 않기 때문에 이 직업을 택한 것이 하나님의 뜻에 맞는 것인지, 이 사람과 결혼하는 것이 하나님의 뜻에 맞는 것인지 쉽게 알 수 없습니다. 직업이나 배우자를 선택할 때, 자신의 욕심에 따라 선택하고 싶기에 하나님의 뜻을 제대로 알기가 어렵습니다. 남자들이 결혼하고 싶은 여자는 연령대에 따라 다르다고 합니다. 10대 예쁜 여자, 20대 예쁜 여자, 30대 예쁜 여자, 40대 예쁜 여자. 50대가 되어야 이상형이 조금 달라집니다. 50대 젊고 예쁜 여자, 60대 젊고 고운 여자라고 합니다. 이처럼 남자들은 대개 예쁘면 하나님의 뜻과 관계없이 하나님께서 자신에게 주신 배우자이기를 희망하기에 하나님의 뜻을 왜곡하기 쉽습니다.

결혼이나 직장은 우리가 일상, 삶에서 중요하고 궁금한 일이기는 하지만, 성경에서 구체적으로 알려주지 않아 하나님의 뜻을 정확하게 알기가 쉽지 않습니다. 이런 중요한 일들에 관하여 우리가 하나님의 뜻을 알기 위해서는 어떻게 해야 할까요? 바르트 목사는 너무 서두르지 말고 기다리면서 기도하면 하나님의 뜻을 알 수 있다고 말합니다. 자신의 욕심을 버리고, 지금 이 상황에서 하나님께서 내가 과연 어떤 결정을 내리시기를 원하실지 물으면서 기도해야 합니다. 하나님의 뜻을 알기를 사모하면 하나님은 다양한 방법을 통해 자신의 뜻을 알려주십니다.

본문에서 말한 하나님의 뜻은 요한일서의 흐름상 사랑의 계명을 따르는 것이라는 것임을 쉽게 알 수 있습니다. 하나님 아버지를 사랑하고, 형제자매를 사랑하는 것입니다. 우리 그리스도인은 하나님과 다른 사람을 사랑하도록 하나님께서 설계해 놓으셨습니다. 하나님을 사랑하고 다른 사람을 사랑해야만 참다운 그리스도인이라 할 수 있습니다. 사도 바울도 고린도전서 13장에서 예언이나 방언이나 지식은 주님을 다시 만나게 될 때 모두 폐하게 된다고 말합니다. 오직 사랑만이 영원할 것이라고 말합니다. 사랑은 하나님의 본질이자 속성이기 때문에 저 천국에서도 영원하다고 말합니다. 그렇기에 하나님의 뜻인 사랑을 행하는 사람만이 영원히 남는 사람, 불사신이 될 수 있습니다.

우리 그리스도인들은 이미 그리스도를 통해 영원한 삶을 약속받은 사람들입니다. 이미 우리는 예수 그리스도를 믿음으로써 불사신이 된 사람들입니다. 이미 불사신의 약속을 받은 사람들이 이 세상을 살아가는 삶의 방식은 늘 하나님의 뜻인 사랑을 행하는 것입니다.

Q&A를 통한 핵심 정리

Q. 불사신이 되기 위해서는 어떤 삶을 살아야 합니까?

A. 세상의 가치 척도인 육신의 정욕과 안목의 정욕, 이생의 자랑으로 살
아가는 것이 아니라 오직 하나님의 뜻인 사랑을 실천하는 삶을 살아
야 합니다.

Q. 세상의 가치 척도인 육신의 정욕과 안목의 정욕, 이생의 자랑으로 살
지 않으려면 어떻게 해야 합니까?

A. 하나님으로부터 온 것이 아닌 세상으로부터 온 것은 곧 사라지게 된
다는 사실을 잊지 않는 것입니다.

6.
쿨한 용서

'쿨한 용서'를 하기 위해 가해자와 피해자가 어떻게 행동해야 할까요?

여호와께서 모세에게 말씀하여 이르시되

이스라엘 자손에게 이르라 남자나 여자나 사람들이 범하는 죄를 범하여 여호와께 거역함으로 죄를 지으면

그 지은 죄를 자복하고 그 죄 값을 온전히 갚되 오분의 일을 더하여 그가 죄를 지었던 그 사람에게 돌려줄 것이요

- 민 5:5-7

그 때에 베드로가 나아와 이르되 주여 형제가 내게 죄를 범하면 몇 번이나 용서하여 주리이까 일곱 번까지 하오리이까

예수께서 이르시되 네게 이르노니 일곱 번뿐 아니라 일곱 번을 일흔 번까지라도 할지니라

그러므로 천국은 그 종들과 결산하려 하던 어떤 임금과 같으니

결산할 때에 만 달란트 빚진 자 하나를 데려오매

갚을 것이 없는지라 주인이 명하여 그 몸과 아내와 자식들과 모든 소유를 다 팔아 갚게 하라 하니

그 종이 엎드려 절하며 이르되 내게 참으소서 다 갚으리이다 하거늘

그 종의 주인이 불쌍히 여겨 놓아 보내며 그 빚을 탕감하여 주었더니

그 종이 나가서 자기에게 백 데나리온 빚진 동료 한 사람을 만나 붙들어 목을 잡고 이르되 빚을 갚으라 하매

그 동료가 엎드려 간구하여 이르되 나에게 참아 주소서 갚으리이다 하되

허락하지 아니하고 이에 가서 그가 빚을 갚도록 옥에 가두거늘

그 동료들이 그것을 보고 몹시 딱하게 여겨 주인에게 가서 그 일을 다 알리니

이에 주인이 그를 불러다가 말하되 악한 종아 네가 빌기에 내가 네 빚을 전부 탕감하여 주었거늘

내가 너를 불쌍히 여김과 같이 너도 네 동료를 불쌍히 여김이 마땅하지 아니하냐 하고

주인이 노하여 그 빚을 다 갚도록 그를 옥졸들에게 넘기니라

너희가 각각 마음으로부터 형제를 용서하지 아니하면 나의 하늘

아버지께서도 너희에게 이와 같이 하시리라

'용서'는 기독교 신앙에 있어서 매우 중요한 주제 가운데 하나입니다. 우리는 때로 용서를 빌어 용서를 받아야 합니다. 또 때로는 용서를 빈 사람에게 용서를 해주어야 합니다. 용서는 반드시 필요한 일이지만 이 용서를 나 자신에게 적용해보라고 하면 결코 쉽지 않습니다. 우리가 용서하라는 말을 많이 하지만 현실에서는 용을 써도 용서가 잘되지 않습니다. 오히려 인간이 할 수 있는 일은 자신에게 상처를 준 사람 때문에 마음 아파하고 괴로워하면서 그 사람을 미워하는 것일 수 있습니다.

예전에 어떤 교회에서 목사님이 설교하는 중에 성도들에게 "지금 미워하는 사람이 한 사람도 없으신 분, 손 한 번 들어 주세요."라고 했습니다. 이때 그 교회에서 연세가 가장 많으신 권사님이 손을 드셨다고 합니다. 그러자 목사님이 "권사님 대단하십니다. 이제껏 살면서 어떻게 미운 사람이 한 사람도 없으세요?"라고 말하자 권사님이 이렇게 대답하셨습니다. "많았는데 다 죽었어." 우리는 자신이 미워한 사람이 죽을 때까지 기다리지 말고 지금 자신이 미워하는 사람을 용서해야 합니다.

하나님의 자녀인 우리는 다른 사람을 용서하지 않고 살아간다면 괴로울 수밖에 없습니다. 하나님의 형상으로 창조된 우리는 다른 사람을 미워하면 오히려 하나님을 믿지 않는 사람들보다 마음속에서 괴로움이 더 심하게 찾아옵니다. 다른 사람을 미워하고 정죄하는 것이 하나님의 뜻이 아님을 잘 알고 있기에 그렇습니다. 계속 미워하다 보면 그 괴로움이 변하여 육체의 아픔으로 찾아옵니다. 누군가를 미워하면 미워할수록 분노가 일어나고 마음의 평화가 깨집니다. 내 삶이 분노와 증오로 망가져 갑니다. 이 파멸의 길에서 빠져나오는 유일한 길이 바로 '용서'입니다. 나에게 상처를 준 사람을 용서하기는 어렵지만, 내가 가지고 있는 미움과 분노를 해결할 수 있는 길은 용서밖에 없습니다. 용서만이 나에게 억눌림으로부터 자유를 가져다줍니다. 용서는 상대방을 살리는 일이기도 하지만 먼저 나 자신을 살리는 길입니다. 용서를 통해서만 내 마음에 있는 미움과 증오의 악순환의 고리를 끊어버릴 수 있습니다.

용서는 보통 당사자가 있습니다. 잘못을 범해 용서를 빌어야 할 가해자와 피해를 입은 피해자가 있습니다. 가해자는 용서를 빌어야 하고 피해자가 용서를 해주어야 진정한 용서가 될 수 있습니다.

가해자가 쿨한 용서를 받기 위해서는 어떻게 행동해야 할까요?

자신이 지은 죄를 고백하고 정당한 배상을 하면서 용서를 빌어야 합니다. 민수기 본문은 다른 사람에게 죄를 범했을 때 가해자가 어떻게 그 죄를 처리해야 하는지 알려줍니다. 가해자는 자신이 지은 죄를 고백하고 용서를 구해야 합니다. 남에게 피해를 입힌 가해자는 피해를 당한 피해자에게 정당한 배상을 하고 용서를 빌어야 합니다. "그 지은 죄를 자복하고 그 죗값을 온전히 갚되 오분의 일을 더하여 그가 죄를 지었던 그 사람에게 돌려줄 것이요(민 5:7)."

먼저 지은 죄를 자복해야 합니다. 자복이라는 말은 자신의 죄를 고백하고 용서를 구하는 것을 의미합니다. 자신의 죄를 자복한 다음에는 어떻게 해야 합니까? 그 죗값을 온전히 갚으라고 말합니다. 피해를 당한 사람에게 피해를 당한 액수만큼 온전히 배상하라고 합니다. 더 나아가 오분의 일을 더해서 배상하라고 합니다. 오분의 일을 더하여 배상하라는 말은 단순히 물질적 차원의 배상만이 아니라 정신적인 피해까지 배상해야 한다는 말입니다. 이처럼 가해자는 피해자가 당한 손해에 대해 철저하고 완전하게 배상을 해주어야 합니다.[48]

이 원칙은 우리에게도 동일하게 적용됩니다. 만약 우리가 누군가에게 잘못을 범한 가해자가 된다면 자신의 죄를 인정하고 용서를 구해야 합니다. 가해자가 자신의 죄를 인정하지 않으면 용서로 나아가기 어렵습니다. 친일파를 제외한 우리나라 사람들

---

[48] 『옥스퍼드 원어성경대전 민수기 제1-12장』(제자원, 2006), 310~1쪽.

대다수가 일본을 좋아하지 않습니다. 우리나라 사람들이 일본을 별로 좋아하지 않는 이유 가운데 하나가 자신들이 한국 사람들에게 행한 잘못에 대해 인정하지도, 진심으로 반성하지도 않고 역사를 왜곡하려 하기 때문입니다.

또한, 피해자가 받은 손해에 대해서도 정당한 배상을 해주어야 합니다. 예를 들어, 사람을 거의 죽을 정도로 다치게 하고는 미안하다고 말만 해서는 안 됩니다. 용서도 구하고, 병원비도 지불하고, 형사상 책임질 일이 있으면 책임도 져야 합니다. "예수님은 원수까지 사랑하고 했으니, 용서하는 것이 마땅하다."라고 용서를 받아야 할 가해자가 피해자에게 말해서는 안 됩니다. 예수님께서 원수까지 사랑하라는 말은 가해자가 아니라 피해자가 할 말입니다. 그렇기에 우리가 누군가에게 용서를 받아야 할 가해자라면 피해자에게 진심으로 자신의 잘못에 대해 인정하고 사죄해야 합니다. 피해자가 당한 물질적·정신적 손해에 대해서도 철저하고 완전히 갚아야 합니다. 이렇게 행동해야 쿨한 용서를 받을 수 있습니다.

하나님께도 죄를 고백하고 용서를 빌어야 합니다. 우리 그리스도인은 죄를 짓는 가해자가 되었을 때 용서를 빌어야 할 대상이 또 있습니다. 하나님이십니다. "이스라엘 자손에게 이르라 남자나 여자나 사람들이 범하는 죄를 범하여 여호와께서 거역함으로 죄를 지으면(민 5:6)."

사람에게 죄를 짓는 것은 곧 하나님께 죄를 짓는 것과 같습니다. 사람에게 죄를 짓는 것은 궁극적으로 그 사람을 창조하신 하나님께 죄를 짓는 것입니다. 다른 사람에게 범죄를 저지르면 사람에게만이 아니라 하나님께도 범죄를 저지른 것입니다. 그렇기에 죄를 범한 사람은 하나님께도 죄를 고백하고 용서를 빌어야 합니다. "그 지은 죄를 자복하고(민 5:7)."

여기서 자복하는 것은 가해자가 피해자에게만 자신의 죄를 고백하고 용서를 비는 것에 그치는 것이 아니라 하나님께도 자신의 죄를 인정하고 용서를 비는 것을 포함합니다. 사람에게 죄를 지으면 당연히 하나님에게도 죄를 짓는 것이기 때문에 하나님께도 당연히 죄를 고백하고 용서를 빌어야 합니다. 이 원리는 구약에서만 적용되는 것이 아니라 오늘 우리에게 있어서도 동일합니다. 우리는 어느 누군가에게 죄를 범하면 사람에게도 사죄하고 정당한 보상을 하여 용서를 받아야 하지만 하나님께도 회개하여 용서를 받아야 합니다.**49**

하지만 우리 그리스도인 가운데에는 잘못하여 죄를 지으면 하나님께만 회개하면 모든 것이 해결되는 것으로 생각하는 사람들이 더러 있습니다. 하나님께 회개하면 자신의 죄는 이미 용서받아 괜찮다고 생각합니다. 이런 잘못된 생각을 하는 사람은

---

49 앞의 책, 310쪽.

피해를 입은 사람에게는 자신의 잘못에 대해 용서를 구하지 않고 은근슬쩍 넘어가려고 합니다. 하나님께만 회개하여 용서받으면 '만사 오케이'라고 생각합니다. 물론 우리는 우리의 죄에 대해서는 하나님께 회개하므로 용서받을 수 있습니다. 하지만 자신으로 인해 피해를 당한 사람에게도 용서를 받아야 합니다. 피해를 당한 사람이 충분히 공감할 수 있을 때까지 용서를 빌어야 합니다. 그렇기에 우리는 다른 사람에게 잘못했을 때는 하나님께도 용서를 빌어야 하지만, 피해 입은 사람에게도 반드시 용서를 빌어야 합니다. 이렇게 할 때 쿨한 용서가 이루어질 수 있습니다.

쿨한 용서가 되기 위해서 피해자는 어떻게 해야 할까요?

피해자는 가해자가 용서를 빌었을 때 쿨하게 용서해야 합니다. '엣지 있는' 용서를 하기 위해서는 가해자가 용서를 빌었을 때 피해자가 쿨하게 용서해야 합니다. "너희가 각각 마음으로부터 형제를 용서하지 아니하면 나의 하늘 아버지께서도 너희에게 이와 같이 하시리라(마 18:35)."

이 말씀은 예수님께서 악한 종의 비유를 통해 알리시고자 하는 핵심적인 교훈입니다. 우리가 다른 사람을 용서하려면 마음에서 용서해야 합니다. 말로는 누구나 용서할 수 있습니다. 하지만 마음으로 용서하기는 쉽지 않습니다. 마음으로부터 그 사람의 잘못에 대해 완전히 잊어버려야 합니다. 죄를 짓지 않았을 때와 같이 여기는 것입니다.[50] 그렇기에 우리가 누군가를 용서한다는 말은 상대가 자신에게 잘못한 모든 것들을 기억 저편으로 보내고 잘못을 하지 않을 때와 똑같이 대하는 것을 의미합니다. 한 번 용서하면 뒤끝이 없어야 합니다. 용서했다면서 자꾸 그 일을 들먹인다면 용서를 해주는 것이 아닙니다. 어떤 잘못에 대해 한 번 용서해주었으면 그것을 재론하지 말아야 합니다. 화날 때마다 다시 그것을 끄집어내어 이야기하면 말로만 용서해 준 것이지 마음으로 용서해준 게 아닙니다. 용서는 말로만 하는 게 아니라 마음속으로부터 쿨하게 해야만 '엣지있는' 용서입니다.

우리가 다른 사람을 진심으로 용서를 할 때 우리 역시 하나님께 온전한 의미의 용서를 받을 수 있습니다. 하지만 이 말씀을 우리가 다른 사람의 잘못에 대해 용서를 하지 않으면 하나님께서 우리의 죄를 용서해주지 않는다는 의미로 받아들여서는 안 됩니다. 하나님의 우리를 향한 용서는 회개만 하면 조건 없는 무조건적인 용서입니다. 마태복음 18장 35절의 말씀은 하나님의 무한하신 사랑으로 이미 용서를 받은 사람, 하나님의 용서가 없이는 살아갈 수 없다는 사실을 안 사람은 자신에게 잘못한 사람을 마음으로부터 쿨하게 용서를 반드시 해야 함을 알려주는 말씀입니다. 그렇기에 우리는 가해자가 진심을 담아 용서를 빌어올

---

50 『옥스퍼드 원어성경대전 마태복음 제11b-20장』(제자원, 2005), 631쪽.

때 쿨하게 용서할 수 있어야 합니다.

피해자는 가해자가 용서를 빌었을 때 어떤 사실을 알면 쿨하게 용서할 수 있을까요?

피해자 자신도 가해자가 될 수 있는 존재임을 알 때 용서할 수 있습니다. 사람은 모두 죄를 지을 수 있습니다. "그 때에 베드로가 나아와 이르되 주여 형제가 내게 죄를 범하면 몇 번이나 용서하여 주리이까 일곱 번까지 하오리까 예수께서 이르시되 네게 이르노니 일곱 번 뿐 아니라 일곱 번을 일흔 번까지라도 할지니라(마 18:21-22)."

여기서 '형제'라는 말은 모든 사람을 지칭하는 말입니다. 여기서 형제라고 되어있어도 당연히 자매님도 포함됩니다. 사람은 그누구도 죄로부터 자유롭지 못합니다. 사람은 누구나 죄를 범할 수 있고, 잘못을 저지를 수 있습니다. 사실 우리는 대개 자기가 상처받은 경우만 생각합니다. 하지만 자신도 알게 모르게 다른 사람에게 더 큰 상처를 주기도 했을 것입니다. 그렇기에 우리는 잘못을 저지른 사람들을 볼 때 그 사람의 모습을 통해 자신의 모습을 볼 수 있어야 합니다. 바로 그 잘못을 나도 범할 수 있음을 알고, 정죄하는 데 바삐 움직이는 대신 그 사람을 불쌍히 여겨 너그러이 용서할 수 있어야 합니다.

사도 바울도 사람이 잘못을 했을 때 자기 자신도 죄를 지을 수 있음을 알아 죄지은 사람을 용서해주라고 말합니다. "형제들아 사람이 만일 무슨 범죄한 일이 드러나거든 신령한 너희는 온유한 심령으로 그러한 자를 바로잡고 너 자신을 살펴보아 너도 시험을 받을까 두려워하라(갈 6:1)."

이 말씀은 누군가 죄를 지으면 단순히 그 범죄를 저지른 사람에게만 관심을 가질 게 아니라 그 사람이 잘못한 것을 반면교사로 삼아 자신을 돌아보라는 것입니다. 자신도 그 사람처럼 죄를 짓지 않도록 주의해야 합니다. 그리스도인들은 다른 사람의 죄를 보면서 자신의 죄를 성찰할 수 있어야 합니다. 나 자신도 가해자가 될 수 있음을 안 사람은 자신에게 잘못을 범한 사람을 불쌍히 여겨 쿨하게 용서할 수 있습니다.

자신은 이미 더 큰 죄에 대해 용서받았다는 사실을 알 때 용서할 수 있습니다. 예수님은 이 사실을 비유를 통해 말씀하십니다. 만 달란트를 빚진 자가 있었는데 주인이 그를 불쌍히 여겨 그 빚을 모두 탕감하여 줍니다. 그런데 만 달란트를 탕감받은 종이 자신이 받은 은혜를 망각하고, 자신에게 백 데나리온 빚진 자가 빚을 갚지 못한다고 야박하게 감옥에 가두어버립니다. 그러자 주인이 다시 종을 불러 빚을 갚도록 옥에 가둡니다. "이에 주인이 그를 불러다가 말하되 악한 종아 네가 빌기에 내가 네 빚을 전부 탕감하여 주었거늘 내가 너를 불쌍히 여김과 같이 너도 네 동료를 불쌍히 여김이 마땅하지 아니하냐 하고(마 18:32-33)."

주인에게서 만 달란트를 탕감받았는데 자기 동료가 백 데나리온을 갚지 않는다고 감옥에 집어넣은 사람을 악한 종이라고 부릅니다. '악한'이라는 말은 윤리적으로 비열하고 무가치하고 무자비하다는 의미입니다. 한 달란트가 약 육천 데나리온 정도 되기에 만 달란트는 약 육천만 데나리온 정도 됩니다. 한 데나리온은 그 당시 장정의 하루 품삯이었습니다.[51] 그렇기에 일만 달란트는 1년 365일 하루도 쉬지 않고 숨만 쉬고 일해도 164,383년을 넘게 일해야 벌 수 있는 어마어마한 돈입니다. 만 달란트와 100데나리온을 단순히 비교하면 육천만 대 백입니다. 약 육십만 배의 빚을 더 많이 탕감받았습니다.

이렇게 자신이 도저히 갚을 수 없는 빚을 탕감받았다면 보통 사람 같으면 당연히 자신에게 백 데나리온 빚진 자의 빚을 탕감해주는 것이 맞지 않겠습니까? 예수님께서도 빚을 탕감해주는 것이 마땅한 일이라고 말씀하십니다. '마땅하지 아니하냐.'(마 18:33)라는 구절이 이 사실을 증명해줍니다. 마땅하다(에데이, ἔδει)는 말의 원형 '데이(δεῖ)'는 신적인 운명이나 피할 수 없는 숙명을 나타낼 때 사용되는 단어입니다. 반드시 그리해야만 하는 필연성을 강조합니다.[52] 그렇기에 만 달란트의 빚을 탕감받은 사람은 자신에게 백 데나리온 빚진 자의 빚을 반드시 탕감해주어야

---

51 앞의 책, 622쪽.
52 앞의 책, 630쪽.

할 의무가 있다는 말입니다. 일만 달란트를 탕감받아 이미 용서를 크게 받은 사람이 당연히 해야 할 일은 자신에게 백 데나리온의 빚을 진 사람을 용서해야 합니다. 그런데도 만 달란트의 빚이나 탕감받은 사람이 왜 이렇게 행동했을까요? 자신이 주인에게 빚진 것과 그것을 탕감받은 것은 생각하지 않고 자신과 자신에게 빚진 동료만 비교했기 때문입니다.

만 달란트의 빚을 탕감받은 종이 바로 하나님 앞에 선 우리의 모습일 수 있습니다. 자신이 하나님 앞에서 용서받은 중대한 죄는 잊어버리고 자신에게 잘못한 사람의 사소한 허물을 용서하지 못한 우리의 모습 말입니다. 우리는 이미 하나님으로부터 엄청난 부채를 아무런 조건 없이 다 탕감받은 존재들입니다. 나에게 죄지은 자들의 잘못이 아무리 크다 할지라도 그 잘못은 내가 하나님께 지은 잘못보다는 훨씬 가볍습니다. 이런 하나님의 한량없는 무한한 사랑을 받은 것을 마음으로 깨달은 사람은 이제 나에게 잘못한 사람을 쿨하게 용서할 수 있습니다.

한마디로 용서는 주님의 용서와 구원의 은혜를 진실로 아는 그리스도인만이 실천할 수 있는 사랑입니다. 이제 우리는 다른 사람이 나에게 잘못을 범하고 용서를 구하면 하나님께서 나를 용서해주셨듯이 쿨하게 용서해야 합니다. 우리가 만일 용서할 줄 모른다면 우리는 하나님의 은혜를 은혜로 여기지 않은 배은망덕한 사람입니다. 우리가 다른 사람을 용서하지 못하면 주기도문을 외울 때마다 "우리가 우리에게 잘못한 사람을 용서하여 준 것이 같이"라는 고백이 거짓이 되고 말 것입니다.

우리 인간에게 있어 용서는 어려운 일이지만 아름다운 일입니다. 그렇기에 반드시 용서가 필요합니다. 우리 안에 용서가 없으면 진정으로 주님을 만날 수 없습니다. 예수님께서는 산상 수훈을 통해서 예물을 제단에 드리려다가도 형제에게 원망들을 만한 일이 생각나거든 예물을 제단 앞에 두고 먼저 가서 형제와 화목하고 난 이후에 와서 예물을 드리라고 말씀하셨습니다(마 5:23-24).

먼저 형제와 화해하지 않고 하나님께 제물을 받친다고 하나님과 화해를 할 수는 없다고 합니다. 우리 마음속에 누군가를 미워하면서 하나님 앞에 나아가 참된 예배를 할 수 없다는 말입니다. 그러므로 우리가 서로 용서하여 화목하지 않고서는 우리의 삶 속에서 하나님을 만나기가 어렵습니다. 우리가 진정으로 하나님을 만나고, 내 삶의 평안을 얻으려면 나에게 상처를 준 그 사람을 용서하십시오. 또 내가 상처를 준 사람에게도 찾아가 용서를 구하십시오. 서로의 잘못으로 인해 아픔과 분노 상태로 지내는 것이 아니라 서로 쿨하게 용서를 빌고, 용서할 수 있어야 합니다.

Q&A를 통한 핵심 정리

Q. 가해자가 쿨한 용서를 받기 위해서는 어떻게 행동해야 할까요?

A. 피해자에게 자신이 지은 죄를 고백하고 정당한 배상을 하면서 용서를 빌어야 합니다. 하나님께도 죄를 고백하고 용서를 빌어야 합니다.

Q. 피해자는 가해자가 용서를 빌었을 때 쿨하게 용서해야 합니다. 무엇을 알면 쿨하게 용서할 수 있을까요?

A. 피해자 자신도 언젠가는 가해자가 될 수 있는 존재임을 아는 것입니다. 자신은 이미 보다 더 큰 죄에 대해 하나님께 용서받았다는 사실을 아는 것입니다.

7.
선동과 부화뇌동

가짜 뉴스로 선동하는 것에 부화뇌동하지 않기 위해서는 어떻게 해야 합니까?

그 때쯤 되어 이 도로 말미암아 적지 않은 소동이 있었으니

즉 데메드리오라 하는 어떤 은장색이 은으로 아데미의 신상 모형을 만들어 직공들에게 적지 않은 벌이를 하게 하더니

그가 그 직공들과 그러한 영업하는 자들을 모아 이르되 여러분도 알거니와 우리의 풍족한 생활이 이 생업에 있는데

이 바울이 에베소뿐 아니라 거의 전 아시아를 통하여 수많은 사람을 권유하여 말하되 사람의 손으로 만든 것들은 신이 아니라 하니 이는 그대들도 보고 들은 것이라

우리의 이 영업이 천하여질 위험이 있을 뿐 아니라 큰 여신 아데미의 신전도 무시 당하게 되고 온 아시아와 천하가 위하는 그의 위엄도 떨어질까 하노라 하더라

그들이 이 말을 듣고 분노가 가득하여 외쳐 이르되 크다 에베소 사람의 아데미여 하니

온 시내가 요란하여 바울과 같이 다니는 마게도냐 사람 가이오와 아리스다고를 붙들어 일제히 연극장으로 달려 들어가는지라

바울이 백성 가운데로 들어가고자 하나 제자들이 말리고

또 아시아 관리 중에 바울의 친구된 어떤 이들이 그에게 통지하여 연극장에 들어가지 말라 권하더라

사람들이 외쳐 어떤 이는 이런 말을, 어떤 이는 저런 말을 하니 모인 무리가 분란하여 태반이나 어찌하여 모였는지 알지 못하더라

유대인들이 무리 가운데서 알렉산더를 권하여 앞으로 밀어내니 알렉산더가 손짓하며 백성에게 변명하려 하나

그들은 그가 유대인인 줄 알고 다 한 소리로 외쳐 이르되 크다 에베소 사람의 아데미여 하기를 두 시간이나 하더니

서기장이 무리를 진정시키고 이르되 에베소 사람들아 에베소 시가 큰 아데미와 제우스에게서 내려온 우상의 신전지기가 된 줄을 누가 알지 못하겠느냐

이 일이 그렇지 않다 할 수 없으니 너희가 가만히 있어서 무엇이든지 경솔히 아니하여야 하리라

신전의 물건을 도둑질하지도 아니하였고 우리 여신을 비방하지도 아니한 이 사람들을 너희가 붙잡아 왔으니

만일 데메드리오와 그와 함께 있는 직공들이 누구에게 고발할

것이 있으면 재판 날도 있고 총독들도 있으니 피차 고소할 것이요

만일 그 외에 무엇을 원하면 정식으로 민회에서 결정할지라

오늘 아무 까닭도 없는 이 일에 우리가 소요 사건으로 책망 받

을 위험이 있고 우리는 이 불법 집회에 관하여 보고할 자료가 없

다 하고

이에 그 모임을 흩어지게 하니라

- 행 19:23-41

요즘 우리 사회는 선동과 부화뇌동이 판을 치고 있습니다. 이를 가장 잘 보여주는 것이 페이크 뉴스, 일명 '가짜 뉴스'입니다. 이는 사실이 아닌 것들을 마치 사실인 것처럼 꾸며 사람들을 속입니다. 여론 조사 결과를 가짜로 만들어내고, 전문가가 말하지 않는 것을 마치 전문가가 말한 것처럼 조작하여 이야기합니다.

본문에 보면 선동한 사람과 부화뇌동한 사람들의 모습을 볼 수 있습니다. 에베소의 은장색 데메드리오가 에베소 사람들을 선동하자 거기에 모인 많은 사람들이 부화뇌동하는 모습을 보입니다. '은장색'은 세공장이를 뜻합니다. 데메드리오는 에베소 지역의 명물인 아데미 신전과 신의 모형을 은으로 제작하는 세공장이입니다. 그는 은장색 일에 종사하는 사람들을 대표하는 조합장과 같은 지위에 있는 사람으로, 그를 비롯해 신상이나 신전 모형물을 제작하는 사람들은 풍족한 생활을 누렸습니다. 이들이 이처럼 돈을 많

이 벌 수 있었던 이유는 당시 다산과 풍요의 신인 아데미 여신에 대한 숭배가 에베소에서 대단했기 때문입니다. 이 여신을 모신 신전의 규모가 가로가 120m, 세로가 60m이었습니다. 일반 축구장의 크기가 가로 108m, 세로 68m 정도라고 하니, 아데미 신전은 축구장보다 규모가 컸습니다. 또한, 세계 7대 불가사의 중에 하나로 여겨질 정도록 규모가 크고 아름다웠습니다. 이러한 이유로 이 신전을 찾는 순례자들이 끊이지 않았습니다.[53] 그래서 이곳에서 아데미 신상이나 신전의 모형을 제작하여 파는 사업이 크게 번창하여 돈을 많이 벌 수 있었습니다. 이렇게 호황기를 누리면서 풍요롭게 살고 있는데 갑자기 바울 사도가 등장하여 외칩니다. "사람의 손으로 만든 것들은 신이 아니라(행 19:26)"

아데미 여신을 숭배하는 분위기로 가득한 지역에서 이런 말을 하기는 쉽지 않은 일입니다. 하지만 놀라운 사실은 바울의 이 말에 에베소 지역의 사람들이 점점 설득됩니다. 그리하여 신전 모형물을 구입하는 사람이 줄어 은장색 사업은 타격을 입게 됩니다. 데메드리오는 자신의 경제적 이득에 타격을 받자, 잠자코 앉아서 당할 수만은 없었습니다. 데메드리오는 에베소 사람들을 선동합니다.

데메드리오는 어떻게 사람들을 선동하여 부화뇌동하게 합니까?

자기 자신을 위하면서 마치 다른 사람들을 위한 것처럼 선동하여 부

---

53 『옥스퍼드 원어성경대전 사도행전 제15-21a장』(제자원, 2006), 490쪽.

화뇌동하게 만듭니다. 데메드리오는 대외적 명분으로 바울의 선교로 인해 자신들의 직업이 천해지고, 아데미 신전이 무시당하게 되고, 아데미 여신의 신적 위엄성이 떨어지는 것을 내세웁니다. 데메드리오는 아데미를 향한 신앙심이 있는 것처럼 행동합니다. 하지만 사실 데메드리오는 자신의 경제적 이익을 도모하기 위하여 아데미와 에베소 사람들을 이용합니다. 데메드리오는 자신의 사리사욕을 위해 에베소의 종교인 아데미 신앙을 이용합니다.

이처럼 대개 선동가들은 자기 자신을 위하면서도 다른 사람들을 위하는 것처럼 행동합니다. 역사적으로 봤을 때 대부분의 독재자가 이렇게 행동했습니다. 독재자는 겉으로는 국가와 국민을 위한 일이라는 명분을 내세웁니다. 우리나라의 역대 독재자들도 자신을 위해서가 아니라 도탄에 빠진 국가와 국민을 위해 어쩔 수 없이 자신이 정권을 잡을 수밖에 없었다고 말합니다. 독재자를 비롯한 대부분의 선동가들은 자신의 사리사욕을 위해 사람들을 선동하는 경우가 많습니다. 우리는 데메드리오나 독재자들처럼 자신의 이익을 위해서 다른 사람을 선동하여 부화뇌동하게 하는 일은 하지 말아야 합니다.

실제보다 더 과장하여 말하여 다른 사람들을 선동하여 부화뇌동하게 만듭니다. 데메드리오는 아데미 여신을 가리켜 "온 아시아와 천하가 위한다(행 19:27)"고 이야기합니다. 아데미를 숭배했던 것이 광범위한 지역에서 있었지만 온 아시아와 천하가 다 아데미 여신을 경배했던 것은 아닙니다. 여기서 말하는 '아시아'는 오늘날 터키 지역을 가리키는 소아시아를 가리킵니다. 소아시아 지역의 중심도시가 에베소입니다. 데메드리오가 아데미의 위엄을 과장하여 말하고 있습니다. 이처럼 선동을 할 때는 현실보다 더 과장하여 말하여 다른 사람이 부화뇌동할 수 있도록 합니다. 우리도 보면 집회에 참여하는 사람의 수를 놓고 대개 과장하는 경우가 많습니다. 조금 많이 보이면 무조건 100만 명이 넘게 모였다고 말합니다. 이처럼 선동가들은 대개 실제보다 더 과장하여 말하여 다른 사람들을 부화뇌동하게 합니다.

우리는 과장하여 말하는 사람을 조심해야 합니다. 우리 자매님들도 교제할 때 너무 과장해서 말한 형제님을 조심해야 합니다. 내가 이 세상에서 제일 예뻐? 너밖에 없어. 너를 위해서라면 뭐든지 다 할 수 있어. 이 말은 이 세상에 단둘이 있었던 아담이 하와에게 말했을 때 맞는 말입니다. 또 이런 말 앞에 지금은 이라는 말이 생략되어 있다고 합니다. 지금은 내가 이 세상에서 제일 예뻐? 지금은 너밖에 없어. 지금은 너를 위해서라면 무슨 일이든지 다할 수 있다는 말입니다. 이처럼 형제님들의 과장하는 말에 부화뇌동하지 않도록 자매님들은 조심해야 합니다. 우리는 실제보다 더 과장하여 다른 사람을 선동하여 부화뇌동하게 하는 일은 하지 말아야 합니다.

보통 사람은 유별나거나 튀어 보이지 않기 위해서 다른 사람의 의견에 동조하고 행동을 따라하는 경우가 많습니다. 혼자 바보가 되는 것을 두려워합니다. 예전에 텔레비전에서 사람들을 대상으로 실험하는 것을 본 적이 있습니다. 종이에 다른 화살표의 길이를 그려놓았습니다. 사람들에게 어느 화살표가 긴지 물어보았습니다. 한 명씩 물어보았을 때 사람들은 화살표가 긴 쪽을 정확하게 맞추었습니다. 하지만 실험 대상자만 모르게 사람들과 짜고 실험을 해보았습니다. 사람들을 옆으로 줄을 세워놓고 어느 쪽의 화살표가 더 긴지 물었습니다. 앞에 있는 사람들 몇 명이 작은 쪽의 화살표가 길다고 대답하자 실험에 참여한 많은 사람들이 앞에 있는 사람들을 따라서 화살표가 짧은 쪽을 긴 것으로 대답했습니다. 이처럼 사람들은 쉽게 자신의 주관을 버리고 다른 사람을 따라가는 성향이 있습니다. 사람은 어느 정도 부화뇌동하는 성향이 있습니다. 그런데 다음과 같은 상황에 직면하게 되면 더욱 부화뇌동하기 쉽다고 합니다.

집단일 때 부화뇌동하기 쉬워집니다. 데메드리오는 집단 이기심을 자극하여 선동합니다. 본문 25절에서 "우리의 풍족한 생활이", 27절에서 "우리의 이 영업이"라고 되어 있습니다. '우리'라는 인칭 대명사를 사용하여 한편임을 강조하여 선동합니다. '우리'라는 말은 좋은 말이지만 편을 나누는 일에 사용하면 의미가 달라집니다. 지금 우리나라가 안고 있는 문제인 지역 감정이나 세대 간의 갈등, 진보와 보수의 갈등에는 원인이 여러 가지가 있습니다. 그 가운데 편을 나누어 집단 이기심을 자극하여 선동하고, 거기에 사람들이 부화뇌동하는 것이 큰 원인입니다. 일반적으로 사람은 집단이 되면 무엇이 옳고 그른지 따지기보다는 무조건 자기가 속한 집단의 편을 들게 됩니다. 개인적으로는 똑똑하여 옳고 그름을 잘 판단하고 도덕적인 행동을 하는 사람도 집단에 속하면 이기적이고 부도덕해질 수 있습니다. 같은 집단이라고 말하면서 자극하여 선동하면 더욱 부화뇌동하기 쉬워지니 특히 조심해야 합니다.

자신의 경제적인 이익과 결부되었을 때 부화뇌동하기 쉬워집니다. 데메드리오는 자신을 비롯한 은장색들의 경제적 이권을 들먹이면서 선동합니다. 이 영업이 천하게 여겨질 위험이 있다고 호소합니다. 사람들은 자신의 경제적 이익과 결부되었을 때는 누구나 물불을 가리지 않고 조금도 손해를 보려고 하지 않습니다. 자신에게 경제적 이익을 가져다준다면 명분은 그리 중요하지 않습니다. 그렇기에 선거 때만 되면 정치인들은 경제적으로 잘 살게 해주겠다고 국민들을 선동합니다. 그러면 많은 국민들이 다른 조건들을 따져보지 않고 부화뇌동하여 무조건 투표하기도 합니다. 아마 우리나라 정치인들이 선거 때 경제공약을 했던 것을 실천했다면 지금 우리나라는 1인당 국민 소득이 10만 달러는 되었을 것입니다.

종교적인 것과 결부되었을 때 부화뇌동하기 쉽습니다. 데메드리오는 에베소 사람들의 종교적 열심을 자극하여 선동합니다. "큰 여신 아데미의 신전도 무시당하게 되고 온 아시아와 천하가 위하는 그의 위엄도 떨어질까 하노라(행 19:27)."

사람들은 종교적인 문제와 연결되었을 때 쉽게 부화뇌동하기 쉽습니다. 종교적인 문제와 관련되면 옳고 그름을 따지기 전에 무조건 자신이 속한 종교의 편을 들기에 부화뇌동하기 쉬워집니다. 예전에 9·11 테러 9주년을 맞아 일부 이슬람 반대 시위대가 이슬람교의 경전인 코란을 찢어 불에 태우는 일이 일어났습니다. 이슬람권 전체가 분노를 일으켰습니다. 코란 소각에 항의하는 시위가 격화돼 본격적인 종교 전쟁으로 치닫는 것이 아니냐는 우려를 낳았습니다. 그러자 오바마 대통령이 나서서 이슬람과 종교 전쟁은 없다고 발표하면서 진화에 나서 사태가 크게 확장되지는 않았습니다. 이처럼 종교적인 것과 결부되면 사람들은 쉽게 부화뇌동하는 경향이 있습니다.

이처럼 사람은 집단으로 경제 이익과 관련하여 신앙심을 자극하여 선동하면 부화뇌동하기 쉽습니다.

부화뇌동하면 어떤 결과가 일어납니까?

이성을 출장 보내고 격분하게 됩니다. 데메드리오의 선동에 의해 사람들은 이것저것 생각하고 판단하지도 않고, 욱하고 끓어올라 격분하여 온 시내를 돌아다니며 폭도로 변해 바울과 같이 다녔다는 이유만으로 죄 없는 가이오와 아리스다고를 붙잡아 처형하려고 합니다. "그들이 이 말을 듣고 분노가 가득하여 외쳐 이르되 크다 에베소 사람의 아데미여 하니 온 시내가 요란하여 바울과 같이 다니는 마게도냐 사람 가이오와 아리스다고를 붙들어 일제히 연극장으로 달려가는지라(행 19:28-29)."

이렇게 부화뇌동을 하여 격분하면 어떤 결과를 초래하게 됩니까?

자신도 모르게 죄를 짓게 됩니다. 시위에 참가한 사람들의 모습을 묘사하는 부분이 재미있습니다. "사람들이 외쳐 어떤 이는 이런 말을, 어떤 이는 저런 말을 하니 모인 무리가 분란하여 태반이나 어찌하여 모였는지 알지 못하더라(행 19:32)." 시위에 참여한 많은 사람들 가운데 태반이 흥분하다보니 이성을 상실하여 지금 자신들이 무슨 이유로 여기에 참여하고 있는지조차 몰랐습니다. 내가 지금 왜 이 자리에 와 있는지 모른다는 것입니다. 또 에베소 사람들이 격분하다 보니 아무런 죄를 짓지 않는 사람을 무작위로 잡아와 처형하려고 합니다. "신전의 물건을 도둑질하지도 아니하였고 우리 여신을 비방하지도 아니한 이 사람들을 너희가 붙잡아 왔으니(행 19:37)." 이처럼 부화뇌동하면 자신도 모르게 죄를 짓는 자리에 있게 됩니다. 그렇기에 우리는 죄를 짓지 않기 위해서라도 다른 사람의 선동에 부화뇌동하지 않아야 합니다.

다른 사람의 선동에 부화뇌동하지 않으려면 경솔하지 말아야 합니다. 서기장이 시위대를 향해 경솔하지 말라고 합니다(행 19:36). '경솔히'라는 말은 '몹시 서두르는', '분별없이 덤비는'이라는 의미를 가지고 있습니다. 그렇기에 '경솔히'라는 말에는 행동하기 전에 심사숙고하지 않는다는 의미가 포함되어 있습니다. 또 '경솔히' 라는 말에는 심사숙고하지 않으면 곤두박질하게 된다는 경고의 의미도 있습니다. 분별없이 행동하게 되면 부화뇌동하게 되어 곤두박질치게 된다는 것입니다. 그렇기에 우리는 분별력을 가지고 부화뇌동하지 말아야 합니다.54

다른 사람의 선동에 부화뇌동하지 않으려면 냉철한 판단력과 지혜가 필요합니다. 본문에 나온 은장색의 소동은 다행히 에베소 서기장의 지혜로운 조치로 진정됩니다. 에베소 서기장은 이들의 시위가 불법 시위임을 알았습니다. 그러나 물대포와 최루탄을 동원해 강경 진압하지 않고, 그들을 설득했습니다. 먼저 그들의 자존심과 신앙심에 만족을 주어 흥분을 진정시킵니다. 에베소가 아데미 여신을 최고로 섬기는 도시인 것은 에베소 시민이라면 삼척 동자도 다 알고 있는 상식인데 "왜 그리 흥분 하나?"라며 그들을 진정시킵니다. 바울이 아데미를 무시한다고 해도 에베소 성에 있는 아데미의 신전의 권위가 결코 부인되거나 부정될 수 없다고 말합니다. 그런 다음 서기장은 이들이 바울 대신 잡아온 가이오와 아리스다고는 신전의 물건을 도둑질하지도 않았고, 아데미를 비방하지도 않았기에 그들에게 해를 입혀서는 안 되며, 합법적인 절차를 통해 문제를 해결해야 한다고 설득합니다. 그러면서 서기장은 이번 소동은 아무

---

54 앞의 책, 484쪽.

런 명분이 없는 불법 시위이기에 이 일로 말미암아 로마 당국으로부터 서기장이 책임을 져야 하고 시위자들도 불법 시위이기에 처벌을 받을 수 있다고 설득하여 모임을 해산시킵니다.

우리도 부화뇌동하지 않기 위해서 서기장처럼 냉철한 판단력과 지혜가 필요합니다. 부화뇌동하는 사람들을 진정시키고 설득할 수 있는 지혜가 필요합니다. 부화뇌동해 이성을 상실하고 감정에 빠져 있는 사람들을 설득해 현실을 바로 볼 수 있도록 돕는 사람이 되어야 합니다. 또 우리는 쉽게 다른 사람의 말에 부화뇌동하지 않기 위해서 분별력을 가지고 경솔히 행동하지 말아야 합니다. 요즘과 같이 가짜 뉴스가 판을 치는 세상에서 무조건 믿고 부화뇌동할 것이 아니라 분별력을 가지고 진짜인지 가짜인지 알아본 다음 믿어야 합니다.

부화뇌동하여 지은 죄 중에 아마도 가장 대표적인 것이 중세의 마녀사냥입니다. 마녀사냥에서 가장 피해를 많이 본 여자는 어떤 부류의 여자들이었을까요? 재산이 많고, 예쁜 과부들이었다고 합니다. 재산이 많은 여자가 피해를 본 것은 마녀로 판결되면 국가에서 모든 재산을 압수하였기에 재산이 많은 여자를 마녀로 누명을 씌웠다고 합니다. 그럼 예쁜 과부들은 왜 마녀로 누명을 썼을까요? 동네 여자들이 시기 질투하여 예쁜 과부를 마녀로 누명을 씌워 죽게 만들었다고 합니다.

마녀사냥을 하는 모습은 오늘날 우리에게서도 자주 나타납니다. 누가 어떤 잘못을 하면 인터넷이나 매스컴을 통해 인격 살인을 합니다. 많은 사람들이 달려들어 그 사람을 실신 상태로 만들어버립니다. 현대판 마녀사냥이라고 볼 수 있습니다. 악플 하나쯤 대수롭지 않게 생각할 수 있지만 당하는 사람 입장에서는 치명타가 될 수 있습니다. 우리의 말 한마디도 하는 사람은 별 의미 없이 한 말일 수 있지만 듣는 사람에게는 큰 충격으로 다가올 수 있습니다. 그렇기에 우리는 부화뇌동하여 아무 생각 없이 다른 사람을 쉽게 비난해서는 안 됩니다. 교회 안에서도 부화뇌동하지 말아야 합니다. 누군가 다른 사람에 대해 나쁘게 이야기하면 전후 사정도 살펴보지 않고, 무조건 부화뇌동하지 않아야 합니다.

Q&A를 통한 핵심 정리

Q. 선동하는 사람들은 주로 어떻게 선동합니까?

A. 자기 자신의 이익을 위하면서 마치 다른 사람들을 위하는 것처럼 행동하고 실제보다 더 과장하여 말합니다.

Q. 선동에 부화뇌동하기 쉬운 경우는 언제입니까?

A. 집단일 때, 경제적 이익이나 종교적 문제와 관련될 때입니다.

Q. 선동에 부화뇌동하면 어떤 결과가 일어납니까?

A. 격분하게 되고, 죄를 짓게 됩니다.

Q. 선동에 부화뇌동하지 않으려면 어떻게 해야 합니까?

A. 냉철한 판단력과 지혜를 가져 경솔하지 않게 행동해야 합니다.

제3부

청년의 지혜

1.
성경에서 말하는 꽃길

성경에서 말하는 꽃길은 무엇이며, 어떻게 해야 그 꽃길을 걸어갈 수 있습니까?

요셉이 이끌려 애굽에 내려가매 바로의 신하 친위대장 애굽 사람 보디발이 그를 그리로 데려간 이스마엘 사람의 손에서 요셉을 사니라

여호와께서 요셉과 함께 하시므로 그가 형통한 자가 되어 그의 주인 애굽 사람의 집에 있으니

그의 주인이 여호와께서 그와 함께 하심을 보며 또 여호와께서 그의 범사에 형통하게 하심을 보았더라

요셉이 그의 주인에게 은혜를 입어 섬기매 그가 요셉을 가정 총무로 삼고 자기의 소유를 다 그의 손에 위탁하니

그가 요셉에게 자기의 집과 그의 모든 소유물을 주관하게 한 때부터 여호와께서 요셉을 위하여 그 애굽 사람의 집에 복을 내리시

므로 여호와의 복이 그의 집과 밭에 있는 모든 소유에 미친지라

주인이 그의 소유를 다 요셉의 손에 위탁하고 자기가 먹는 음식 외에는 간섭하지 아니하였더라 요셉은 용모가 빼어나고 아름다웠 더라

그 후에 그의 주인의 아내가 요셉에게 눈짓하다가 동침하기를 청하니

요셉이 거절하며 자기 주인의 아내에게 이르되 내 주인이 집안 의 모든 소유를 간섭하지 아니하고 다 내 손에 위탁하였으니

이 집에는 나보다 큰 이가 없으며 주인이 아무것도 내게 금하지 아니하였어도 금한 것은 당신뿐이니 당신은 그의 아내임이라 그런 즉 내가 어찌 이 큰 악을 행하여 하나님께 죄를 지으리이까

여인이 날마다 요셉에게 청하였으나 요셉이 듣지 아니하여 동침 하지 아니할 뿐더러 함께 있지도 아니하니라

- 창 39:1-10

'꽃길만 걷자.'라는 말이 있지요? '꽃길만 걷자.'라는 말은 좋은 일만 생기기를 바라는 비유적 표현입니다. 아마 모든 사람들은 자신의 인생이 꽃길만 걷기를 소망할 것입니다. 하지만 현실에서 는 꽃길만 걸을 수는 없습니다. 때로는 비포장 도로를 걸을 수 도 있고, 가파른 등산로를 걸을 수 있고, 수렁에 빠질 수도 있습 니다.

우리나라 교인들 가운데 요셉을 좋아하는 이들이 많이 있습니다. 요셉과 같이 훌륭한 사람이 되기를 바라는 마음을 담아 자식의 이름을 요셉이라 지은 이들이 많은 것을 보면 알 수 있습니다. 어느 교회든지 요셉이라는 이름을 가진 이들이 몇 명은 있습니다. 요셉은 결론적으로는 꽃길을 걷는 인생이었지만, 그 인생의 여정은 결코 꽃길이 아니었습니다. 우리는 흔히 결과만을 놓고 누군가 잘 되었을 때 부러워하는 경우가 많습니다. 하지만 그 결과에 이르기까지의 과정을 보면 마냥 부럽지만은 않을 것입니다.

요셉은 가족 관계가 복잡한 가정에서 태어났습니다. 아빠 야곱은 부인이 4명이나 있었습니다. 야곱은 4명의 부인과 12명의 아들과 딸 하나를 낳았습니다. 야곱은 4명의 부인 가운데 라헬을 가장 사랑했습니다. 라헬이 요셉의 엄마입니다. 라헬은 베냐민을 낳다가 죽었습니다. 그리하여 요셉은 어린 시절에 엄마를 잃었습니다. 요셉은 가장 사랑하던 부인의 첫째 아들이면서 어려서 엄마를 잃은 자식이었기 때문에 아버지 야곱의 특별한 사랑을 받았습니다. 그래서 요셉은 다른 형제들과 달리 옷도 명품 옷을 입고 자랐습니다. 그래서 요셉은 늘 형들의 시기와 미움을 받았습니다.

또 요셉은 형들이 잘못하면 아버지에게 고자질했기 때문에도 형들의 미움을 받았습니다. 게다가 요셉은 자기가 높은 사람이 되는 꿈을 꾸었으면 조용히 있어야 하는데, 그것을 부모와 형제들에게 말하여 더욱 시기와 미움을 받았습니다. 그러던 차에 한 번은 요셉이 아버지의 심부름으로 집에서 백 리 이상 떨어진 먼 곳까지 양떼를 치고 있는 형들을 찾아갔습니다. 형들은 이 기회를 틈타 아버지가 계시지 않은 들판에서 요셉을 죽이려고 합니다. 이때 큰 형인 르우벤이 죽여서는 안 된다고 말려, 우선 요셉을 붙들어 웅덩이에 던져 넣었습니다. 르우벤이 잠시 자리를 비운 사이에 넷째 형 유다가 제안하여 요셉을 외국 상인들에게 팔아버립니다. 이 상인들은 요셉을 다시 이집트에서 바로의 신하 경호대장 보디발에게 팔아넘깁니다. 본문 속 요셉은 형들에 의해 팔려 보디발의 집에 있는, 애굽 총리가 되기 전의 상황입니다. 이때 요셉은 겨우 열일곱 살의 소년이었습니다. 요셉은 아버지의 집에서 명품 옷을 입고, 비단 이불을 덮고, 진수성찬을 먹으면서 아버지의 사랑을 독차지하고 살다가 하루아침에 이역만리에서 종이 되었습니다. 그런데 참으로 놀랍게도 보디발의 노예로 있는 요셉을 가리켜 '형통한 자'라고 말합니다. 꽃길을 걷고 있다고 말합니다.

꽃길은 지금 내가 어떤 형편에 있든지 하나님이 함께하시는 것입니다. 지금 요셉이 노예 상태로 지내고 있기에 요셉의 삶을 형통하다고 말하기 어렵습니다. 그런데 요셉을 형통한 자라고 말합니다. "여호와께서 요셉과 함께 하시므로 그가 형통한 자가 되어 그의 주인 애굽 사람의 집에 있으니 그의 주인이 여호와께서 그와 함께 하심을 보며 또 여호와께서 그의 범사에 형통하게 하심을 보았더라(창 39:2-3)." 여기서 형통이란 말의 의미는 '번영케 하다', '번영을 체험하다'는 뜻입니다. 꽃길을 걷는다는 것입니다.

우리 생각에는 요셉에게 있어서 비록 형들의 미움을 받기는 했지만, 아버지 집에서 편하게 지낼 때가 오히려 형통한 시절이라고 해야 맞는 것 같은데. 노예로 있는 요셉을 가리켜 형통한 자라고 말합니다. 요셉은 지금 최악의 상태에 있는 것 같은데, 이런 요셉을 두고 꽃길을 걷고 있다고 말합니다. 성경에서 말하는 꽃길은 우리가 생각하는 꽃길과는 조금 다른 것 같습니다. 성경에서 말하는 꽃길은 지금 내가 처한 형편이 어떠하든지 간에 하나님이 함께하시는 것입니다. 최악의 상황에 있어도 지금 하나님이 나와 함께 계시면 그 사람은 꽃길을 걷고 있는 사람입니다. 이런 의미에서 요셉은 지금 노예 상태에 있지만 여전히 하나님이 요셉과 함께하고 계시니 꽃길을 걷고 있다고 말합니다.

요셉이 어려운 상황에 있었지만 하나님께서 요셉과 함께해주셨습니다. 정말 하나님이 요셉과 함께 해주시니 요셉의 삶이 형통했습니다. 요셉은 하는 일마다 잘 되었습니다. 보디발은 이것을 보고 하나님이 요셉과 함께하신다는 것을 알았습니다. 그래서 보디발은 요셉에게 집안 모든 일을 맡겼습니다. 그랬더니 하나님은 요셉을 위해 보디발의 집 전체에 복을 내려주셨습니다. 이처럼 하나님이 요셉과 함께해주셨기 때문에 요셉이 형통한 삶을 살 수 있었습니다. 하나님이 요셉과 함께해주셨기에 요셉이 꽃길을 걸을 수 있었습니다.

누가 뭐래도 세상의 주인은 하나님이십니다. 하나님은 세상을 그대로 두지 않으시고 직접 다스리십니다. 하나님이 함께하지 않으시면 우리는 가정을 비롯한 그 어떤 것도 온전히 세울 수 없습니다. 하나님이 함께하실 때 우리는 하나님의 도우심과 보호하심 가운데 온전할 수 있습니다. 그렇기에 꽃길을 걷는 인생이 되기 위해서는 하나님과 늘 함께해야 합니다. 사실 하나님은 우리와 항상 함께하십니다. 오히려 우리 쪽에서 하나님을 무시하거나 멀리하려고 합니다. 우리가 하나님과 함께하려고 마음만 먹으면 하나님은 언제나 우리와 함께하십니다. 우리는 하나님을 '패싱'하는 경우가 많습니다. 그렇기에 우리가 하나님을 무시하거나 떠나지 않고 늘 하나님과 동행하는 삶을 살아야 합니다.

미국의 16대 대통령, 에이브러햄 링컨은 노예 해방을 위한 남북 전쟁 중에 남군에게 밀려서 패전의 위기를 느낄 때가 있었습니다. 그때 링컨의 한 참모가 링컨에게 "하나님이 우리 편이 되어 주시도록 기도하자."라고 참모 회의에서 건의했다고 합니다. 이 말을 들은 링컨은 이렇게 말했다고 합니다. "내가 염려하는 것은 하나님이 내 편인가 아닌가 하는 것이 아니라, 내가 하나님 편인가 아닌가 하는 것입니다." 우리도 링컨처럼 내가 하나님 편이 되어야 합니다.

본문이 알려준 것처럼 우리 인생도 지금은 조금 힘들고 어렵더라도 하나님이 나와 함께 하시고, 내가 지금 하나님 편이라면 내 인생은 지금 형통한 것입니다. 하지만 겉으로 보기에 내 인생이 조금 잘 나가더라도, 내가 지금 하나님과 함께하지 않아 하나님이 내 삶 가운데 멀어지고 있다면 수렁에 빠질 날이 얼마 남지 않았음을 알아야 합니다. 지금 내가 처한 형편에 관계 없이 늘 하나님과 함께 하는 삶을 살 때, 내가 늘 하나님의 편에 있을 때 요셉처럼 꽃길을 걷는 인생이 될 수 있습니다.

어려운 상황 가운데에서도 자신에게 맡겨진 일에 최선을 다합니다. 요셉은 보디발의 집에 노예 상태로 있는 어려운 상황 가운데에서도 자신에게 맡겨진 일에 최선을 다합니다. "요셉이 그의 주인에게 은혜를 입어 섬기매 그가 요셉을 가정 총무로 삼고 자기의 소유를 다 그의 손에 위탁하니(창 39:4)."

요셉은 주인이 자신에게 잘 대해줄수록 그것을 은혜로 여기고 이에 보답하기 위해 더 열심히, 성실하게 일했습니다. 우리 주변에는 오히려 잘해주는 사람에게 함부로 대하고 이용하려는 사람들이 더러 있습니다. 하지만 요셉은 결코 그렇게 행동하지 않았습니다. 주인이 자신에게 잘 대해줄수록 더 열심히 자발적으로 일했습니다. 그리하여 결국 요셉은 보디발의 모든 가정일을 맡는 중책을 맡게 되었습니다.[55]

---

55 『옥스퍼드 원어성경대전 창세기 제37-50장』(제자원, 2006), 149쪽.

하나님은 자신의 맡은 일에 최선을 다하여 충실하게 임하는 사람들을 당신의 일꾼으로 불러 사용하십니다. 우리가 잘 알고 있는 것처럼 다윗도 자신에게 주어지는 양치기 일에 최선을 다하고 있을 때 왕으로 세우기 위해 하나님께서 부르셨습니다. 예수님의 제자들도 바다에서 고기를 잡으며 자기 생업에 충실할 때 주님의 제자로 부름 받았습니다. 그렇기에 지금 자신에게 주어진 일에 최선을 다해야 합니다. 지금 하는 일이 현재 나에게 하나님께서 맡기신 소명이라고 생각하면 됩니다. 학생인 청년들은 열심히 공부해 실력을 쌓는 것이 하나님께서 지금 나에게 주신 소명입니다. 직장인 청년들은 직장에서 맡겨진 일에 최선을 다하는 것이 주어진 소명입니다. 지금 나에게 주어진 일에 최선을 다하는 삶을 살아야 하나님께서 적당한 때에 꽃길 인생으로 인도해주십니다.

어려운 상황을 벗어나기 위해 죄를 짓지 말아야 합니다. 요셉은 보디발 집의 노예 상태인 최악의 상황에서도 죄를 짓지 않는 삶을 살았습니다. 보디발의 아내가 요셉에게 반해서 요셉을 유혹하는 장면이 나옵니다. 요셉은 소위 말하는 '꽃미남', '얼짱'이었습니다 (창 39:6). 외모가 빼어난 사람들은 항상 이성의 유혹에 조심해야 합니다. 보디발의 아내는 이런 꽃미남 요셉에게 반해 함께 자고 싶었습니다. 이런 자유 부인인 보디발 아내의 유혹을 종의 신분인 요셉이 거절하는 것은 쉽지 않았을 것입니다. 왜냐하면 요셉은 피가 끓는 청춘이었습니다. 또한, 안주인과 부적절한 관계를 맺으면 집안에서 자신의 위치를 확고하게 다질 수 있는 좋은 기회이기도 했습니다. 정말 무서운 유혹입니다. 그러나 요셉은 단호히 이 유혹을 물리쳤습니다.

요셉은 죄지을 수 있는 상황에서 어떻게 행동하여 죄를 짓지 않았습니까?

죄를 지을 수 있는 상황에서 하나님을 생각하였습니다. 요셉이 보디발 아내의 적극적인 유혹에도 넘어가지 않을 수 있었던 것은 이 상황에서 하나님을 생각했기 때문입니다. "그런즉 내가 어찌 이 큰 악을 행하여 하나님께 죄를 지으리이까?(창 39:9)" 요셉은 보디발의 아내와 부적절한 관계를 맺는 것이 하나님께 죄를 짓는 것이라고 생각했습니다. 이처럼 요셉은 죄 지을 수 있는 기회에 하나님을 생각하여 죄를 짓지 않을 수 있었습니다.

우리가 죄를 짓지 않는 올바른 삶을 살기 위한 방법 중의 하나가 죄를 지을 수 있는 상황에서 하나님을 생각하는 것이라는 걸 요셉을 통해 알 수 있습니다. 요셉처럼 하나님이 나와 함께 하고 계신다는 사실을 알고 하나님 앞에서 죄를 짓지 않겠다는 결단을 내리는 것이 중요합니다. 내가 어디에 있든지, 내가 무엇을 하든지 하나님은 나를 지켜보고 계십니다.

또 하나님은 내가 어떤 일을 하려고 할 때도 거기에서 나를 지켜보고 계십니다. 내가 신호등을 무시하고 무단횡단을 할 때도 하나님은 나를 지켜보고 계십니다. 우리 교회 옆에는 2차선 도로이기에 마음만 먹으면 얼마든지 무단 횡단을 할 수 있습니다. 하지만 무단 횡단을 해서는 안 됩니다. 특히 성경책을 들고 무단 횡단을 해서는 절대 안 됩니다. 교회를 다니지 않는 분들이 보면 저 사람은 교회 다니면서 무단횡단을 한다고 손가락질합니다. 이런 행동은 덕이 되지 않고 오히려 하나님의 영광을 가립니다.

하나님은 모든 곳에서 나를 지켜보고 계십니다. 내가 죄를 지으려고 할 때 나를 지켜보고 계신다는 사실을 기억하면 우리도 요셉처럼 죄를 짓지 않을 수 있습니다.

죄를 지을 수 있는 상황에서 탈출해야 합니다. 요셉은 죄지을 수 있는 상황에서 빨리 벗어났습니다. 보디발의 아내는 요셉을 유혹하는 데 열정과 끈기가 있었습니다. 보디발의 아내가 날마다 요셉에게 함께 자자고 간절히 요구합니다(창 39:10). 보디발의 아내는 요셉의 옷을 잡고 자신과 동침하자고 합니다(창 39:12). 하지만 요셉은 듣지 않고, 함께 있지도 않고, 동침하지도 않고, 급기야 자신의 옷을 버리고 도망갑니다. 요셉은 보디발의 아내의 유혹을 단호하게 거절했지만 그녀를 가까이하다 보면 그녀의 계속된 유혹에 넘어가 죄를 범할 수도 있었습니다. 그렇기에 요셉은 아예 처음부터 그녀와 가까이하지 않음으로써 죄를 지을 기회를 아예 차단했습니다. 이런 요셉의 모습을 통해 우리가 죄의 유혹 앞에서 어떻게 처신해야 하는지 배울 수 있습니다. 우리가 죄를 짓지 않으려면 죄를 지을 수 있는 현장에서 탈출해야 합니다.

사람은 환경의 지배를 받고 살아갈 수밖에 없습니다. 그렇기에 우리가 죄를 짓지 않기 위해서는 처음부터 죄를 지을 수 있는 자리에 가지 않는 것이 좋습니다. 또 죄짓도록 자꾸 유혹하는 사람과는 어울리지 않는 것이 좋습니다. 어쩌다가 그런 자리에 갔다면, 요셉처럼 빨리 도망쳐 나오는 게 가장 좋은 방법입니다. 죄를 지을 수 있는 환경에서 자신을 테스트하려고 해서는 안 됩니다. 처음 한두 번은 신앙으로 이길 수 있어도 자꾸 죄지을 수 있는 자리에 있다 보면 자신도 모르게 죄를 짓게 됩니다. 죄를 짓지 않는 최고의 선택은 그런 환경에서 도망가는 것입니다.

하나님은 죄를 싫어하십니다. 그렇기에 하나님의 자녀인 우리는 하나님의 뜻에 맞는 올바른 삶을 살아야 합니다. 우리가 바른 삶을 살지 않고, 죄악된 삶을 산다면 우리는 하나님의 자녀가 되는 것을 부인하는 것입니다. 하나님의 자녀인 우리가 죄와 멀어지는 삶을 살아갈 때 하나님께서 우리의 인생을 요셉처럼 꽃길로 이끌어 주십니다.

신의를 지키는 삶을 살아야 합니다. 요셉은 노예 상태인 최악의 상황에서도 자신을 믿어준 보디발을 배신하지 않고 신의를 지켰습니다. 요셉은 보디발의 아내와 부적절한 관계를 맺는 것이 주인에 대한 배신이라고 여겼습니다. 요셉은 보디발의 아내가 자신을 유혹할 때 주인이 자신을 믿고 집안의 모든 일을 맡겼는데, 보디발의 아내는 자신에게 맡기지 않았다고 말하면서 보디발의 아내의 유혹을 단호히 거절합니다(창 39:8-9). 요셉은 그동안 자신에게 잘해준 보디발을 배반할 수 없었습니다. 요셉은 끝까지 주인에 대한 신의를 지켰습니다.

지금 우리 사회가 해체되고 무너지는 이유 가운데 하나가 신의가 무너졌기 때문입니다. 가족이 해체되는 것도 가족 간에 마땅히 지켜야 신의가 사라졌기 때문입니다. 부모와 자식 간에도 부모로서, 자식으로서 마땅히 해야 할 신의를 지키지 않아 부모와 자식 간에도 사이가 안 좋은 이들이 많습니다. 친구 사이에도 신의가 있어야 합니다. 모든 영역에서 바른 관계를 유지하기 위해서 의리와 신의는 절대적으로 필요합니다. 의리와 신의가 있을 때 만남이 지속되고, 공동체가 유지될 수 있습니다.

우리는 배신이 판치는 세상에서 신의를 지키며 살 수 있어야 합니다. "의리가 밥 먹여 주냐?"라면서 자신의 이익을 위해서라면 배신을 밥 먹듯 하지 말아야 합니다. 하나님은 신의를 지키는 사람에게 꽃길 인생을 걷게 해주십니다.

요셉은 하나님께서 꽃길 인생을 걷게 하셨을 때 어떤 삶을 살았습니까?

자신이 받은 복을 주변 사람들과 나누는 삶을 살았습니다. 요셉이 보디발의 집과 모든 소유물을 주관한 때부터 하나님께서 요셉을 위해 보디발의 집에 복을 내려주셔서 그 집의 소유가 더욱 풍성하게 되었습니다(창 39:5). 여기서 우리는 중요한 사실을 깨달아야 합니다. 하나님께서 택한 사람은 자신이 큰 복을 받을 뿐만 아니라 자신으로 인해 주위에 있는 사람들에게 축복을 끼치게 됩니다.[56] 하나님으로부터 복을 받은 사람은 그 복을 자신에게만 머무는 것이 아니라 주위에 있는 사람들에게까지 흘러가게 해야 합니다. 요셉을 보십시오. 요셉이 보디발의 집에 가서 하는 일마다 복을 받으니까 보디발의 집안이 복을 받았습니다. 더 나아가 요셉이 애굽에서 복을 받으니까 애굽 전체가 복을 받아서 나중에 흉년을 맞았을 때 고대 근동의 전 지역이 흉년을 잘 넘길 수 있었습니다. 이것이 하나님께서 복을 주신 하나님의 섭리입니다. 하나님이 아브라함에게 복을 주실 때도 그랬습니다. 하나님께서는 아브라함을 택하시고 그가 복의 근원이 되고 땅의 모든 족속이 그로 인해 복을 얻을 것이라고 말씀하셨습니다. 이처럼 하나님께서는 아브라함을 복의 통로로 사용하셨습니다. 우리도 마찬가지입니다. 우리가 하나님의 복을 받아 꽃길 인생이 되면 나 혼자 잘 먹고 잘사는 것에 머물러서는 안 됩니다. 하나님으로부터 받은 복을 이웃에게 흘러가게 해야 합니다. 우리가 복을 받으면 이웃과 함께 나누는 삶을 살아야 합니다.

---

56 앞의 책, 150쪽.

Q&A를 통한 핵심 정리

Q. 성경이 말하는 꽃길은 무엇입니까?

A. 지금 내가 어떤 형편에 있든지 하나님이 함께하시는 것입니다.

Q. 요셉은 어려운 상황에서도 어떤 삶을 살았기에 결국 하나님께서 세상에서 말하는 꽃길로 인도해주셨습니까?

A. 어려운 상황에서도 지금 자신에게 주어진 일에 최선을 다했습니다. 죄지을 수 있는 환경에서 하나님을 기억하고, 죄지을 수 있는 환경에서 빠져나와 죄를 짓지 않았습니다. 또한, 자신을 믿어준 사람을 배반하지 않고 끝까지 신의를 지켰습니다.

Q. 요셉은 꽃길을 걷게 되었을 때 어떤 삶을 살았습니까?

A. 다른 사람들과 함께 나누었습니다.

2.
기대

무슨 일이 있었기에 겁쟁이 기드온이 강한 용사로, 연약한 시몬이 반석과 같은 베드로가 될 수 있었을까요?

여호와의 사자가 아비에셀 사람 요아스에게 속한 오브라에 이르러 상수리나무 아래에 앉으니라 마침 요아스의 아들 기드온이 미디안 사람에게 알리지 아니하려 하여 밀을 포도주 틀에서 타작하더니

여호와의 사자가 기드온에게 나타나 이르되 큰 용사여 여호와께서 너와 함께 계시도다 하매

기드온이 그에게 대답하되 오 나의 주여 여호와께서 우리와 함께 계시면 어찌하여 이 모든 일이 우리에게 일어났나이까 또 우리 조상들이 일찍이 우리에게 이르기를 여호와께서 우리를 애굽에서 올라오게 하신 것이 아니냐 한 그 모든 이적이 어디 있나이까 이제 여호와께서 우리를 버리사 미디안의 손에 우리를 넘겨 주셨나이다

하니

여호와께서 그를 향하여 이르시되 너는 가서 이 너의 힘으로 이스라엘을 미디안의 손에서 구원하라 내가 너를 보낸 것이 아니냐 하시니라

그러나 기드온이 그에게 대답하되 오 주여 내가 무엇으로 이스라엘을 구원하리이까 보소서 나의 집은 므낫세 중에 극히 약하고 나는 내 아버지 집에서 가장 작은 자니이다 하니

여호와께서 그에게 이르시되 내가 반드시 너와 함께 하리니 네가 미디안 사람 치기를 한 사람을 치듯 하리라 하시니라

기드온이 그에게 대답하되 만일 내가 주께 은혜를 얻었사오면 나와 말씀하신 이가 주 되시는 표징을 내게 보이소서

내가 예물을 가지고 다시 주께로 와서 그것을 주 앞에 드리기까지 이곳을 떠나지 마시기를 원하나이다 하니 그가 이르되 내가 너 돌아올 때까지 머무르리라 하니라

- 삿 6:11-18

데리고 예수께로 오니 예수께서 보시고 이르시되 네가 요한의 아들 시몬이니 장차 게바라 하리라 하시니라 (게바는 번역하면 베드로라)

- 요 1:42

'피그말리온 효과'라는 말 들어보셨습니까? 피그말리온 효과는 다른 사람의 기대나 관심으로 인하여 능률이 오르거나 결과가 좋아지는 현상을 말합니다. 즉, 누군가에 대한 사람들의 믿음이나 기대, 예측이 그 대상에게 영향을 미쳐 그대로 실현되는 현상입니다.

본문에는 피그말리온 효과대로 바뀐 두 사람이 나옵니다. 기드온과 시몬입니다. 기드온은 미디안의 압제로 인해 이스라엘 백성들이 부르짖는 간구를 듣고 이스라엘 백성들을 구원하기 위해 하나님이 세운 사사(士師)입니다. 기드온 앞의 사사는 드보라였습니다. 드보라가 다스린 40년 동안 이스라엘은 태평성대를 누렸습니다. 평온한 삶이 지속되자 이스라엘 백성들 가운데 하나님의 은혜를 잊어버린 사람들이 생겨나기 시작했습니다. 이스라엘 백성들 가운데 '아모리인'들의 우상을 숭배하는 사람들이 늘어났습니다. 그 결과로 하나님께서 징벌로 미디안의 침공을 허락해 이스라엘은 미디안의 식민지가 되었습니다. 미디안은 이스라엘을 가혹하게 지배했습니다. 백성들이 먹고살 것을 하나도 남겨두지 않을 정도로 지독하게 수탈했습니다. 이런 사정을 기드온을 통해서도 확인할 수 있습니다. "기드온이 미디안 사람에게 알리지 아니하려 하여 밀을 포도주 틀에서 타작하더니(삿 6:11)."

밀은 보통 넓고 평평한 마당에서 타작합니다. 그런데 기드온은 포도주를 짜는 포도주 틀에서 타작을 합니다. 보통 포도주 틀은 집 안에 두었기에 포도주 틀에서 타작하면 작은 양의 곡식만 타작할 수 있습니다. 이런 불편이 있었지만 기드온은 미디안 사람들에게 발각되어 밀을 빼앗기지 않기 위해 포도주 틀에서 숨어서 밀을 타작합니다.57 이런 기드온의 행동이 충분히 이해는 되지만 이런 기드온의 행동이 용기와 대담성을 가진 행동으로 보이지는 않습니다. 미디안 사람들을 두려워하는 보통 사람에 지나지 않습니다. 이런 기드온에게 여호와의 사자가 "큰 용사여."라고 부릅니다. "여호와의 사자가 기드온에게 나타나 이르되 큰 용사여(삿 6:12)." 여기서 여호와의 사자는 천사를 가리키는 말입니다. 본문에서 처음에는 여호와의 사자가 기드온에게 말을 걸다가(삿 6:11-12, 20-22) 나중에는 여호와께서 직접 말씀하십니다(삿 6:14, 16, 23). 여호와의 사자는 하나님의 심부름꾼이기에 여호와의 사자가 말씀하신 것도 하나님이 말씀하시는 것으로 보면 됩니다. 여기서 '큰 용사'는 '강한 용사'라는 의미입니다.

기드온은 여호와의 사자가 나타났을 때 전혀 큰 용사가 아니었습니다. 기드온은 그때까지 군사 훈련을 받은 적도 없었고, 미디안과 싸워본 적도 없는 농사꾼이었습니다. 이런 기드온에게 여호와의 사자가 큰 용사라고 불러주는 것은 어울리지 않는 호

---

57 『옥스퍼드 원어성경대전 사사기 제1-10a장』(제자원, 2006), 378쪽.

칭이었습니다. 미디안 사람이 두려워 숨어서 밀을 포도주 틀에서 타작하고 있는 매우 소심하고 나약해 보이는 기드온에게 어울리는 호칭은 겁쟁이 혹은 비겁자였습니다. 그럼에도 불구하고 여호와의 사자는 기드온을 향해 큰 용사라고 불러줍니다. 이처럼 하나님은 기대를 가지고 기드온이 장차 큰 용사가 될 것이라고 알려주십니다.

기드온과 마찬가지로 시몬도 처음 예수님을 만났을 때 게바, 베드로로 보이지 않았습니다. 안드레가 시몬을 데리고 예수님께 나왔을 때 예수님은 시몬이 장차 베드로로 바뀔 것이라고 기대를 가지고 말씀하십니다. "데리고 예수께로 오니 예수께서 보시고 이르시되 네가 요한의 아들 시몬이니 장차 게바라 하리라 하시니라(게바는 번역하면 베드로라)(요 1:42)."

시몬이라는 이름에는 '갈대'라는 뜻이 있습니다. 갈대는 바람이 부는 대로 움직입니다. 이름에서부터 시몬이 어떤 사람인지 짐작이 됩니다. 베드로가 되기 전 시몬은 잎새에 이는 바람에도 흔들리는 아주 연약하고 우유부단한 사람이었습니다. 이에 반해 게바와 베드로는 '반석'이라는 의미입니다. 게바는 아람어 이름이고, 베드로는 헬라식 이름입니다. 이름에서 그가 어떤 사람으로 바뀔 것인지 예측할 수 있습니다. 우유부단한 사람인 시몬에서 기초가 튼튼하고 견고한 사람인 베드로로 바뀌게 됩니다.

시몬은 처음으로 자신을 새롭게 바라보시는 예수님의 말씀을 듭니다. 현재 시몬은 내세울 것이 별로 없습니다. 직업은 어부에 성격은 까칠합니다. '갑분싸(갑자기 분위기가 싸해지는)' 행동도 많이 합니다. 조용히 해야 할 때 혼자 떠들고, 깨어 있으라면 졸고 있고, 용감하게 나서야 할 때 비겁하게 숨고, 몸을 사려야 할 때는 만용을 부리는 사람입니다. 시몬은 지금까지 어부 이상의 삶을 생각해본 적이 없는데 예수님은 반석이 된다고 높게 평가하십니다. 예수님은 완벽한 베드로를 향해 베드로라고 말씀하지 않으시고, 불완전한 시몬을 향해 베드로라고 불러주십니다.

일반적으로 결혼식장에서 주례사를 할 때 주례하는 분이 신랑, 신부에 대해 과하게 칭찬하는 경우가 많습니다. 어느 예식장에서 주례 선생님이 신랑을 소개했습니다. "신랑 모모군은 어려서부터 매우 영특하였으며, 학교 성적도 우수하고, 부모님께 효도하고, 타의 모범이 되었으며" 주례선생님의 말이 여기에 이르자 신랑은 얼굴빛이 변하면서 황급히 뒤로 돌아 자기 아버지에게 말합니다. "아버지, 예식장이 바뀐 것 같은데요." 신랑이 주례 선생님의 말씀이 자신에 관해 한 말씀으로 믿지 못했던 것처럼 아마 기드온도 자신을 향해 강한 용사라고 하는 말을, 시몬도 자신을 향해 장차 반석이 될 것이라는 말을 믿지 못했을 것입니다. 하나님은 기드온과 베드로의 연약한 모습을 알고 계시지만 앞으로 변화될 모습을 기대하셨습니다. 기드온은 장차 큰 용사가 될 것이라고, 시몬은 반석인 게바, 베드로가 될 것이라고 말씀하십니다.

겁쟁이 기드온이 어떻게 강한 용사로, 연약한 시몬이 어떻게 반석과 같은 베드로가 될 수 있었습니까?

하나님이 이들과 함께 해주셨기 때문에 가능했습니다. 하나님이 기드온과 함께 해주셔서 기드온을 큰 용사로 만들어 주셨습니다. "여호와께서 너와 함께 계시도다(삿 6:12)." 겁쟁이 기드온도 하나님이 함께 하면 강한 용사가 될 수 있습니다. "여호와께서 그에게 이르시되 내가 반드시 너와 함께 하리니 네가 미디안 사람 치기를 한 사람을 치듯 하리라 하시니라(삿 6:16)." 하나님께서 함께 하면 미디안 사람들을 한 사람 치듯 할 수 있다고 말씀하십니다. 여기서 하나님께서 우리에게 '강한 자'가 누구인지 분명히 가르쳐 주십니다. 하나님과 함께 하는 자가 강한 사람입니다. 이처럼 겁 많고 의심 많은 기드온은 하나님이 함께해 강한 용사가 될 수 있었습니다.

시몬도 예수님이 항상 함께 해주심으로 말미암아 베드로가 될 수 있었습니다. 예수님은 처음 시몬 베드로를 만나 자신의 제자로 삼은 이후에는 끝까지 함께 하여 주셨습니다. 시몬이 실수를 할 때도, 어려움에 있을 때에도, 심지어 자신을 배반하고 떠나 있을 때에도 예수님이 끝까지 함께 하여 주셨기 때문에 시몬이 베드로가 될 수 있었습니다. 이처럼 하나님이 함께 하셔서 능력을 주시면 전혀 새로운 사람이 될 수 있습니다. 소심한 겁쟁이도 용감한 군인이 될 수 있고, 갈대와 같은 사람도 반석과 같은 사람으로 바뀔 수 있습니다.

성경에는 기드온과 베드로뿐만 아니라 하나님이 함께하셔서 능력의 사람으로 거듭나는 사람들의 이야기로 가득합니다. 하나님이 함께하심으로 말미암아 놀라운 변신들을 한 사람들이 많이 있습니다. "하나님께서 당신을 쓰실 수 없다고 느껴질 때"라는 제목의 글입니다.

하나님이 당신을 쓸 수 없다고 느껴질 때, 다음의 사람들을 기억하십시오. 노아는 술 취한 사람이었고, 아브라함은 너무 노쇠하였고, 이삭은 공상가였고, 야곱은 거짓말쟁이였고, 레아는 못생겼었고, 요셉은 학대를 받았었고, 모세는 말을 잘 못했습니다. 기드온은 두려워했고, 삼손은 긴 머리에 바람둥이였고, 라합은 기생이었고, 예레미아와 디모데는 너무 어렸었고, 다윗은 간음하고 살인하였습니다. 엘리야는 심한 우울증 환자였고, 이사야는 벌거벗은 설교자였고, 요나는 하나님을 피해 도망하였습니다. 나오미는 과부였고, 욥은 파산하였고, 세례 요한은 벌레를 먹었고, 베드로는 그리스도를 부인하였고, 제자들은 기도하다 잠이 들었고, 마르다는 모든 일에 대해 근심하였고, 막달라 마리아는 귀신이 들렸었고, 사마리아 여인은 이혼했었고, 삭개오는 키가 너무 작았습니다. 바울은 너무 율법적이었고, 디모데는 궤양이 있었고, 나사로는 죽었습니다. 이제 더이상의 핑계는 없습니다.

이처럼 성경에 나온 많은 인물들이 그저 그런 사람들이었지만 하나님을 만나 하나님과 함께하며 장차 바뀌어 주님의 일을 훌륭하게 감당했습니다. 우리는 여기서 희망을 발견해야 합니다. 우리도 얼마든지 주님 안에서 변화될 수 있습니다. 우리도 생각하지 못했던 놀라운 일을 얼마든지 할 수 있습니다. 우리도 하나님과 함께하면 우리가 가진 능력을 뛰어넘을 수 있습니다. 우리의 힘만으로는 도저히 이룰 수 없는 일들도 하나님이 함께하시면 얼마든지 이룰 수 있습니다. 우리가 하나님과 함께하면 결국 승리하는 삶을 살게 됩니다. 하나님이 함께하셔도 순간적으로 어려움을 만날 수 있지만 결국에는 승리하는 삶을 살게 됩니다. 그렇기에 우리는 어떤 일이 있어도 주님을 떠나지 말아야 합니다. 아무리 어렵고 힘들더라도 주님 안에 머물러야 합니다. 어린아이는 부모님과 함께 하는 것이 중요합니다. 부모와 함께하면 어린아이는 모든 것이 충족됩니다. 어린아이가 부모와 반드시 함께 있어야 하는 것처럼 우리는 늘 주님과 함께하는 삶을 살아야 합니다.

하나님께서 변화될 때까지 기다려주셨기 때문에 가능했습니다. 기드온의 말과 행동을 보면 하나님이 얼마나 참고 기다려주셨는지 알 수 있습니다. 하나님께서 기드온에게 함께 계신다고 말씀하자(삿 6:12), 기드온은 하나님께서 우리와 함께 계신다면 어떻게 자신들이 미디안에게 망해 이렇게 고생할 수 있는지 묻습니다(삿 6:13). 기드온은 하나님이 함께해주시지 않았기 때문에 이스라엘이 망해 미디안으로부터 고통을 당한다고 생각했습니다. 기드온은 이스라엘의 죄악 때문에 자신들이 지금 고통을 당하고 있음에도 불구하고 하나님을 은근히 원망하고 있습니다. 또한, 계속해서 하나님께서 기드온에게 힘을 주실 것이니 이스라엘을 미디안의 손에서 구원하라고 말씀하시자(삿 6:14), 기드온은 그런 일이 어떻게 가능한지 묻습니다. 자신의 집은 가장 내세울 것이 없는 가난하고 보잘 것 없는 씨족의 일원이며, 그 중에서도 기드온 자신은 가장 시시하고 하찮은 존재라고 말합니다(삿 6:15). 기드온은 하나님께서 이스라엘을 미디안 손에서 구원하라는 명령에 대해 겸손을 가장하여 자신은 할 수 없다고 말합니다.

하나님은 무엇으로 이스라엘을 미디안의 손에서 구원할 수 있겠는지에 대한 기드온의 반문에 대해 하나님은 기드온과 반드시 함께해주셔서 기드온이 미디안 사람을 치는데 한 사람을 치듯하게 될 것이라고 말씀하십니다(삿 6:16). 그러자 이번에 기드온은 지금까지 말씀하신 분이 정말 그 능력의 하나님이신지 표적을 보여 달라고 말합니다(삿 6:17). 기드온은 지금까지 자신에게 말씀하시고 있는 당사자가 하나님이심을 분명히 믿을 수 없어 그분이 정말로 자신들의 조상에게 기적을 행하여 이집트에서 구원해내신 하나님이신지, 지금 자기와 함께 하신 분이 하나님이라면 그것을 증명할 수 있는 표적을 보여 달라고 요구합니다. 그러면서 기드온은 자신이 예물을 가지고 다시 돌아와 드릴 때까지 떠나지 말라고 하나님께 부탁하자, 기드온이 돌아올 때까지 기다려주신다고 말씀하십니다(삿 6:18).

이뿐만 아니라 기드온은 지금 자신에게 말씀하신 분이 하나님이라는 사실을 알고 나서도 미디안과 전쟁에 앞서서 양털을 가지고 하나님을 두 번이나 시험합니다. 먼저는 기드온이 하나님께 이슬이 양털에만 있고, 주변 땅은 마르게 해주시면 하나님께서 자신을 통해 이스라엘을 구원하신 사명을 주시는 걸로 알겠다고 시험합니다. 그러자 하나님께서 기드온의 간청대로 이슬이 양털에만 있게 하셔서 양털에서 이슬을 짜니 물이 그릇에 가득할 정도록 해주셨습니다. 그런데도 기드온은 하나님을 온전히 신뢰하지 못하고 또 한 번 더 시험합니다. 이번에는 양털만 마르고 그 주변 땅에는 다 이슬이 있게 하여 달라는 것입니다. 첫 번째 시험인 이슬이 양털에만 있게 하고 그 주변 땅은 마르게 하는 것과 두 번째 시험인 양털만 마르고, 그 주변에는 이슬이 다 있는 시험 가운데 어느 것이 더 어렵습니까? 두 번째 시험인 양털만 마르고 주변 땅에 이슬이 있게 하는 것이 더 어려운 일입니다. 양털이 주변에 있는 땅의 습기를 잘 흡수하기 때문에 주변에 이슬이 있는 상황에서 양털이 젖지 않고 마른 상태로 있는 것이 어렵습니다.[58] 기드온이 요즘 말로 하면 'JQ'인 잔머리 지수가 매우

---

58 『관주해설 성경전서 개역개정판·독일성서공회 해설』(대한성서공회, 2013), 371쪽.

높았던 사람인 것 같습니다. 잔머리를 굴려서 더 어려운 시험을 통해 하나님에게 정말 자신이 미디안을 구원하는 사명이 있는지 확인하고 있습니다. 하나님은 이번에도 역시 기드온의 부탁대로 양털만 마르게 하셨습니다.

아마 저 같았으면 계속해서 토를 달면서 의심하고 있는 기드온에게 화를 냈을 것 같습니다. "그만해라. 너 말고도 미디안 사람으로부터 이스라엘을 구원할 사람은 차고 넘친다."라고 말하며 다른 사람을 선택했을 것입니다. 하지만 하나님은 이런 기드온을 책망하지 않고 끝까지 그가 믿음을 가질 수 있을 때까지 기다려주셨습니다. 하나님의 이런 인내가 있었기 때문에 나중에 기드온은 강한 용사가 될 수 있었습니다.

기드온도 하나님의 사랑이 있었기 때문에 정말 큰 용사가 될 수 있었습니다. 기드온은 삼백 명의 용사를 데리고 나팔, 빈 항아리, 횃불로 미디안 군대를 야간에 습격하여 대파하였습니다(삿 7:2-23). 두 임금 세바와 살문나를 잡아 죽인 후 40년간 이스라엘이 태평을 누릴 수 있는 기반을 만들었습니다. 겁쟁이 기드온이 하나님이 함께 하시고 기다려주심으로 말미암아 정말 하나님의 기대 대로 큰 용사 기드온이 될 수 있었습니다.

시몬도 기드온과 마찬가지로 하루아침에 베드로가 되었던 것은 아닙니다. 많은 시간이 필요했습니다. 그래서 예수님께서 이렇게 말씀하십니다. "장차 게바라 하리라." 지금 당장 시몬이 베드로로 바뀌는 것이 아니라 장차 바뀐다고 말씀하십니다. 장차 바뀔 것을 기대하면서 사랑으로 기다려주는 예수님이 있었기 때문에 시몬은 장차 베드로가 된다는 예수님의 말씀대로 되었습니다. 베드로는 초대 교회의 반석 같은 지도자가 되었습니다. 사도 바울도 갈라디아서 2장에서 베드로를 가리켜 예루살렘 교회의 기둥같이 여긴 사람이라고 평가합니다. 또한, 베드로는 한 번의 설교 때 3천 명, 5천 명을 주님께 돌아오게 하는 역사를 일으켰다고 사도행전에서 알려줍니다. 저는 한 번의 설교로 3명에서 5명을 재우는데, 베드로는 3천에서 5천 명을 그리스도께로 인도했습니다. 저나 베드로나 모두 대단하지 않습니까? 설교할 때 3명에서 5명밖에 재우지 않은 저도 대단하고, 한 번의 설교에 3천에서 5천 명이 주님께로 회심케 하는 베드로도 대단합니다.

어찌 보면 지금 그리스도인들은 주님의 제자로 살기 위해 리모델링 중입니다. 청년의 시기는 리모델링이 한참 진행되는 가운데 있습니다. 그렇기에 우리는 자신뿐만 아니라 다른 사람들도 주님 안에서 장차 바뀔 좋은 모습을 기대하면서 기다리면 좋겠습니다. 우리는 한 사람의 현재와 과거의 모습만을 가지고 그 사람을 쉽게 규정하고 단정해서는 안 됩니다. 우리 중에는 어린 시절부터 함께 지내왔기에 서로 과거에 대해 잘 알고 있는 이들도 많이 있습니다. 과거의 실수를 가지고 그 사람을 쉽게 판단하지 않았으면 좋겠습니다. 예전의 모습으로 그 사람을 낙인찍어 변화가능성이 없는 사람으로 여겨서는 안 됩니다. 그 사람이 했던 과거의 잘못이나 실수는 잊어야 합니다. 의사의 손길로 거듭나 살고 있는 자매님들의 20세 이전의 모습도 잊으셔야 합니다. 예전에는 쌍꺼풀도 없었고, 콧대도 높지 않았다고 기억해서는 안 됩니다. 20세 이전의 사진을 공개한다고 협박해서도 절대 안 됩니다. 다 역사의 뒤안길로 묻어두어야 합니다. 사람의 과거나 현재의 모습만을 보고 너무 쉽게 판단하지 않았으면 좋겠습니다.

또한, 자신을 바라볼 때도 기대감으로 미래를 바라볼 수 있어야 합니다. 현재에 처한 상황으로 절망하지 말아야 합니다. 현재 처한 어려운 상황이 영원히 지속되지는 않습니다. 이 힘든 상황도 반드시 지나갑니다. 이것 또한 지나갑니다. 현재가 절망스러울수록 더욱 기대감으로 주님 안에서 미래를 바라볼 수 있어야 합니다. 우리가 믿는 하나님은 희망의 하나님이십니다. 우리 기독교인들은 우리의 미래가 하나님께 달려 있음을 믿는 사람들입니다. 우리를 향한 하나님의 선한 의지를 믿습니다. 우리는 하나님을 믿기에 지금 자신과 자신이 처한 환경을 바라보면서 절망하거나 포기해서는 절대 안 됩니다. 하나님은 모든 것을 모아 힘을 합쳐 선을 이루어 가시는 분임을 알아야 합니다. 우리는 장차 주님 안에서 변화될 모습을 기대하면서 자신뿐만 아니라 다른 사람을 바라보아야 합니다.

Q&A를 통한 핵심 정리

Q. 어떻게 하여 겁쟁이 기드온이 강한 용사로, 연약한 시몬이 반석과 같은 베드로가 될 수 있었습니까?

A. 하나님이 이들과 함께 해주셨고, 이들이 변화할 때까지 기대하면서 기다려주셨기 때문입니다

3.
필승 전략

어떤 일을 하는 데 있어 승리하기 위한 필승 전략은 무엇일까요?

그 때에 아말렉이 와서 이스라엘과 르비딤에서 싸우니라

모세가 여호수아에게 이르되 우리를 위하여 사람들을 택하여 나가서 아말렉과 싸우라 내일 내가 하나님의 지팡이를 손에 잡고 산 꼭대기에 서리라

여호수아가 모세의 말대로 행하여 아말렉과 싸우고 모세와 아론과 훌은 산 꼭대기에 올라가서

모세가 손을 들면 이스라엘이 이기고 손을 내리면 아말렉이 이기더니

모세의 팔이 피곤하매 그들이 돌을 가져다가 모세의 아래에 놓아 그가 그 위에 앉게 하고 아론과 훌이 한 사람은 이쪽에서, 한 사람은 저쪽에서 모세의 손을 붙들어 올렸더니 그 손이 해가 지도록

내려오지 아니한지라

여호수아가 칼날로 아말렉과 그 백성을 쳐서 무찌르니라

여호와께서 모세에게 이르시되 이것을 책에 기록하여 기념하게 하고 여호수아의 귀에 외워 들리라 내가 아말렉을 없이하여 천하에서 기억도 못 하게 하리라

모세가 제단을 쌓고 그 이름을 여호와 닛시라 하고

이르되 여호와께서 맹세하시기를 여호와가 아말렉과 더불어 대대로 싸우리라 하셨다 하였더라

- 출 17:8-16

사람들은 승리하는 삶을 살기를 원하지, 실패하는 삶을 살기 원하지 않습니다. 승리하는 삶의 기준은 사람의 가치관에 따라 다를 것입니다. 어떤 사람은 물질적으로 풍족하게 사는 것을, 어떤 사람은 사회적 지위가 높아져 출세한 것을, 어떤 사람은 다른 사람들에게 자선이나 봉사를 많이 하여 선한 영향력을 미치며 사는 것을, 어떤 사람은 자신의 마음에 드는 사랑하는 사랑과 결혼하는 것을 승리한 인생이라고 생각합니다. 사람들은 각자가 생각하는 승리하는 인생을 살기 위해 나름 여러 가지 방법을 다해 노력합니다. 하지만 노력을 한다고 반드시 승리하는 인생이 보장되는 것은 아닙니다. 물론 열심히 노력하는 것이 게으름을 피우는 것보다 승리하는 인생을 만들어 갈 가능성이 높기는 합

니다. 하지만 어떤 일이 꼭 노력한 것에 비례해 결과물이 나오는 것은 아님을 이미 경험해 보았을 것입니다. 심지어 어떤 일은 제대로 잠도 못자고, 먹지도 않고 열심히 최선을 다했어도 실제로는 별로 도움이 되지 않을 때도 있습니다. 그래서 우리는 최선을 다하여 노력하면서도 한편으로는 늘 불안합니다. 이런 불안을 안고 살아가는 우리가 승리하는 삶을 살기 위해서는 필승 전략이 있어야 합니다. 하나님께서는 우리 그리스도인들이 승리하는 삶을 살도록 필승 전략을 마련해놓으셨습니다. 하나님이 마련해놓으신 필승 전략을 하나님의 자녀인 우리가 따르기만 하면 승리하는 인생을 살 수 있습니다.

본문은 이스라엘 백성들과 에서의 후손인 아말렉 족속과의 첫 번째 전투를 기록한 이야기입니다. 모세와 아론, 훌은 산꼭대기에 올라가고 여호수아와 이스라엘 백성들은 직접 나가 아말렉과 싸웁니다. 이 싸움에서 모세가 손을 들고 있으면 전투에 나가 있는 여호수아를 비롯한 이스라엘 백성들이 싸움에서 이깁니다. 하지만 모세가 오랫동안 팔을 올리고 있어 피곤하여 손을 내리면 아말렉이 이깁니다. 이 때문에 모세의 팔이 내려오지 않고 계속 들려 있도록 돌 위에 모세를 앉히고 한 팔은 아론이, 또 다른 팔은 훌이 붙잡아 이스라엘 백성들은 아말렉과의 전쟁에서 이기게 됩니다. 이에 하나님께서 모세에게 아말렉 전투 승리를 기념할 것을 명하셨고, 이에 모세가 단을 쌓고 그 이름을 "여호와 닛시"라고 부릅니다. 하나님께서는 아말렉과 계속해서 싸워 아말렉을 지구상에서 사라지게 만들겠다고 약속하십니다. 이처럼 본문은 이스라엘이 출애굽 직후 최초의 전투인 아말렉과의 르비딤 전투에서 승리한 이야기입니다.

우리 그리스도인이 평소에 하나님의 편에서 살려고 하는 것도 어찌 보면 하나의 전투입니다. 그리스도인이 하나님의 편에 서면 하나님께 대적하는 마귀들이 당연히 좋아하지 않습니다. 그렇기에 우리의 삶을 전투라고 생각하고 이스라엘이 아말렉과 전투에서 승리했던 필승 전략을 벤치마킹하여 그대로 사용해야 합니다. 이스라엘이 아말렉과의 전투에서 승리한 필승 전략을 우리도 배워 승리하는 삶을 살아야 합니다.

필승 전략은 하나님을 의지하여 하나님의 힘과 능력으로 싸우는 것입니다. 모세와 여호수아를 비롯한 이스라엘 백성들이 아말렉과의 전쟁에 나서지만 전쟁에서의 승패 결정권은 하나님에게 있습니다. 하나님의 지팡이를 들고 있는 모세가 손을 들면 아말렉과의 전쟁에서 이스라엘이 이기고, 모세가 손을 내리면 아말렉과의 전투에서 이스라엘이 밀립니다. 여기서 '하나님의 지팡이'는 하나님의 임재와 권능을 상징합니다. 하나님의 지팡이를 가진 모세의 손에 의해 전쟁의 판도가 바뀌는 것을 통해 승리의 힘이 하나님에 의해서 결정된다는 사실을 쉽게 알아차릴 수 있습니다.

또한, 전쟁에서 승리가 하나님에 의해 결정되었다는 사실을

"하나님께서 아멜렉을 없이하여 천하에서 기억도 못하게 하신다(출 17:14)."라는 구절을 통해서도 알 수 있습니다. 그리고 모세가 아말렉과 전쟁에서 이기고 난 다음, 하나님께 감사의 제사를 드리기 위해 쌓은 제단의 이름을 "여호와 닛시(출 17:15)"라고 부르는 것을 통해서도 하나님께서 이스라엘과 아말렉 전투에서 승리자임을 알 수 있습니다. 여기서 '닛시'라는 말은 '나의 군기'라는 뜻입니다. 군기는 군대를 대표하는 상징물입니다. 모세가 '여호와 닛시(여호와가 나의 군기이시다.)'라고 말하는 것은 이스라엘의 군대는 여호와가 대장되시며 여호와를 의지하여 싸우는 군대라고 선포하는 것과 마찬가지입니다. 이것은 이스라엘이 아말렉과 전쟁에서 승리할 수 있었던 것은 전적으로 여호와 하나님의 능력에 의한 것임을 고백하는 말입니다. 이처럼 이스라엘은 하나님을 의지하여 하나님의 힘과 능력으로 아말렉과 싸워 승리했습니다.

하나님을 의지하지 않고 자신의 힘으로 싸우려고 하면 실패합니다. 이 사실은 민수기 14장 41절부터 45절에서 확인할 수 있습니다. 이스라엘이 자신들의 힘만으로 아말렉과 싸웠을 때는 대패했습니다. 여호수아와 갈렙을 제외한 열 명의 정탐꾼들이 가나안 지역은 성이 견고하고, 그 지역에 사는 사람들도 강해 도저히 정복할 수 없다는 불신앙적 보고를 합니다. 이런 보고를 들은 이스라엘 백성들이 극도의 절망에 빠져 모세와 아론을 원망하고, 더 나아가 하나님을 원망합니다. 하나님이 약속하셨기에 하나님이 도와주시면 얼마든지 가나안 땅을 정복할 수 있다는 신앙적 보고를 한 여호수아와 갈렙을 돌로 쳐 죽이려고 합니다. 이스라엘 백성들은 모세가 아닌 다른 사람을 자신들의 지도자로 세워 다시 애굽으로 돌아가려고 합니다. 이런 불신앙적 행동을 한 이스라엘 백성들에게 하나님은 진노하셨습니다. 하나님은 모든 이스라엘 백성들을 전염병으로 쓸어버리고, 모세를 통해 새로운 민족을 일으키려고 하셨습니다. 이에 대해 모세가 하나님을 논리적으로 설득하면서 간절히 말립니다. 하나님께서 애굽으로부터 이스라엘을 출애굽하게 한 것은 애굽인들뿐만 아니라 가나안 지역의 사람들도 모두 알고 있습니다. 이런 상황에서 이스라엘을 멸망시켜버리면 하나님께서 힘이 없어 도중에 이스라엘을 진멸했다는 오해가 생길 수 있으니 하나님의 영광을 위해서도 이스라엘을 향한 진노를 거두어 달라고 합니다. 또한, 모세는 하나님의 자비로운 성품으로 이스라엘 백성들을 다시 한번 용서해달라고 간청합니다. 이런 모세의 간절한 기도에 하나님은 마음을 바꾸셔서 이스라엘 민족 전체를 진멸하지는 않으셨지만 여호수아와 갈렙을 제외한 20세 이상의 사람은 가나안 땅에 들어가지 못하고 광야에서 죽는 벌을 내리셨습니다. 이 심판의 메시지를 모세가 이스라엘 백성들에게 전하자 이스라엘 백성들은 크게 슬퍼합니다.

이스라엘 백성들은 그동안 자신들의 잘못에 대해 회심의 표현으로 뒤늦게 가나안 땅을 정복하기 위해 나섭니다. 이에 대해 모세는 하나님께서 허락하지 않으셨다면서 이스라엘 백성들을 만류합니다. 모세의 만류에도 불구하고 이스라엘 백성들은 기어이 가나안 산지로 들어가 아말렉 사람들과 가나안 사람들에게 참패를 당합니다. 이처럼 하나님이 이스라엘과 함께해주시지 않으니 바로 전쟁에서 대패를 당하게 됩니다. 그렇기에 우리가 두려워해야 할 것은 하나님을 의지하지 않고 자신의 힘으로 일하려고 하는 것입니다. 우리도 하나님과 함께하지 않고 자신의 힘으로 일하려고 하면 이스라엘 백성들처럼 실패의 길로 가게 된다는 사실을 기억해야 합니다. 하나님께서는 이스라엘이 아말렉과의 전투에서 승리를 주신 다음 모세에게 책에 기록하여 기념하라고 하십니다(출 17:14). 또한, 여호수아의 귀에 외워 들리라고 말씀하십니다(출 17:14). 여기서 '귀에 외워 들리라.'라는 말씀은 일종의 관용구로서 '귀에 못이 박힐 정도록 주입하라.'라는 의미입니다. 이처럼 하나님께서 여호수아에게 귀가 박히도록 주입하라고 한 것은 여호수아가 모세의 후계자가 되어 가나안 땅을 정복하는 지도자가 될 것을 염두에 둔 것입니다. 정복 전쟁에 있어 자신의 힘으로 하려고 하지 말고 하나님을 의지하여 하나님의 지혜와 능력으로 해야 한다는 사실을 기억하도록 하기 위해서입니다.[59]

---

59 『옥스퍼드 원어성경대전 출애굽기 제12b-24장』(제자원, 2006), 283~4쪽.

우리도 잊지 말아야 합니다. 무슨 일을 하든지 우리의 필승 전략은 자신의 힘과 능력으로 하려는 것이 아니라 하나님을 의지하여 하나님의 힘과 능력으로 해야 한다는 것을 한시라도 잊지 말고 기억해야 합니다.

필승 전략은 기도와 실천이 함께하는 것입니다. 여호수아는 아말렉과 싸우기 위해 전쟁터로 직접 나갑니다. 이에 반해 모세는 아론과 훌을 데리고 산꼭대기로 올라가 기도합니다. "여호수아가 모세의 말대로 행하여 아말렉과 싸우고 모세와 아론과 훌은 산꼭대기에 올라가서 모세가 손을 들면 이스라엘이 이기고 손을 내리면 아말렉이 이기더라(출 17:10-11)." 모세가 손을 든다는 것은 모세가 기도한다는 말입니다. 모세와 여호수아가 아말렉과의 전쟁에서 각기 다른 역할을 맡아 다른 길로 갑니다. 여호수아는 전쟁터에서 직접 싸우기 위해 나가고, 모세는 하나님의 도움을 구하기 위해 기도하러 산꼭대기로 올라갑니다.

오늘 이 모습은 우리에게도 중요한 교훈을 줍니다. 우리가 승리하는 삶을 살기 위해서는 하나님의 도움을 간구하는 기도와 더불어 실천이 함께 있어야 합니다. 우리가 무슨 일을 하든지 기도와 실천이 함께할 때 그리스도인으로서 승리하는 삶을 살 수 있게 됩니다. 기도와 실천이 함께 가는 것이 그리스도인의 필승 전략입니다.

예수님을 보십시오. 예수님은 사람들을 가르치고, 고치고, 하나님 나라를 전파하는 바쁜 와중에도 한적한 곳으로 가서 기도하셨습니다. 예수님은 하나님이자 하나님의 아들이지만 어떤 일을 앞두고 늘 기도하셨습니다. 공생애 사역을 시작하기에 앞서 기도하셨고, 제자들을 선택하실 때에도 기도하셨습니다. 십자가를 지기 전에도 기도하셨습니다. 이처럼 예수님은 기도와 실천을 균형 있게 병행해 공생애 사역을 성공적으로 마치셨습니다.

사도 바울을 보십시오. 바울은 다메섹 도상에서 부활의 예수님을 만난 이후 자신의 모든 삶을 복음을 전하는 일에 올인했습니다. 바울은 복음을 전하기 위해 각지각처를 돌아다니며 하나님의 말씀을 증거하고 가르쳤습니다. 바울은 복음을 전하기 위해 역동적으로 헌신하는 삶을 살았습니다. 그러면서도 바울은 한편으로는 기도하는 것을 멈추지 않았습니다. 항상 기도했습니다(롬 1:9, 빌 1:4, 골 1:3). 또한, 자신의 사역을 위해 늘 기도해달라고 다른 사람들에게 부탁했습니다(고후 1:11, 엡 6:19-20). 만약 바울이 기도하지 않았거나 기도만 하고 나가서 직접 복음을 전하지 않았다면 바울의 사역은 결코 승리할 수 없었을 것입니다. 바울도 예수님과 마찬가지로 기도와 실천의 균형이 잡힌 사람이었기에 주님이 맡긴 사명을 훌륭하게 감당하는 삶을 살 수 있었습니다.[60]

---

60   앞의 책, 289쪽.

이처럼 기도와 실천은 하나님께서 우리에게 맡겨주신 사명을 이루기 위해 반드시 필요한 것들입니다. 우리 삶이 승리하기 위해서는 기도와 실천을 반드시 병행해야 합니다. 하지만, 오늘날 많은 교인이 기도와 실천에 있어 균형을 잃고 살아가는 경우가 많습니다. 어떤 교인들은 너무 기도에만 치우쳐 삶의 현장의 실천적 삶을 소홀히 합니다. 이에 반해, 어떤 교인들은 일의 계획과 실천을 중요시하지만 하나님의 도움을 구하는 기도는 소홀히 합니다. 이런 식으로 기도와 실천을 병행하지 않으면 우리 그리스도인은 승리하는 삶을 살 수 없습니다. 인생에 있어 승리하기 위해서는 무엇보다도 먼저 기도해야 합니다. 기도와 동시에 세상에서 그것을 이루기 위해 실천해야 합니다. 우리 삶에 있어서 필승 전략은 기도와 실천을 함께해야 한다는 사실을 알고, 무슨 일을 하든지 기도와 실천을 항상 같이해야 합니다.[61]

필승 전략에는 내가 어려울 때 도움을 줄 수 있는 사람이 있어야 합니다. 모세가 오랫동안 팔을 올리고 있었기 때문에 팔이 피곤했습니다. 이것은 자연스러운 현상입니다. 누구든 팔을 오랫동안 들고 있으면 힘이 들어 저절로 팔을 내리게 됩니다. 게다가 모세는 80세가 넘은 고령입니다. 이런 고령의 모세가 팔을 계속해서 들고 있기란 참으로 어려웠을 것입니다. 아마도 금세 지쳤을 것이

---

61 앞의 책. 289쪽.

며 견딜 수 없을 만큼 통증을 느꼈을 것입니다. 그럼에도 불구하고 모세가 마음대로 팔을 내릴 수 있는 처지도 아니었습니다. 왜냐하면 모세가 팔을 내리면 전쟁터에서 싸우고 있는 여호수아를 비롯한 이스라엘 백성들이 아말렉에게 밀리기 때문입니다. 모세가 손을 들고 있는 것이 전쟁에서 승리의 관건이었습니다. 그렇다고 계속해서 팔을 들고 있을 수도 없었을 것입니다. 학창 시절에 두 팔을 들고 있는 벌을 받아보신 분들은 아시겠지만 팔을 한참 들고 있으면 자신의 의지와 상관없이 저절로 내려오게 됩니다. 모세는 더 이상 팔을 들 수 없는 한계 상황에 다다랐습니다. 모세가 팔을 내리면 이스라엘이 아말렉과의 전투에서 질 것이 뻔했습니다. 그런데 지친 모세에게 도움의 손길이 있었습니다. "모세의 팔이 피곤하매 그들이 돌을 가져다가 모세의 아래에 놓아 그가 그 위에 앉게하고 아론과 훌이 한 사람은 이쪽에서, 한 사람는 저쪽에서 모세의 손을 붙들어 올렸더니 그 손이 해가 지도록 내려오지 아니한지라(출 17:12)." 모세의 고통을 눈치챈 아론과 훌이 돌을 가져다가 모세를 앉히고 모세의 두 팔을 잡아 올렸습니다. 그리하여 모세는 계속하여 손을 들고 있을 수 있었습니다. 그로 인해 이스라엘 백성들은 아말렉과의 전투에서 승리할 수 있었습니다.[62]

---

62 앞의 책, 290쪽.

이 모습은 우리에게도 중요한 교훈을 줍니다. 우리가 승리하는 삶을 살기 위해서는 하나가 되어 협력할 때 가능하다는 사실입니다. 아무리 뛰어난 사람도 인생을 살다 보면 지치고 힘들어 피곤할 때가 있기 마련입니다. 우리가 지치고 피곤할 때 우리를 도와줄 아론과 훌과 같은 사람이 있어야 합니다. 아론과 훌이 모세를 따라간 것은 결코 우연한 일이 아닙니다. 아마 하나님께서 아론과 훌을 모세에게 보내셨을 것입니다. 이와 마찬가지로 하나님께서는 우리가 홀로 살아가기를 원하지 않으십니다. 서로 도움을 주고받으며 살아가길 원하십니다. 하나님께서 우리에게 교회 공동체를 주신 것도 이 세상에서 홀로 신앙생활 잘하기가 어렵기에 함께 힘을 모아 신앙생활 잘하라고 교회를 주셨습니다. 하나님께서는 교회 공동체 안에서 각 지체가 서로 도우며 의존하기를 바라십니다. 하나님께서는 교회에서 각 지체가 자신이 가진 달란트로 서로 도와주기를 원하십니다. 그렇기에 우리는 내가 속한 공동체를 소중하게 여겨야 합니다.

지금 신앙생활하고 있는 청년들은 우리 공동체에서 평생 서로를 도울 수 있는 동역자를 만나는 시기가 되어야 합니다. 믿음의 배우자를 만나는 것도 좋습니다. 'CC(Church Couple)'들도 상당수 있습니다. 이들이 아름답게 교제하다가 결혼까지 가셨으면 좋겠지만, 그보다는 헤어질 확률이 더 높습니다. 헤어질 때 서로 상처를 최소화하도록 잘 헤어져야 합니다. 상대방이 마음을 정리할 때까지 최대한 배려해야 합니다. 상대방이 마음을 정리할 때까지는 다른 사람과 교제하지 않는 것이 바람직합니다. 상대방은 아직 이별의 아픔 가운데 있는데, 다른 사람과 사귀는 모습을 보여주는 것은 전에 사귀던 사람에 대한 예의가 아닙니다. 상대방이 마음의 정리를 할 시간을 충분히 주어야 합니다. 그런 다음에 다른 사람과 사귀어야 합니다. 헤어진 다음 얼마 안 되어 다른 사람과 사귀면 양다리였거나 양다리처럼 보일 수도 있습니다. 교제하실 때 양다리를 걸치지 않아야 합니다. 교회 공동체 안에서 양다리를 걸치면 교회 공동체는 어려움을 겪게 됩니다.

공동체에서 믿음의 배우자는 만나지 못하더라도 평생 서로 도울 수 있는 사람들은 만나야 합니다. 좋은 선배, 좋은 친구, 좋은 후배를 만나야 합니다. 내가 인생을 살면서 힘들고 어려울 때, 나를 진정으로 사랑하여 끝까지 지켜줄 사람들을 만나야 합니다. 내가 기쁠 때 진정으로 내 일처럼 함께 기뻐할 수 있는 사람들을 만나야 합니다. 내가 아플 때 정말 함께 아파해줄 수 있는 사람들을 만나야 합니다. 공동체에서 피차 하나 되어 도울 수 있는 사람들을 만나야 합니다.

무엇보다도 평생 함께 서로 기도해줄 수 있는 기도의 동역자들을 만나셨으면 좋겠습니다. 오늘 우리에게도 함께 기도해줄 사람이 필요합니다. 어려움에 있을 때 누군가가 자신을 위해 기도한다는 사실을 알면 힘을 얻게 됩니다. 내가 힘들 때 나를 위해 기도해준 사람이 있다면 용기를 얻을 수 있습니다. 우리는 'GBS(Group Bible Study)' 시간에 서로의 기도 제목을 나눕니다. 기도 제목을 나누는 것으로 그쳐서는 안 됩니다. 기도 제목을 통해 요즘 조원들이 어떤 것으로 기도하는지 아는 것에 그쳐서는 안 됩니다. 조원 모두가 나눈 기도 제목을 조원들이 함께 공유하면서 서로 기도해주어야 합니다. 매일 기도는 못하더라도 최소한 일주일에 한 번 정도는 같은 조원들을 위해 나를 위한 기도를 할 때의 간절함 정도로 기도해야 합니다. 또한, 긴급한 기도는 우리 모두가 다 같이 힘을 모아 매일 기도할 수 있어야 합니다. 우리는 서로서로 기도의 동역자가 되어 주어야 합니다.

우리 삶의 필승 전략에는 기도를 포함해 서로 도움을 주고받을 수 있는 동역자가 있어야 합니다. 내가 어려울 때 도움을 줄 수 있는 사람이 있어야 합니다.

Q&A를 통한 핵심 정리

Q. 우리가 승리하는 인생을 살기 위한 필승 전략은 무엇입니까?

A. 하나님을 의지하여 하나님의 힘과 능력으로 싸우는 것입니다. 기도와
실천을 함께해야 합니다. 이를 위해서는 내가 어려움에 빠질 때 도움
을 줄 수 있는 사람이 있어야 합니다.

4.
5G 위기탈출

우리가 신앙생활을 하면서 즉시 탈출해야 할 위기 상황으로 어떤 것들이 있으며, 탈출하기 위해서는 어떻게 해야 할까요?

예수께서 즉시 제자들을 재촉하사 자기가 무리를 보내는 동안에 배를 타고 앞서 건너편으로 가게 하시고

무리를 보내신 후에 기도하러 따로 산에 올라가시니라 저물매 거기 혼자 계시더니

배가 이미 육지에서 수 리나 떠나서 바람이 거스르므로 물결로 말미암아 고난을 당하더라

밤 사경에 예수께서 바다 위로 걸어서 제자들에게 오시니

제자들이 그가 바다 위로 걸어오심을 보고 놀라 유령이라 하며 무서워하여 소리 지르거늘

예수께서 즉시 이르시되 안심하라 나니 두려워하지 말라

베드로가 대답하여 이르되 주여 만일 주님이시거든 나를 명하

사 물 위로 오라 하소서 하니

오라 하시니 베드로가 배에서 내려 물 위로 걸어서 예수께로 가되

바람을 보고 무서워 빠져 가는지라 소리 질러 이르되 주여 나를 구원하소서 하니

예수께서 즉시 손을 내밀어 그를 붙잡으시며 이르시되 믿음이 작은 자여 왜 의심하였느냐 하시고

배에 함께 오르매 바람이 그치는지라

배에 있는 사람들이 예수께 절하며 이르되 진실로 하나님의 아들이로소이다 하더라

- 마 14:22-33

예전에 〈위기탈출 넘버원〉이라는 프로그램이 있었습니다. 이 프로그램을 보면 위기가 아닌 것이 없습니다. 모든 상황이 위기입니다. 걸어가다가도 갑자기 쓰러지고, 음식을 먹다가도 갑자기 죽습니다. 핫팩을 사용하다가도 화상을 입습니다. 이 프로그램처럼 모든 상황을 위기로 몰아가는 것도 문제지만, 정말 위기 상황인데도 불구하고 안전 불감증에 빠져 위기 상황인 줄 모르는 경우는 더 큰 문제입니다.

위기는 우리의 일상과 삶뿐만 아니라 신앙생활에도 늘 있습니다. 우리의 신앙생활에 있어서 위기인데도 불구하고 신앙 안전 불감증으로 인해 위기인 줄 모르고 그럭저럭 살아가다가 어려움

에 빠지는 경우도 많습니다. 그렇기에 우리는 늘 깨어 있어 신앙의 위기 상황에 빠지지 않도록 해야 합니다. 혹시 신앙의 위기 상황에 빠지려는 기미가 보이면 즉시 탈출해야 합니다.

베드로는 위기를 맞이했지만 즉시 예수님의 도움으로 벗어났습니다. 본문에 '즉시'라는 단어가 세 번 나옵니다. 22절, 27절, 31절에 나옵니다. '즉시'는 '거침없이 곧바로'라는 의미입니다. 요즘 사용하는 말로 하면 '5G'입니다. 5G는 4세대 이동 통신인 'LTE'에 비해 속도가 20배가량 빠르고, 처리 용량은 100배 많다고 합니다. 우리가 신앙생활의 위기를 맞이하면 그 위기 상황을 2G로 탈출하면 안 되고, 5G로 탈출해야 합니다. 본문은 우리가 온전한 신앙생활을 하기 위해서 5G로 탈출해야 하는 신앙의 위기 상황들이 무엇인지 알려줍니다.

현실에 안주하려는 위기 상황에서 5G로 탈출해야 합니다. 본문 바로 앞에 '오병이어(五餅二魚)'의 기적 사건이 나옵니다. 오병이어라는 말은 한자입니다. 다섯 '오', 떡 '병', 두 '이', 물고기 '어' 입니다. 떡 다섯 개와 물고기 두 마리는 말입니다. 예수님께서 보리 떡 다섯 개와 물고기 두 마리를 가지고 수많은 사람을 마음껏 먹이고도 열두 광주리가 남을 만큼 기적을 베풀었던 사건을 가리켜 오병이어라고 합니다. 예수님이 오병이어의 기적을 베풀자 거기에 모인 사람들은 난리가 났습니다. 자신들의 문제인 먹을거리를 해결해주자 예수님이 '짱'이라고 열광적 반응을 보입니다. 거기에 모인 사람들의 반응이 본문과 병행 본문인 요한복음에 잘 나옵니다. "그 사람들이 예수께서 행하신 이 표적을 보고 말하되 이는 참으로 세상에 오실 그 선지자라 하더라 그러므로 예수께서 그들이 와서 자기를 억지로 붙들어 임금으로 삼으려는 줄 아시고 다시 혼자 산으로 떠나 가시니라(요 6:14-15)."

예수님께서 오병이어의 기적을 베푸시자 거기에 모인 사람들은 예수님이야말로 자신들이 기다려온, 자신들의 필요를 채워줄, 로마의 압제로부터 자신들을 해방시켜줄 정치적 '메시아'로 생각했습니다. 그렇기에 예수님을 자신들의 임금으로 삼고자 했습니다. 거기에 모인 많은 사람들이 열광하면서 예수님을 임금으로 삼고자 합니다. 이 모습을 지켜보던 예수님의 제자들은 아마 뿌듯했을 것입니다. 내가 따라다닌 스승이 사람들에게 열광을 받는 모습을 보고 마치 자신들에게 열광을 한 것 같은 착각이 들기도 했을 것입니다. 이제 예수님이 임금이 되면 자신들도 한자리 차지할 수 있다는 생각이 들어 이제 고생 끝, 행복 시작이라는 생각이 들기도 했을 것입니다. 이런 마음을 알아차린 예수님께서 제자들을 재촉하여 즉시 그 자리에서 떠나게 하십니다. "예수께서 즉시 제자들을 재촉하사 자기가 무리를 보내는 동안에 배를 타고 앞서 건너편으로 가게 하시고(마 14:22)."

제자들은 사람들이 예수님을 임금으로 삼으려고 열광하는 이 자리에 조금 더 머물고자 했습니다. 하지만 예수님은 제자들을 강권하여 '이 자리에서 떠나라.'라고 합니다. 이처럼 예수님은 제자들이 현실에 안주하면서 소위 말해 '자뻑'하고 싶은 자리에서 5G로 탈출하길 원하셨습니다.

예수님께서 변화산에서 영화롭게 변형되시고 모세와 엘리야와 함께 말씀을 나누는 것을 본 베드로는 "우리가 여기 있는 것이 좋사오니."라고 하면서 변화산에 머물러 살고 싶어 했습니다. 이때도 예수님은 베드로에게 이곳에서 안주하면서 살라고 말씀하지 않으셨습니다. 변화산에 살고 싶은 이런 베드로의 모습은 우리에게도 동일하게 나타납니다. 우리는 어느 정도 잘 살게 되어 생활이 안정되면 변화산 신드롬에 사로잡혀 현실에 안주하려고 합니다. 우리는 조금만 편하고 좋은 곳이 있으면 그곳에서 안주하려고 합니다. 하지만 지금 자신의 삶이 조금 잘 나간다고 '자뻑'하면서 안주하려고 해서는 안 됩니다. 자족하는 마음은 그리스도인들에게 반드시 필요합니다. 쉼도 필요하고 누리는 것도 필요합니다. 하지만 현실에 안주하려는 상황에서 계속 머물러있다면, 그것은 신앙의 위기 상황입니다. 이런 위기 상황에서 우리는 5G로 탈출해야만 신앙생활을 온전히 잘할 수 있습니다.

두려워하는 위기 상황에서 5G로 탈출해야 합니다. 베드로와 제자들은 폭풍우 치는 바다 가운데로 걸어오시는 예수님을 유령으로 생각하고 놀라 무서워서 소리를 바락바락 질러댑니다. 이에 예수님은 즉시 "안심하라 나니 두려워 말라."라고 하십니다(마

14:27)."

여기서 '나니'라는 말은 구약에서 하나님께서 자신을 나타내실 때 사용하는 어투입니다. 하나님께서 모세에게 자신을 소개한 '나는 스스로 있는 자니라(출 3:14).'란 말씀과 의미가 상통합니다. 하나님께서 모세에게 자신을 소개함으로써 힘과 용기를 주셨던 것처럼 예수님께서는 제자들에게 동일한 말로 자신을 소개해 고난 가운데 어쩔 줄 몰라 하는 제자들에게 힘을 주십니다.

'두려워 말라.'라는 말은 헬라어 원어로 보면 현재 명령형으로 되어있습니다. 현재 명령형으로 되어있다는 것은 지금 바로, 즉시 두려워하는 것을 멈추라는 의미입니다. 비록 풍랑이 일고 있으나 예수님이 지금 너희와 함께하고 있으니 두려워하는 것을 즉시 멈추고 안심하라는 말입니다.[63]

오늘 풍랑을 만난 제자들의 두려움이 우리에게도 똑같이 있을 것입니다. 우리의 삶에 있어서 아무런 풍랑이 없이 살아간다는 것은 결코 있을 수 없는 일입니다. 우리 가운데 '내 인생은 크게 성공하리라.', '내가 하는 일은 무엇이든지 형통하리라.', '내가 원하는 일은 어떤 일이나 성공하리라.'라고 자신만만하게 인생을 살아가는 사람은 드물 것입니다. 우리는 살다 보면 제자들이 그랬던 것처럼 여러 종류의 풍랑을 만나게 됩니다. 제자들이 예수

---

63 『옥스퍼드 원어성경대전 마태복음 제11b-20장』(제자원, 2005), 360쪽.

님을 따르는 길이 쉬운 길, 편안한 길이 아니었던 것처럼 우리의 인생도 결코 쉬운 길만이 펼쳐치는 것은 아닙니다.

이미 우리 가운데는 삶을 살아오면서 풍랑으로 인해 두려움에 빠진 경험을 하신 분들도 계실 것입니다. 하는 일마다, 하고 싶은 일마다 잘되지 않을 수 있습니다. 취직도 맘대로 안 되지, 연애도 맘대로 안 되지, 친구 관계도 맘대로 안 되지, 부모님과의 사이도 맘대로 안 되지, 좋지 않은 일들이 줄줄이 일어날 수 있습니다. 좋지 않은 일들이 줄줄이 일어나는 것을 사자성어로 뭐라고 합니까? '설상가상'이라고 합니다. 학교 시험에 '불행한 일이 거듭 겹침.'이라는 뜻의 사자성어를 쓰라는 문제가 나왔습니다. 답지는 '설ㅇ가ㅇ'으로 되어 있었는데, 답을 뭐라고 써놓았는지 아십니까? '설사가또'.

정도의 차이는 있지만 여러 가지 풍랑으로 인해 누구나 두려움을 가지고 인생을 살아갑니다. 물론 적절한 두려움은 긍정적인 면이 있기도 합니다. 미래에 대한 두려움이 있기에 미래를 미리 준비합니다. 건강에 대한 두려움이 있기에 건강 관리를 합니다. 오히려 두려움이 전혀 없으면 막 살아갈 수 있습니다. 어린아이를 키워 보면, 아이는 두려움을 모를 때에는 이리저리 무조건 뛰다가 부딪혀 다치고 맙니다.

하지만, 두려움이 크면 많은 문제점을 가져옵니다. 두려움이라는 씨앗이 마음에 뿌려지면 결국 그 두려움은 다양한 방법으로 열매를 맺어 우리를 괴롭히고 힘들게 합니다. 우리의 삶이 무기력해져 삶이 무너질 수 있습니다. 2차 세계 대전 당시 전쟁으로 죽은 청년의 수가 30만 명인데 이들을 전쟁터에 보내고 그 근심과 불안 때문에 심장병으로 죽은 사람이 약 100만 명이 넘었다고 합니다. 이처럼 두려움은 사람의 목숨까지 빼앗아 갑니다. 두려움은 행복을 빼앗아 가고, 인생을 실패하게 만드는 적입니다.

우리는 두려워해서는 아무 일도 할 수 없습니다. 두려우면 세상일도, 신앙생활도 제대로 할 수 없습니다. 그렇기에 우리는 두려워하는 마음이 있다면 두려움에서 5G로 탈출해야 합니다.

작은 믿음으로 말미암은 의심의 위기 상황에서 5G로 탈출해야 합니다. 베드로가 드디어 배 위에서 내려 물 위를 걸어갑니다(마 14:29). 베드로가 물 위를 걷게 된 것은 베드로의 능력으로 된 것이 아닙니다. 베드로가 물 위를 걸을 수 있는 것은 예수님의 명령에서 오는 권위 때문입니다. 베드로는 예수님의 '오라.'라는 권위적인 명령을 듣고, 그것을 믿고 순종했기에 물 위를 걸을 수 있었습니다. 그런데 거센 바람이 불어닥치는 것을 본 베드로는 갑자기 예수님에 대한 믿음을 잃어버리고 말았습니다. 그 결과 무서움이 엄습해오면서 물속으로 빠져들어 가게 됩니다.

요즘 젊은 남녀가 서로 사귀다가 헤어질 때 하는 말이 무엇인지 아십니까? 아무 말 없이 헤어집니까? 그동안 내가 너에게 준 모든 선물 돌려달라고 합니까? 예전에는 너를 사랑하기 때문에 헤어진다고 말했습니다. 하지만 요즘은 '사랑은 움직이는 거야.'라고 말합니다. 오늘 베드로의 행동을 통해서 젊은 남녀의 사랑만이 움직이는 것이 아니라, 우리 그리스도인들의 믿음도 환경에 따라 얼마든지 움직일 수 있음을 알 수 있습니다. 믿음이란 이처럼 고정되어 있는 것이 아닙니다.

우리도 베드로처럼 믿음이 약해져 의심하게 되면 어려움은 끊임없이 존재하게 됩니다. 우리가 신앙생활하면서 하나님의 일을 수행하는 데 항상 우리를 힘들게 하는 것이 무엇인지 아십니까? 믿음이 작아져 의심이 생기는 것입니다. "믿음이 작은 자여 왜 의심하였느냐 하시고(마 14:31)."

우리의 믿음이 작아져 의심이 생기면 주님의 일을 하는 데 있어 항상 방해가 됩니다. 여기서 말한 '의심'은 한편으로는 주님에 대한 신뢰를 가지고 있는 반면에, 다른 한편으로는 위험을 불안한 눈초리로 응시하고 있는 갈라진 두 마음의 상태를 말합니다.64 베드로도 물 위를 걸으라는 주님의 명령에 주님에 대한 신뢰를 가지고 있었습니다. 그와 동시에 바람을 바라보니 무서워져 물에 빠질 수도 있겠다는 생각이 엄습했습니다. 그러자 베드로는 순식간에 믿음을 상실하고 더 이상 물 위를 걷지 못하고 물속으로 빠져들게 되었습니다. 이처럼 의심은 그리스도인들로 하여

---

64 『관주해설 성경전서 개역개정판:독일성서공회 해설』(대한성서공회, 2013), 24쪽.

금 아무런 역사도 이루지 못하고 무기력한 삶을 살게 합니다.

출애굽 1세대 이스라엘 백성들은 가나안 땅을 하나님께 허락받았음에도 불구하고 가나안 땅에 들어가지 못하고 모두 광야에서 죽었습니다. 출애굽 1세대들이 가나안 땅을 차지하지 못했던 것은 그들에게 그 땅을 차지할 만한 능력이 없었기 때문이 아니었습니다. 그들은 하나님의 도움으로 말미암아 얼마든지 그 땅을 정복할 수 있었습니다. 그럼에도 불구하고 출애굽 1세대들이 가나안 땅을 차지하지 못했던 것은 오직 그들이 하나님을 믿지 못하고 의심했기 때문입니다. 믿음이 작았기 때문입니다.

우리도 생각보다 믿음이 크지 않습니다. 예전에 어느 목사님이 교회를 개척했는데, 몇 년이 지나도 교회가 부흥하지 않자 조바심이 생겼습니다. 목사님은 베드로처럼 물 위를 걷는 기적을 보이면 많은 사람들이 교회에 나오겠다고 생각해 기도를 한 다음, 베드로처럼 바다 위로 뛰어내렸습니다. 어떻게 되었을 것 같습니까? 이렇게 물어보면 아무 생각 없는 분들은 "물 위를 걸어요."라고 말합니다. 당연히 가라앉습니다.

우리는 자신의 믿음을 확인하기 위해서 베드로처럼 물 위를 걸어 보겠다고 이번 여름에 바다에서 아무런 도구도 없이 물에 뛰어들어서는 안 됩니다. 우리는 물 위를 걸을 만큼 믿음이 없음을 알아야 합니다. 그렇기에 바다나 강물을 보고 물 위를 걸을 수 있겠다는 생각을 해서는 절대 안 됩니다. 오히려 물 위를 걷고 싶은 충동이 든다면 마귀가 주는 마음이기에 마귀에 대적하는 기도를 해야 합니다. "사탄아, 물러가라."라고 기도해야 합니다. 오히려 우리는 믿음이 매우 작아 자꾸 의심할 때가 많습니다. 그렇기에 우리는 늘 겸손히 자신의 믿음이 작음을 알고 주님께 믿음을 달라고 기도해야 합니다.

지금 우리가 가진 믿음도 우리 안에서 나오는 것이 아닙니다. 사실 우리의 믿음도 우리가 창조한 것이 아니라 하나님께서 주신 선물입니다. 그렇기에 자신의 믿음이 너무 작다고 좌절할 필요도 없습니다. 또 자신의 믿음이 크다고 자랑해서도 안 됩니다. 다른 사람의 믿음이 작다고 깔보아도 안 됩니다. 우리는 자신의 믿음이 크다고, 믿음이 좋다고 착각해서는 안 됩니다. 특히 청년들의 믿음은 갈대 위의 메뚜기처럼 이리저리 잘 뜁니다. 믿음의 청년이라고 본인도, 주변 사람들도 그렇게 믿었던 사람이 어느 순간 갑자기 마치 원래부터 믿음이 없던 청년처럼 살아가는 것을 종종 보게 됩니다. 그렇기에 우리는 자신의 믿음이 온전하지 못함을 알고 항상 겸손히 주님께 믿음을 달라고, 믿음을 유지하게 해달라고 간구해야 합니다.

그럼 우리는 어떻게 하면 현실에 안주하려는 상황과 두려워하는 상황, 작은 믿음으로 말미암은 의심의 상황에서 5G로 탈출할 수 있을까요?

예수님 찬스를 사용해야 합니다. 예수님과 동행하여 예수님의 말씀에 순종할 때 안일함과 두려움, 의심에서 즉시 벗어날 수 있습니다. 본문에서 봤던 것처럼 현실에 안주하려는 상황에서 즉시 떠나라는 예수님의 말씀에 제자들이 순종했기 때문에 제자들은 현실에 안주하여 살지 않았습니다. 두려움과 의심의 상황에서도 예수님께서 제자들을 직접 찾아와 함께해주셨기 때문에 즉시 탈출할 수 있었습니다. 예수님이 오시자 풍랑이 잔잔해졌습니다. 예수님께서 제자들이 타고 있던 배에 오르자, 바람이 멈추었습니다. "배에 함께 오르매 바람이 그치는 지라(마 14:32)."

예수님이 우리 인생의 배에 함께하시면 우리 인생의 항로는 순탄할 수 있습니다. 예수님이 내 삶에 찾아오셔서 함께해주시면 지금 직면하고 있는 어려움을 해결할 수 있습니다.

우리도 어려움을 만날 때 베드로처럼 "주여 나를 구원하소서."라고 부르짖을 수 있어야 합니다. 세상 사람들이 부모 찬스를 사용하듯이 우리는 예수님 찬스를 사용해야 합니다. 물론 세상에서 부모 찬스는 불공정을 의미하지만, 예수님 찬스는 불공정하지 않습니다. 누구에게나 공평하게 열려 있습니다. 예수님께 도움을 요청하기만 하면 됩니다. 내가 도움을 구할 때 도움을 주는 분이 두 가지가 있어야 합니다. 첫째는 도움을 주는 분이 나를 사랑해야 합니다. 둘째는 도움을 주는 분이 능력이 있어야 합니다. 사랑이 있어도 능력이 없으면 도움을 주지 못합니다. 또한, 능력은 있지만 사랑이 없으면 도움을 주지 않습니다. 사랑과 능력을 완벽하게 갖추고 있는 분이 바로 주님이신 예수님이십니다. 베드로가 물에 빠져들어 갈 때, 주님께 자신을 살려달라고 외치자 우리 예수님께서 즉시 손을 내밀어 살려주셨습니다.

"주여 나를 구원하소서."라는 말은 우리가 살면서 풍랑을 만날 때 예수님 찬스를 부르는 말입니다. 우리도 역경을 만날 때, 나를 도와달라고 주님께 호소해야 합니다. 주님께 도와달라고 호소하면 주님은 즉시 손을 내밀어 도와주십니다. 예수님께서는 우리가 어려움에 직면하여 도와달라고 부르짖기만 하면 즉시 구원해 줄 준비를 하고 계십니다. '스탠바이'하고 계십니다. 예수님이 내 삶 가운데 함께하시면 그 어떤 상황에서도 승리할 수 있습니다. 예수님이 나의 삶에 오셔서 함께할 때 두려움에서 벗어나 안심할 수 있습니다. 우리의 처한 환경을 바라보지 않고 예수님을 바라볼 때 안일과 두려움과 의심에서 5G로 탈출할 수 있습니다.

Q&A를 통한 핵심 정리

Q. 우리가 신앙생활을 잘하기 위해서 5G로 탈출해야 할 위기 상황으로 어떤 것들이 있습니까?

A. 현실에 안주하려는 상황과 두려워하는 상황에서 즉시 탈출해야 합니다. 또한, 작은 믿음에서 생긴 의심의 상황에서 즉시 탈출해야 합니다.

Q. 이런 위기 상황에서 우리가 5G로 탈출하려면 어떻게 해야 합니까?

A. 예수님 찬스를 사용해야 합니다.

5.
동상이몽

지금 나의 계획이 하나님과 '동상이몽'이 되지 않으려면 어떻게 해야 합니까?

들으라 너희 중에 말하기를 오늘이나 내일이나 우리가 어떤 도시에 가서 거기서 일 년을 머물며 장사하여 이익을 보리라 하는 자들아

내일 일을 너희가 알지 못하는도다 너희 생명이 무엇이냐 너희는 잠깐 보이다가 없어지는 안개니라

너희가 도리어 말하기를 주의 뜻이면 우리가 살기도 하고 이것이나 저것을 하리라 할 것이거늘

이제도 너희가 허탄한 자랑을 하니 그러한 자랑은 다 악한 것이라

그러므로 사람이 선을 행할 줄 알고도 행하지 아니하면 죄니라

- 약 4:13-17

동상이몽이라는 말을 다들 알 것입니다. 요즘 텔레비전 프로그램 가운데에도 같은 이름의 프로그램도 있어 알 것입니다. 동상이몽은 '한자리에서 같이 자면서도 서로 다른 꿈을 꾼다.'라는 뜻입니다. 겉으로는 같이 행동하지만, 속으로는 각기 다른 생각을 하는 것을 비유적으로 이르는 말입니다.

아마 여러분도 똑같은 상황에서 각기 다른 생각을 하는 동상이몽을 경험해 보았을 것입니다. 부부 간에도 동상이몽을 하는 경우가 많습니다. 연인들 사이에서도 동상이몽을 하는 경우가 많을 것입니다. 부모와 자식 간에도 동상이몽을 하는 경우가 많습니다.

이런 동상이몽은 일상생활뿐만 아니라 우리의 신앙생활에서도 일어납니다. 어떤 남자가 사냥하다가 엄청나게 큰 곰에게 쫓기기 시작했습니다. 그는 목숨을 건지기 위해 가장 가까이에 있는 나무 위로 올라갔습니다. 그리고는 이렇게 기도를 합니다. "하나님, 제발 이 곰이 주님을 믿게 해주십시오." 잠시 후 나무 아래를 내려다보니, 곰이 무릎을 꿇고 있어 사냥꾼은 하나님이 자신의 기도를 응답해주시는 것으로 생각했습니다. 그런데 곰이 나지막한 목소리로 이렇게 중얼거리고 있었다고 합니다. "하나님, 오늘도 저에게 이렇게 일용할 양식을 주셔서 감사합니다."

동상이몽은 우리와 하나님 사이에서도 일어납니다. 우리의 생각과 하나님의 생각이 다를 때가 있습니다. 우리가 아무리 머리를 써서 거창한 계획을 세워도 그 계획이 반드시 이루어지지는 않습니다. 저도 청소년 시절과 청년 시절 제 인생의 계획 가운데 목사가 되겠다는 계획은 전혀 없었습니다. 오히려 청소년 시절과 청년 시절에는 '안티 기독교인'에 가까웠습니다. 오히려 저는 검사가 되어 교회 비리를 파헤치고 싶은 마음이 컸던 사람이었습니다. 이런 제가 지금 목사가 되어 있는 것을 보아도 자신의 뜻과 계획대로 삶이 진행되지 않는다는 사실을 보여줍니다. 우리도 그동안 경험을 통해서도 자신의 생각대로 모든 일이 잘 진행되지 않는다는 것을 알고 있습니다. 어찌보면 자신의 계획대로 움직이지 않는 것이 정상적입니다. 세상은 자신 생각대로, 자신 뜻대로 되지 않습니다. 우리는 계획을 잘 세우고 철저히 준비하면 성공할 수 있다고 생각하지만, 하나님은 반드시 우리가 계획을 잘 세운다고 성공한 것은 아니라고 말씀하십니다. 인간이 아무리 계획을 잘 세워도 하나님이 인도해주시지 않으면 그 계획은 이루어질 수 없습니다. "사람이 마음으로 자기의 길을 계획할지라도 그의 걸음을 인도하시는 이는 여호와시니라(잠 16:9)."

사람의 계획과 하나님의 계획은 다릅니다. 우리가 아무리 계획을 잘 세운다고 해도 하나님이 언제나 우리가 계획한 것을 이루어주지는 않습니다. 하나님은 우리 각자가 세운 계획대로 응답해주실 때도 있지만 때로는 응답해주시지 않습니다.

본문에 보면 자신의 계획대로 일이 진행될 것이라는 장사꾼과 그의 계획대로 일이 진행되지 않을 것이라는 주님의 동상이몽이 나옵니다. 하나님과 우리의 동상이몽에 대해 장사꾼이 철저하게 세운 사업 계획의 허망함을 예로 들어 설명합니다. "들으라 너희 중에 말하기를 오늘이나 내일이나 우리가 어떤 도시에 가서 거기서 일 년을 머물며 장사하여 이익을 보리라 하는 자들아(약 4:13)." 장사꾼은 어떤 도시에 가서 1년을 머물면서 장사를 해 돈을 벌겠다는 철저한 계획을 세웠습니다. 우리말로 번역된 '우리가 가서', '머물며', '장사하여', '이익을 보리라.'라는 말을 헬라어 원문으로 보면 모두 직설법 미래 동사로 되어 있습니다. 헬라어에서 직설법 미래 시제는 장래에 대한 확고한 확신을 나타낼 때 사용됩니다. 이는 장사꾼들이 세운 장사의 계획에 대한 확고함과 성공에 대한 확신을 가지고 있었음을 말해줍니다. 자신들은 완벽하게 계획을 세웠기 때문에 분명히 장사해서 대박을 터트릴 수 있다고 자신만만했습니다.[65]

철저한 계획을 세운 사람들에게 주님은 야고보를 통해 뭐라고 말씀하십니까? 계획을 철저히 잘 세웠기에 돈을 많이 벌겠다고 칭찬하셨나요? 아닙니다. 이와 같은 장사꾼들의 자랑에 대해 하나님께서는 야고보를 통해 그건 너의 생각이라고 책망하십니다. 조금 이상하지 않습니까? 하나님께서 왜 계획을 세운 사람을 책

---

65 『옥스퍼드 원어성경대전 야고보서·요한서신·유다서』(제자원, 2006), 258쪽.

망하실까요? 하나님은 우리가 계획 없이 그냥 닥치는 대로 살아가기를 바라실까요? 결코 그렇지 않습니다.

하나님은 가장 완벽한 계획을 통해 모든 일을 이루어 가시는 분이십니다. 하나님은 천지를 창조하실 때도 계획을 가지고 질서 있게 창조하셨습니다. 하나님께서는 한꺼번에 천지를 창조할 능력을 가지고 계셨지만 한꺼번에 모든 것을 창조하지 않으셨습니다. 하나님은 계획에 따라 순차적으로 창조하셨습니다. 어두우니까 제일 먼저 첫째 날에 빛을 만드셨습니다. 둘째 날에는 해와 달과 별이 거할 수 있는 하늘을 만드셨습니다. 셋째 날에는 물고기와 짐승과 사람이 살 수 있는 땅, 바다, 식물을 만드셨습니다. 이렇게 하나님께서는 먼저 3일 동안 사람이나 짐승, 물고기가 살 수 있는 터전을 만드셨습니다. 그다음 하늘에 떠 있는 해와 달, 별을 넷째 날에 만드셨습니다. 그리고 하늘을 나는 새와 바다에 사는 물고기를 다섯째 날에 만드셨습니다. 여섯째 날에는 땅에서 사는 짐승과 사람을 만드셨습니다. 그리고 일곱째 날에 쉬셨습니다. 만약 하나님이 천지 창조를 하실 때 계획 없이 무질서하게 먼저 우리 인간부터 창조하셨다면 어떻게 되었겠습니까? 하나님의 특별한 방법으로 우리를 보호할 수도 있었겠지만, 아마 우리는 빛이 없어 어둠 가운데 살아야 했을 것이며 먹을 것도 없어 굶주렸을 것입니다. 어둠 속에서 강제 다이어트를 했을 것입니다.

또한, 예수님께서도 아무 계획 없이 무작정 예수님을 따라나서 겠다는 사람들을 향해 "잠깐만이요."라고 말씀하셨습니다. 한 번 생각해보고 예수님을 따르라고 말씀하셨습니다. 누가복음 14 장에서 망대를 세우는 비유와 전쟁을 앞둔 임금에 관한 비유가 나옵니다. 이 비유는 우리가 어떤 일을 할 때 무작정 덤벼들지 말고, 먼저 그 가능성을 헤아려 철저히 계획하고 준비해야 한다 는 것을 알려줍니다. 망대를 세우다가 돈이 부족하여 다 짓지 못 하면 오히려 사람들에게 조롱과 비난의 대상이 될 수 있습니다. 그렇기에 망대를 건축하려고 하면 먼저 계획을 세워 철저히 준비 해야 한다고 말씀하십니다.

　예수님께서는 전쟁할 때도 먼저 계획을 철저히 세우고 준비한 다음, 이길 수 있는지 헤아려 보라고 하십니다. 만약 이길 수 없 다면 먼저 화친을 청하라고 말씀하십니다. 이처럼 주님은 우리 가 어떤 일을 할 때 철저히 준비하고 계획하시기를 원하십니다.

　하나님을 배제한 채 세운 인간의 계획은 하나님께 책망받습니다. 하 나님께서는 야고보를 통해 철저하게 계획을 세운 자들을 책망하 십니다. 왜 그럴까요? 그들의 계획에는 하나님이 없었기 때문입 니다. 그들의 계획은 하나님을 배제한 채 철저히 자신들의 생각 과 뜻으로 세워졌기 때문입니다. 장사꾼들은 언제 갈 것인지, 어 디로 갈 것인지, 그리고 왜 갈 것인지에 관한 그들의 계획 가운 데 하나님의 인도하심이 없이 자신들의 생각만으로 모든 것을 결정합니다. 자신 생각대로 하면 모든 것이 잘 될 것이라고 확신합니다. 장사꾼들의 계획 속에는 하나님의 뜻을 이루어 하나님의 영광을 드러내겠다는 생각은 조금도 없습니다. 오직 자기들의 뜻과 욕심만이 가득 찬 계획이었습니다. 하나님께서는 장사꾼들이 세속적인 욕망에 따라 자신만의 생각과 뜻과 방식으로 계획을 세우고 성공하리라고 확신했기 때문에 책망하신 것입니다. 장사꾼들이 계획을 철저히 세웠지만 주님을 배제한 채 계획을 세웠기 때문에 책망하신 것입니다.

안개와 같은 인간은 내일 무슨 일이 일어날지 모르는 존재입니다. 이제 자신들이 계획을 철저하게 세웠기 때문에 성공할 일만 남았다고 생각하는 사람들에게 하나님은 그건 너의 생각이라고, 웃기지 말라고 말씀하십니다. "내일 일을 너희가 알지 못하는 도다 너희 생명이 무엇이냐 너희는 잠깐 보이다가 없어지는 안개니라 (약 4:14)."

먼저 안개와 같은 생명을 가진 너희는 내일 일을 알 수 없다고 말씀하십니다. 더 나아가 우리의 생명이 잠깐 보이다가 사라지는 안개와 같다고 말씀하십니다. 인간의 생명을 안개에 비유하는 것은 우리의 인생이 짧고 불확실하다는 것입니다. 자신이 태어난 날은 알지만, 자신이 죽을 날을 아는 사람은 아무도 없습니다. 자신의 죽을 날을 알고 있는 분 계십니까?

안개와 같은 우리 인간은 당장 내일 무슨 일이 일어날지 모르는 불확실한 존재입니다. 내일뿐만 아니라 몇 분, 몇 초 후에 일어날 일도 모릅니다. 우리가 몇 초 후에 일어날 일을 알기만 해도 우리는 빌 게이츠보다, 만수르보다, 이건희보다 훨씬 부자가 되어 있을 것입니다, 몇 초 후에 일어날 일을 미리 알 수만 있다면, 가격이 오를 주식만을 골라서 사면 쉽게 부자가 될 것입니다. 그러면 취직 걱정을 하지 않아도 되고, 나중에 자녀들에게 만수르가 그랬듯이 얼룩말을 그릴 때 도화지에 그리는 것이 아니라 백마에 줄을 그어서 얼룩말을 그리게 할 수도 있을 것입니다.

하지만 하나님께서는 우리에게 미래를 알지 못하게 하셨습니다. "하나님이 하시는 일의 시종을 사람으로 측량할 수 없게 하셨도다(전 3:11)." 하나님께서 우리의 미래를 예측할 수 없게 하셨기 때문에 우리는 우리의 미래를 확신할 수 없습니다.

하나님께서 왜 우리의 미래를 알 수 없게 하셨을까요? 우리가 우리의 미래를 아는 것보다 우리의 미래를 모르는 것이 오히려 우리에게 더 유익하기 때문일 것입니다. 예를 들어, 좋은 일에 대해서는 미리 알아도 괜찮겠지만, 좋지 않은 일에 대해서 미리 안다면 불행할 것 같습니다. 만약 내일 교통사고 난다는 것을 미리 알고 있다면 오늘 하루가 얼마나 괴롭겠습니까? 좋지 않은 일은 모르는 게 훨씬 우리에게 유익합니다. 오히려 우리는 자신의 미래를 모르기 때문에 더 하나님을 겸손히 믿고 의지하게 됩니다. 그래야만 하나님께 자신의 미래를 좋은 방향으로 이끌어 달라고 기도할 수 있습니다.

제가 아는 목사님이 무당집 앞을 지나가는데, 이런 글귀가 있었다고 합니다. "미래 궁금한 것 있으면 뭐든지 알려드립니다." 그러자 이 목사님이 순간 이런 생각이 들었다고 합니다. "저 무당에게 가서 이번 주 로또 1등 당첨 번호가 알고 싶다고 알려달라고 할까?" 우리의 미래는 무당도 모르고 며느리도 절대 모릅니다.

우리의 미래는 고정된 것이 아니라 주님 안에 열려 있습니다. 우리의 미래가 고정되었다면 우리가 기도할 필요도 없을 것입니다. 왜냐하면 우리가 기도해도 고정된 대로 미래가 펼쳐지기 때문입니다. 하지만 하나님께서 우리에게 기도하라고 말씀하신 것만 보아도 우리의 미래가 주님 안에서 열려 있음을 알 수 있습니다. 앞으로 우리가 어떻게 하느냐에 따라 우리의 미래가 하나님의 은혜 가운데서 결정됩니다.

우리 인간은 자신의 앞날을 전혀 예측할 수 없는 존재입니다. 그렇기에 우리는 겸손히 오늘 하루를 주님 안에서 주님의 도움을 간구하면서 살아가야 합니다. 우리 인생에 있어 가장 중요한 순간은 바로 지금 이 순간입니다. 그렇기에 우리가 후회 없는 인생을 살기 위해서는 바로 지금 이 순간에 성실해야 합니다.

미래를 알 수 없고, 삶이 유한한 인간은 계획을 세울 때 어떻게 해야 할까요?

우리는 계획을 세울 때 하나님의 뜻을 고려해야 합니다. 야고보는 계획을 세우려 할 때, 하나님의 뜻을 고려할 필요가 있다고 말합니다. "너희가 도리어 말하기를 주의 뜻이면 우리가 살기도 하고 이것이나 저것을 하리라 할 것이거늘(약 4:15)." 우리말로 '도리어'로 번역된 말의 헬라어 원문은 '~에 대항하여', '~에 반대하여'라는 뜻입니다. 앞에 나온 장사꾼들이 하나님을 고려하지 않고 계획을 세우는 것과 반대하여 그리스도인은 자신의 미래 계획을 세울 때 반드시 주의 뜻 안에서 세워야 한다는 말입니다.**66**

본문의 장사꾼들이 신경써야 할 것은 돈을 벌기 위한 자신들의 거창한 계획이 아니라, 하나님의 원하신 것이 무엇인지였습니다. 장사꾼들은 자신의 삶 가운데 주님께서 바라시는 것이 무엇인지 알 필요가 있었습니다. 우리는 먼저 계획을 세울 때 하나님의 뜻을 마음을 다해 물어야 합니다. 주님께서 바라시는 것에 맞추어 우리의 앞날을 계획해야 합니다. 내 인생의 계획을 자신의 힘으로 이루어가는 것이 아니라 하나님의 인도에 따라 이루어진다는 사실을 명심하여 계획을 세울 때 하나님의 뜻을 고려해야 합니다.

하나님의 인도를 믿는 사람은 어떻게 살아가야 합니까?

하나님의 인도를 믿는 사람은 허탄한 자랑을 하지 말아야 합니다. 스스로의 계획 가운데 하나님의 계획이 반영되어 있고, 하나님의

---

66 앞의 책, 261쪽.

인도를 믿는 사람들은 허탄한 자랑을 하지 않습니다. "이제도 너희가 허탄한 자랑을 하니 그러한 자랑은 다 악한 것이라(약 4:16)." 여기서 말한 '허탄한 자랑'은 '교만한 마음으로 허풍을 떠는 것'을 말합니다. 앞에서 나온 장사꾼들은 하나님을 인정하는 대신 자신들이 계획을 잘 세웠기 때문에 장사하기만 하면 대박을 낼 수 있을 것이라고 자만했습니다. 바로 이런 것이 허탄한 자랑입니다. 이런 장사꾼들의 자랑을 '악한 것'이라고 말합니다. 여기서 '악한'이라는 말은 '사악한', '마귀적'이라는 의미입니다. 하나님을 생각하지 않는 거만한 태도는 본질적으로 마귀의 태도와 같다는 것입니다.[67]

하지만 우리 인간들은 보통 자랑하기를 좋아합니다. 내가 너보다는 조금 더 낫다고, 조금 더 우월하다고 자랑하고 싶습니다. 오른손이 하는 일을 왼손이 알게 합니다. 오른손이 하는 일을 왼손이 몰라주면 섭섭합니다. 사람들은 자랑하는 것을 좋아하지만, 성경에서는 자랑하지 말라고 합니다. 혹시 자신에게 자랑할 것이 있다면 그것을 주신 하나님을 자랑해야 합니다. "네게 있는 것 중에 받지 아니한 것이 무엇이냐 네가 받았은즉 어찌하여 받지 아니한 것 같이 자랑하느냐(고전 4:7)." 지금 내가 가지고 있는 것 모든 것이 하나님께서 주신 것입니다. 이 사실을 알면 자랑하

---

67 앞의 책, 262쪽.

지 않게 됩니다. 하나님의 인도를 믿는 사람은 나를 자랑하는 것이 아니라 주님만을 자랑해야 합니다.

하나님의 인도를 믿는 사람은 지금 당장 마땅히 해야 할 선한 일을 해야 합니다. 자신의 계획 가운데 하나님의 계획이 반영되어 있고, 하나님의 인도을 믿는 사람들은 지금 당장 하나님께서 하라고 한 일을 해야 합니다. "그러므로 사람이 선을 행할 줄 알고도 행하지 아니하면 죄니라(약 4:17)."

야고보는 마땅히 해야 할 선한 일을 하지 않는 것이 죄라고 우리에게 알려줍니다. 마땅히 해야 할 일을 하지 않으면 죄가 됩니다. 우리 형법에서도 의무가 있는 사람이 해야 할 일을 하지 않으면 죄입니다. 법률 용어로 '부작위범'이라고 합니다. 예를 들어 부모가 게임에 빠져 어린아이를 돌보지 않아 아이가 몸이 상하거나 죽게 되면 상해죄나 살인죄로 처벌받게 됩니다. 세월호 사건이 일어났을 때, 선장이나 선원은 마땅히 승객들을 구조해야 하는데, 구조하지 않았기 때문에 죄가 되었습니다. 우리 그리스도인도 마찬가지입니다. 그리스도인으로서 마땅히 해야 할 일을 하지 않으면 죄를 짓는 것입니다.

그리스도인 가운데에도 자신의 일에 너무 올인하면 당장 해야 할 선한 일을 바쁘다는 핑계로 하지 않는 경우가 많습니다. 대개 이런 사람들은 자신이 계획했던 일이 모두 이루어진 다음에 하나님을 잘 섬기겠다고 말합니다. 자신이 계획했던 일이 이루어질 때까지는 하나님을 섬기는 것을 잠시 보류하고 나중에 잘 되어 하나님을 잘 섬기겠다고 말합니다. 설령 이분이 자신의 계획대로 세상에서 성공했다고 하더라도 정말 자신의 약속대로 하나님을 잘 섬길 수 있겠습니까? 우리말에 나중에 보자는 말은 의미가 없다는 것 아십니까? 나중에 잘 섬기겠다고 하신 분들이 그 말을 지킬 확률은 '제로'입니다. 제가 늘 절대로 일어날 수 없다는 뜻으로 이런 말을 씁니다. "리미트 엑스가 무한대로 갈 때 X분의 1의 확률을 갖습니다."

그렇기에 나중에 그리스도인의 역할을 잘하겠다고 미룰 것이 아니라 지금 당장 그리스도인으로서 해야 할 일을 해야 합니다. 하나님과 이웃을 위해 할 수 있는 일은 지금 당장 해야 합니다. 그리스도인으로서 마땅히 하나님께 예배하고, 하나님을 만나기 위해 말씀을 보고, 배우고, 기도해야 합니다. 또한, 이웃을 섬기고, 복음을 전하고, 환경을 보전하고, 잘못된 제도에 대해서는 개선해야 합니다. 청년 시기가 아무리 자신의 인생에 있어서 황금기라고 할지라도 자신의 계획만을 성취하기 위해 시간을 다 사용해서는 안 됩니다. 예수님을 믿는 청년으로서 마땅히 해야 할 일은 지금 당장 실천하면서 살아야 합니다.

Q&A를 통한 핵심 정리

Q. 하나님은 철저하게 계획을 세운 장사꾼들을 왜 책망하셨습니까?

A. 하나님을 배제한 채 인간의 욕망으로만 가득찬 계획이기 때문입니다.

Q. 유한한 우리 인간은 계획을 세울 때 어떻게 세워야 하나님께 책망받지 않을까요?

A. 우리는 계획을 세울 때 하나님의 뜻을 고려해야 합니다.

Q. 하나님의 인도를 믿는 우리는 어떻게 살아야 할까요?

A. 허탄한 자랑을 하지 말고, 지금 당장 마땅히 해야 할 선한 일을 해야 합니다.

6.
VIP

예수님이 인정한 진정한 'VIP'는 누구입니까?

세베대의 아들 야고보와 요한이 주께 나아와 여짜오되 선생님이여 무엇이든지 우리가 구하는 바를 우리에게 하여 주시기를 원하옵나이다

이르시되 너희에게 무엇을 하여 주기를 원하느냐

여짜오되 주의 영광중에서 우리를 하나는 주의 우편에, 하나는 좌편에 앉게 하여 주옵소서

예수께서 이르시되 너희는 너희가 구하는 것을 알지 못하 는도다 내가 마시는 잔을 너희가 마실 수 있으며 내가 받는 세례를 너희가 받을 수 있느냐

그들이 말하되 할 수 있나이다 예수께서 이르시되 너희는 내가 마시는 잔을 마시며 내가 받는 세례를 받으려니와

내 좌우편에 앉는 것은 내가 줄 것이 아니라 누구를 위하여 준비

되었든지 그들이 얻을 것이니라

열 제자가 듣고 야고보와 요한에 대하여 화를 내거늘

예수께서 불러다가 이르시되 이방인의 집권자들이 그들을 임의로 주관하고 그 고관들이 그들에게 권세를 부리는 줄을 너희가 알거니와

너희 중에는 그렇지 않을지니 너희 중에 누구든지 크고자 하는 자는 너희를 섬기는 자가 되고

너희 중에 누구든지 으뜸이 되고자 하는 자는 모든 사람의 종이 되어야 하리라

인자가 온 것은 섬김을 받으려 함이 아니라 도리어 섬기려 하고 자기 목숨을 많은 사람의 대속물로 주려 함이니라

- 막 10:35-45

VIP가 어떤 사람인지 알고 계실 것입니다. VIP는 'Very Important Person'의 줄임말로 중요인물, 요인, 귀빈을 가리키는 말입니다. 아마 모두들 VIP가 되어 귀한 대접을 받고 싶을 것입니다. 우리 가운데에는 이미 VIP의 대접을 받고 있는 사람도 있을 것입니다. 저도 인터넷 쇼핑몰에서는 VIP입니다. 저는 가입한 적도 없는데 아내가 제 이름으로 가입해서 저도 모르게 저를 VIP를 넘어 VVIP로 만들어놓았습니다. 청년들은 저처럼 인터넷 쇼핑몰이 아니라 삶에서 VIP가 되어 VIP 대접을 받고 살았으면

좋겠습니다. 또한, 우리 청년들은 VIP가 되면 VIP답게 품격 있는 삶을 살았으면 좋겠습니다.

본문에는 VIP가 되고 싶은 사람들이 나옵니다. 바로 예수님의 제자들입니다. 본문을 요약하면 이렇습니다. 세베대의 아들 야고보와 요한이 예수님께 가장 좋은 자리를 요구합니다. 예수님께 VIP가 되고 싶다고 말한 것입니다. 제자들은 예수님께서 수난을 당해야 한다는 사실을 이해하지 못했습니다. 예수님은 마가복음 8장과 9장, 그리고 본문의 바로 앞, 이렇게 세 번에 걸쳐 자신이 당할 수난에 대해 제자들에게 이야기를 해주셨습니다.

하지만 제자들은 예수님의 이 말씀을 이해하지 못하고, 오히려 세속적인 권력욕에 빠져 자리 다툼을 합니다. 세베대의 아들 야고보와 요한을 포함한 예수님의 제자들은 주께서 영광 중에 임한다는 것을 일종의 메시아 왕국의 도래로 생각하였습니다. 예수님께서 로마의 압제로부터 이스라엘을 해방시키고 이스라엘의 임금으로 등극하실 것으로 믿고 있었습니다. 예수님이 예루살렘으로 들어오시자 점점 더 그러한 기대가 커졌습니다. 그리하여 세베대의 아들 야고보와 요한은 예수님께 나와 자신들이 무엇을 구하든지 그대로 해달라고 부탁합니다. 그러자 예수님이 무엇을 해주기를 바라느냐고 묻습니다. 이에 대해 야고보와 요한은 주의 영광 중에 하나는 주의 우편에, 하나는 주의 좌편에 앉게 해달라고 요구합니다. 쉽게 말해 좌의정, 우의정 자리를 달라는 것입니다. 성경에서 좌우편 자리는 어떤 권세 있는 자의 측근의 자리입니다. 유대인의 좌석에서 가장 영광스러운 자리는 주인이나 임금의 오른편 자리였고, 다음이 왼편 자리였습니다. 한마디로 예수님 다음으로 좋은 자리에 오를 수 있도록 해달라는 것입니다.

이에 대해 예수님은 야고보와 요한에게 너희는 너희가 구하는 것을 알지 못한다고 하시면서 내가 마시는 잔을 너희가 마실 수 있는지, 또 내가 받는 세례를 너희가 받을 수 있는지 물으십니다. 여기서 예수님이 말씀하신 '내가 마시는 잔'과 '내가 받는 세례'는 주님이 받을 고난을 의미합니다. 예수님은 좋은 자리를 요구하는 야고보와 요한에게 자신이 받게 될 고난을 받을 수 있느냐고 물으신 것이죠? 이 물음에 야고보와 요한은 의미를 제대로 파악하지 못하고 우선 좋은 자리를 차지하고 싶은 욕심에 무조건 할수 있다고 말합니다. 예수님은 야고보와 요한에게 내가 마시는 잔을 마시고, 내가 받는 세례를 받게 되지만, 내 좌우편의 자리는 예수님이 지금 정할 수 있는 것이 아니라 성부 하나님이 결정한다고 말씀하십니다.

예수님께 좋은 자리를 요구한 야고보와 요한에 대해 나머지 열 제자가 화를 냅니다. 열 제자도 야고보와 요한이 예수님께 좋은 자리를 요구한 것에 대해 화를 내는 것을 보면 이들도 야고보와 요한과 마찬가지로 좋은 자리에 관심이 있었음을 알 수 있습니다. 예수님의 모든 제자들이 세속적 욕심에 사로잡혀 있어 세상에서 VIP가 되기를 원했습니다.

예수님의 제자들은 예수님이 받으실 영광은 다가올 십자가의 고난을 통해서 얻을 것임을 알지 못합니다. 이런 자리를 요구하는 제자들에게 예수님께서는 이 세상의 통치 질서와 하나님 나라의 통치 질서 사이에는 차이가 있음을 가르쳐주십니다. 또한, 예수님은 VIP가 되는 것에만 관심을 가지는 것이 아니라 VIP가 되었을 때 어떤 자세를 가지고 살아야 하는지 알려주십니다. 예수님은 제자들에게 진정한 VIP가 어떤 사람인지 알려주고, 어떤 삶을 살아야 하는지 가르쳐주십니다.

보통 우리는 일반적으로 VIP라고 하면 좋은 자리에 올라 권세를 갖는 사람을 생각합니다. 본문에 나온 말로 표현하면 42절에 있는 말씀인 '집권자들', '고관들'을 가리켜 VIP라고 합니다. 요즘도 VIP가 되려면 좋은 자리에 올라야 합니다. 대통령, 국회 의원, 고위직 공무원, 판사, 검사, 교수, 회장님, 의사, 대기업 간부 같은 사람이 되어야 합니다. 물론 요즘은 지위에 관계없이 돈만 많으면 VIP 대접을 받습니다.

VIP가 되고 나면 사람들은 보통 어떻게 행동을 합니까?

갑질을 하는 경우가 많습니다. VIP가 되고 나면 보통 사람들은 다른 사람들에게 함부로 대하는 경우가 많습니다. "예수께서 불러다가 이르시되 이방인의 집권자들이 그들을 임의로 주관하고 그 고관들이 그들에게 권세를 부리는 줄을 너희가 알거니와(막 10:42)"

여기서 집권자는 '다스리는 사람', '통치자'를 가리키는 말입니다. 같은 절에 비슷한 말이 나옵니다. 무엇입니까? '고관'입니다. '임의로 주관한다.'는 말은 '지배하다.', '통치하다.', '정복하다.', '~에 대해 주인행세 하다.'라는 의미입니다. '권세를 부린다.'라는 말은 '집권자들과 고관들이 권력과 권위를 남용하여 강압적인 통치를 하여 다른 사람들을 굴복시키는 것'을 뜻합니다.**68**

이처럼 세상에서 VIP가 되고 나면 보통은 자신들 마음대로 권세를 부리면서 갑질을 하는 경우가 많습니다. 자신의 권력을 이용하여 자기들 마음대로 다른 사람을 지배하려고 합니다. 그런데 요즘 보면 세상에서 VIP가 되지 않아도 상대가 누구냐에 따라 권세를 부리면서 갑질을 해대는 경우가 많습니다. 우리가 운전할 때 갑질을 하는 경우가 많습니다. 보행자와 다른 운전자에게 갑질을 합니다. 운전하는 순간 자신은 갑(甲)이 되기 때문에 신호를 무시해도 되고, 끼어들더라도 상관이 없습니다. 하지만 다른 운전자가 이런 짓을 하게 되면 바로 갑질을 하면서 응징합니다.

이처럼 많은 사람들이 상황과 처지에 따라 갑질을 해대는 것

---

68 『옥스퍼드 원어성경대전 마가복음 제10-16장』(제자원, 2006), 97쪽.

을 보면 우리도 이 세상에서 권력을 잡고, 남들보다 더 높은 자리에 가면 얼마든지 다른 사람에게 갑질을 할 가능성이 있습니다. 지금 우리는 갑질을 해 댈 수 있는 자리에 있지 않기 때문에 다른 사람에게 갑질을 하지 않는 것이지 만약 우리가 갑질을 해 댈 수 있는 세상의 VIP가 되면 얼마든지 갑질을 할 수 있는 DNA를 가지고 있음을 명심해야 합니다.

예수님의 제자들은 세상에서 VIP가 되면 절대 갑질을 해서는 안 됩니다. 우리 그리스도인은 세상에서 나중에 VIP가 되더라도 절대 다른 사람 위에서 주인이 되어 군림하는 갑질을 해서는 안 됩니다. 예수님은 세상에서 VIP가 되어도 다른 사람을 맘대로 주관하고 권세를 부려서는 안 된다고 말씀하십니다. "너희 중에는 그렇지 않을지니(마 10:43)." '너희 중에는 그렇지 않을지니.'라는 말은 세상 사람들은 VIP가 되면 보통은 다른 사람들에게 갑질을 해 대지만 예수님의 제자들은 다른 사람들에게 갑질을 해서는 절대 안 된다는 말입니다.

세상에서 VIP가 되는 것이 나쁜 것은 아닙니다. 여러분은 세상에서 VIP가 될 수 있으면 VIP가 되십시오. 또 VIP가 되도록 청년의 때에 목표를 정하여 실력을 쌓고 열심히 사십시오. 그리고 VIP가 되도록 하나님께 기도하십시오. 문제는 세상에서 VIP가 되고 난 이후의 삶의 태도가 중요합니다. 세상의 VIP가 되어도 다른 사람에 대해 주인 행세를 하고, 권세를 부리는 갑질을 해서는 안 됩니다.

예수님이 알려준 진짜 VIP는 종이 되어 섬기는 사람입니다. 예수님은 진짜 VIP가 어떤 사람인지 알려줍니다. "너희 중에 누구든지 크고자 하는 자는 너희를 섬기는 자가 되고 너희 중에 누구든지 으뜸이 되고자 하는 자는 모든 사람의 종이 되어야 하리라(막 10:43-44)."

예수님은 제자들에게 누구든지 크고자 하는 사람은 섬기는 자가 되어야 한다고 말씀하십니다. 섬기는 자가 큰 사람이라고 말씀하십니다. 또한, 누구든지 으뜸이 되고자 하는 사람은 모든 사람의 종이 되어야 한다고 가르치십니다. 으뜸이 된다는 말은 '지위나 계급 등에 있어서 제일 높은 자가 되는 것을 의미합니다.

반면에 '종'은 주인에게 완전히 예속된 노예를 의미하는 단어입니다. 종은 자신을 위해서가 아니라 주인을 위해서 일하며, 필요에 따라서는 자신의 생명까지도 바쳐야 합니다. 그렇기에 모든 사람의 종이 된다는 말은 절대적으로 자신을 낮추고 모든 것을 희생하여 상대방을 섬기는 것을 의미합니다. 이처럼 예수님은 종이 되어 다른 사람을 섬기는 자가 진짜 VIP라고 말씀하십니다.

모든 사람의 종이 되어 섬기는 진짜 VIP가 되는 것은 말처럼 쉽지 않습니다. 조금만 가진 게 있으면 본래 갑질하기 좋아하는 권력지향적 성향을 가진 인간이 모든 사람보다 더 낮아져 겸손하게 섬기는 일은 거의 불가능합니다. 오직 예수 그리스도로 인하여 가능합니다. 세상의 기준으로 볼 때는 높아지는 것이 성공이기 때문에 결코 능동적으로 자신을 낮추기란 쉽지 않습니다. 모든 사람의 종이 되기 위해서는 세상의 가치관을 버리고 스스로 낮아져 종이 된 예수님을 본받을 때에만 가능합니다. 예수님을 닮아야만 예수님이 하신 것처럼 겸손히 섬기는 삶을 살게 됩니다. 예수님이 이 땅에 오신 목적도 다른 사람을 지배하여 다스리기 위해서가 아니라, 섬기기 위해서 오셨습니다. "인자가 온것은 섬김을 받으려 함이 아니라 도리어 섬기려 하고 자기 목숨을 많은 사람의 대속물로 주려 함이니라(막 10:45)."

예수님은 하나님의 아들이자 하나님이기 때문에 완벽한 지위와 대단한 권능을 가지고 계셨습니다. 그렇기에 예수님은 세상의 권력자들과는 비교가 되지 않는 권능을 가지고 계셨습니다. 예수님은 얼마든지 마음만 먹으면 세상의 권력자들처럼 사람들을 다스리고 지배하면서 주인 노릇을 하면서 슈퍼 갑질을 할 수 있었습니다. 하지만 예수님은 자신의 권능을 자신을 위해 사용하는 것이 아니라 다른 사람들을 섬기는 일에 사용하셨습니다.

복음서에 보면 예수님은 공생애 동안 수많은 사람들을 섬기셨습니다. 특히 세상적인 눈으로 보면 보잘것없는 사람들을 많이 섬기셨습니다. 예수님은 잘난 사람은 잘 난대로 못난 사람은 못난 대로 사람들을 차별하지 않고 섬기셨습니다. 또한, 우리가 잘 알고 있는 것처럼 예수님은 친히 제자들의 발을 씻기어 주셨습니다. 발을 씻는 일은 종이 하는 일이었는데, 예수님께서 친히 종처럼 제자들의 발을 씻겨 주셨습니다.

예수님은 사람들을 섬기다가 결국 자신의 목숨을 십자가에 놓으시기까지 섬기셨습니다. 자기 목숨을 많은 사람의 '대속물'로 주셨다는 것이 이를 말해줍니다(막 10:45). '대속물'은 '포로나 노예들을 풀어주기 위해 대신해서 부담하는 대가'를 의미합니다. 예수님께서 많은 사람의 대속물이 되었다는 것은 죄로 인하여 죽을 수밖에 없는 우리를 죄의 노예로부터 벗어나게 하시려고 예수님이 우리 대신 십자가에서 대가를 치루셨다는 말입니다. 예수님은 죄의 노예로 죽을 수밖에 없는 우리를 해방시키기 위해 자신의 목숨까지 버리시면서 섬기셨습니다.

모든 사람의 종이 되어 자신의 목숨까지 버리면서 섬김의 삶을 사신 예수님은 이제 우리도 예수님을 본받아 섬기는 삶을 살기 원하십니다. 예수님은 복음서 곳곳에서 섬기라고 말씀하십니다. 바울 사도도, 베드로 사도도, 그리스도인은 마땅히 서로 섬겨야 한다고 말합니다. 그렇기에 우리는 예수님처럼 종이 되어 다른 사람들을 섬길 수 있어야 합니다.

그리스도인 모두는 섬기는 일에 힘써야 하지만 그렇다고 섬김을 독점하려고 해서는 안 됩니다. 어떤 사람이 조금 미숙하고 서툴더라도 협력해서 섬겨야 합니다. 하나님의 일은 특별한 사람들이 독점해서는 안 됩니다. 하나님의 일은 모든 사람들이 더불어 힘과 지혜를 모아 함께해야 합니다. 하나님의 일은 공동체에서 가장 약하게 보이는 지체와도 협력해서 일해야 합니다. 그 누구도 하나님의 일을 하는 데 있어 소외된 사람은 없어야 합니다.

아마 동생이 있는 사람들 모두 어릴 때 동생이 귀찮아서 데리고 놀기 싫었던 경험이 있을 것입니다. 엄마가 지켜보는데 여덟 살짜리 큰딸이 자신의 친구들과 놀면서 여섯 살 된 동생을 자신들의 놀이에 끼워주지 않고 있었습니다. 그러자 엄마가 "너는 왜 동생을 안 데리고 노니?"라고 물었습니다. 여덟 살 된 큰딸이 "너무 어려서 판을 깨니까요."라고 대답했고, 엄마는 "제발 참을성 있게 잘 데리고 놀아라."라고 당부했습니다. 며칠 후 엄마가 다시 보니 작은딸이 여전히 언니들의 놀이에 끼지 못하고 한쪽 구석에 앉아 있었습니다. 그러자 엄마가 작은딸에게 "오늘도 언니가 끼워주지 않던?"이라고 물었습니다. 작은딸이 "아냐 엄마, 오늘은 언니들이 노는 데 끼워줬어요."라고 말했습니다. "그런데 같이 놀지 않고 왜 구석에 앉아 있니?" "난 지금 가정부인데, 오늘은 쉬는 날이야." 우리는 교회에서 어떤 일을 할 때 이렇듯 언니들이 놀면서 어린 동생을 소외시키는 것과 같은 행동을 절대로 해서는 안 됩니다. 모든 구성원이 함께 힘을 모아 교회를 이끌어가야 합니다. 모두가 함께 섬길 수 있어야 합니다.

섬김을 너무 거창하게 생각하지 않아도 됩니다. 예배당에 떨어진 휴지를 줍는 것도 섬김입니다. 예배 때 나중에 온 사람을 위해 앞자리 중간 좌석부터 앉는 것도 훌륭한 봉사입니다. 예배시간에 휴대폰을 꺼놓은 것도 섬김입니다. 인사를 잘하는 것도 훌륭한 섬김입니다.

섬김은 교회 내에서만 하는 것이 아니라 세상을 향해서도 해야 합니다. 교회와 그리스도인들은 사회의 아픔이나 고통이나 부조리에 대해 눈을 감거나 침묵해서는 안 됩니다. 교회와 그리스도인들은 아픔을 당하고 고통을 당하고 있는 사람들을 섬겨야 합니다. 사회의 부조리에 대해서는 하나님의 말씀 선포를 통해 세상으로 하여금 사회적의 불의를 깨달을 수 있도록 섬겨야 합니다. 교회는 사회의 잘못된 상황과 구조를 바꾸도록 촉구해야 합니다. 교회나 그리스도인들이 이런 일들을 감당하는 것도 섬김입니다. 국가나 사회를 위해 기도하는 것은 기독교인이 할 수 있는 최고의 섬김입니다. 어려운 이웃을 위해 ARS 기부 전화한 통을 거는 것도 섬김입니다. 일회용품을 자제하는 것도 미래 후손들을 위한 훌륭한 섬김입니다.

우리는 예수님처럼 종이 되어 다른 사람을 섬기는 삶을 살 때 진짜 VIP가 됩니다. 진짜 VIP는 힘과 지위를 가지고 다른 사람을 지배하려는 것이 아니라 오히려 예수님이 하셨던 것처럼 모든 사람의 종이 되어 겸손하게 섬기는 삶을 살게 됩니다. 이 사실을 잘 표현해 주는 글을 읽은 적이 있습니다. 석사, 박사보다 더 높은 학위가 '밥사'라고 합니다. 석사, 박사라고 잘난 척하기보다는 밥을 사는 것이 훨씬 좋다는 것입니다. 이와 비슷한 말로 '마돈나'라는 말이 있습니다. 마돈나는 세계적으로 유명한 미국의 가수 이름입니다. 하지만 여기서는 어떤 의미입니까? '마지막으로 돈 내고 나오는 사람'입니다. 우리 그리스도인은 형편이 되면 '밥사', '마돈나'가 되어 섬겼으면 좋겠습니다. 섬기는 삶을 사는 사람이 예수님이 말씀하신 진짜 VIP입니다.

섬기는 게 결국에는 남는 장사입니다. 혹시 섬기는 행동이 왠지 바보 같고, 손해를 보는 것 같다는 생각이 들 수도 있습니다. 하지만 결코 그렇지 않습니다. 예수님이 이 땅에 인간의 몸을 입고 오신 것은 예수님이 자신을 낮추신 것입니다. 예수님이 이 땅에서 섬김의 삶을 사셨을 때 하나님은 예수님을 비천한 상태로 놔두지 않으시고 다시 예수님 본래의 자리로 높여주셨습니다. "하나님께서 지극히 높여 모든 이름 위에 뛰어난 이름을 주사 하늘에 있는 자들과 땅에 있는 자들과 땅 아래 있는 자들로 모든 무릎을 예수의 이름에 꿇게 하시고 모든 입으로 예수 그리스도를 주라 시인하여 하나님 아버지께 영광을 돌리게 하셨느니라(빌 2:9-11)." 하나님께서는 예수님을 모든 이름 위에 뛰어난 이름을 주셨습니다. 또 모든 사람으로 하여금 예수님 앞에 굴복하게 하셨습니다.

또한, 하나님께서 우리의 섬김을 결코 나 몰라라 하지 않으시고 기억하십니다. "항상 주의 일에 더욱 힘쓰는 자들이 되라 이는 너희 수고가 주 안에서 헛되지 않는다(고전 15:58).", "우리의 수고가 헛되지 않고 그리스도의 날에 자랑할 것이 있게 해 주신다(빌 2:16)."

우리의 섬김이 주님 안에서 헛되지 않다고, 오히려 주님을 만났을 때 자랑이 된다고 말씀하십니다. 섬기는 것이 곧 대박입니다. 그렇기에 우리는 모든 사람의 종이 되어 예수님처럼 섬기는 삶을 살아 예수님이 인정하는 VIP가 되어야 합니다.

Q&A를 통한 핵심 정리

Q. 세상이 말하는 VIP는 누구이며 어떤 삶을 살게 됩니까?

A. 힘 있는 사람(집권자, 고관)을 VIP라 합니다. 대체로 이들은 자신이 가진 힘으로 다른 사람들을 임의로 주관하고 권세를 부려 '갑질'하는 삶을 사는 경우가 많습니다.

Q. 예수님이 알려준 VIP는 누구이며, 어떤 삶을 살아야 합니까?

A. 모든 사람의 종이 되어 겸손히 섬기는 삶을 사는 사람입니다.

Q. VIP가 되어 섬기는 삶을 살게 되면 어떻게 됩니까?

A. 주님 안에서 헛되지 않고, 주님의 자랑이 됩니다. 즉 섬기는 게 남는 장사입니다.

7.
결혼의 맛

결혼의 맛은 어떤 것이고 이 맛을 보기 위해서 어떤 결혼을 해야 합니까? 지금 나는 무엇을 준비해야 합니까?

라반과 브두엘이 대답하여 이르되 이 일이 여호와께로 말미암았으니 우리는 가부를 말할 수 없노라

리브가가 당신 앞에 있으니 데리고 가서 여호와의 명령대로 그를 당신의 주인의 아들의 아내가 되게 하라

아브라함의 종이 그들의 말을 듣고 땅에 엎드려 여호와께 절하고

은금 패물과 의복을 꺼내어 리브가에게 주고 그의 오라버니와 어머니에게도 보물을 주니라

이에 그들 곧 종과 동행자들이 먹고 마시고 유숙하고 아침에 일어나서 그가 이르되 나를 보내어 내 주인에게로 돌아가게 하소서

리브가의 오라버니와 그의 어머니가 이르되 이 아이로 하여금 며칠 또는 열흘을 우리와 함께 머물게 하라 그 후에 그가 갈 것이

니라

그 사람이 그들에게 이르되 나를 만류하지 마소서 여호와께서 내게 형통한 길을 주셨으니 나를 보내어 내 주인에게로 돌아가게 하소서

그들이 이르되 우리가 소녀를 불러 그에게 물으리라 하고

리브가를 불러 그에게 이르되 네가 이 사람과 함께 가려느냐 그가 대답하되 가겠나이다

그들이 그 누이 리브가와 그의 유모와 아브라함의 종과 그 동행자들을 보내며

리브가에게 축복하여 이르되 우리 누이여 너는 천만인의 어머니가 될지어다 네 씨로 그 원수의 성문을 얻게 할지어다

리브가가 일어나 여자 종들과 함께 낙타를 타고 그 사람을 따라가니 그 종이 리브가를 데리고 가니라

그 때에 이삭이 브엘라해로이에서 왔으니 그가 네게브 지역에 거주하였음이라

이삭이 저물 때에 들에 나가 묵상하다가 눈을 들어 보매 낙타들이 오는지라

리브가가 눈을 들어 이삭을 바라보고 낙타에서 내려

종에게 말하되 들에서 배회하다가 우리에게로 마주 오는 자가 누구냐 종이 이르되 이는 내 주인이니이다 리브가가 너울을 가지고 자기의 얼굴을 가리더라

종이 그 행한 일을 다 이삭에게 아뢰매

이삭이 리브가를 인도하여 그의 어머니 사라의 장막으로 들이

고 그를 맞이하여 아내로 삼고 사랑하였으니 이삭이 그의 어머니

를 장례한 후에 위로를 얻었더라

- 창 24:50-67

요즘은 결혼하기도 어렵고, 결혼이 행복을 보장해주지 않는다
는 사실을 알아서인지 결혼은 필수가 아니라 선택이라고 생각하
는 사람들이 점점 더 늘어나고 있습니다. 그리고 결혼을 하지 않
고 독신으로 지내는 사람들도 많아지고 있습니다. 하지만 성경
에서는 비혼으로 지내는 것보다 결혼하는 것이 좋다고 말합니
다. 하나님께서도 창세기에서 솔로로 사는 것이 좋지 않다고 말
씀하십니다. "여호와 하나님이 이르시되 사람이 혼자 사는 것이
좋지 아니하니(창 2:18)" 여기서 '좋지 아니하다.'라는 말은 '나쁘다
는 것이 아니라 좋은 것이 아니다.'라는 의미입니다. 하나님께서
는 아담 혼자 사는 것보다 아담에게 짝이 있어 함께 사는 것이
더 좋겠다고 생각하셨습니다. 그래서 하나님께서는 아담에게 짝
을 만들어 주셨습니다.

마태복음에 보면 특별한 사람만이 혼자 살 수 있다고 합니다.
"어머니의 태로부터 된 고자도 있고 사람이 만든 고자도 있고 천
국을 위하여 스스로 된 고자도 있도다 이 말을 받을 만한 자는

받을지어다(마 19:12)." 독신은 아무나 하는 것이 아니라 선천적으로 성불구자이거나 궁중 내시와 같이 후천적으로 거세된 자이거나 하나님 나라를 위해 의도적인 경우에만 할 수 있다고 말합니다.[69]

그러나, 사도 바울은 고린도전서 7장에 보면 결혼하지 않는 것이 더 좋다고 말합니다. 종말의 박해가 있을 때에는 혼자 사는 것이 결혼한 것보다 어려움을 덜 당하고, 주님의 일을 하는 데 있어 남편이나 아내에게 메이지 않고 더 자유롭기에 결혼을 하지 않는 것이 더 좋다고 말합니다. 하지만 이 경우에도 성생활을 하지 않고 절제할 수 있을 때만 결혼하지 말라고 말합니다.

이처럼 성경에서 알려준 결혼에 관한 부분을 종합해 보면 혼자 사는 것보다 결혼하는 것이 더 바람직합니다. 우리 청년들은 하나님 나라를 위해 특별히 타고난 사람이 아니고서는 결혼하셔야 합니다. 제가 보았을 때, 우리 가운데는 독신으로 타고난 사람은 없는 것 같으니 다들 좋은 배우자를 만나 결혼하여 결혼의 맛을 보기 바랍니다.

이삭과 리브가의 결혼을 통해 우리에게 알려준 결혼의 맛은 무엇입니까?

사랑과 위로입니다. 이삭이 리브가와 결혼한 후 맛본 결혼의 맛

69　『옥스퍼드 원어성경대전 마태복음 제11b-20장』(제자원, 2005), 655쪽.

은 사랑과 위로였습니다. "이삭이 리브가를 인도하여 그의 어머니 사라의 장막으로 들이고 그를 맞이하여 아내로 삼고 사랑하였으니 이삭이 그의 어머니를 장례한 후에 위로를 얻었더라(창 24:67)."

이삭은 아브라함이 100세, 사라가 90세일 때 얻은 자식입니다. 아브라함과 사라는 이삭을 뒤늦게 낳은 자식이어서 애지중지 귀하게 키웠을 것입니다. 특히 어머니인 사라의 사랑은 대단해 '아들 바보'였을 것입니다. 이런 어머니가 돌아가신 후 이삭은 마음을 제대로 잡지 못하고 방황하면서 슬픔 속에서 살았을 것입니다. 그러나 이삭은 리브가와 결혼하여 서로 사랑하면서 위로를 받았습니다. 이처럼 결혼의 맛은 사랑과 위로입니다.

결혼도 결단력이 있어야 할 수 있습니다. 사랑과 위로의 결혼의 맛을 보기 위해서는 일단 결혼부터 하셔야 합니다. 결혼이라는 관문을 통과하기 위해서는 나의 이삭, 나의 리브가라는 마음이 들 때, 결단력이 있어야 합니다. 리브가도 낯선 땅 가나안으로 가서 이삭과 결혼하겠다는 강한 결단력을 보입니다(창 24:58).

결혼도 결단력이 있어야 합니다. 수많은 사람 가운데 한 사람과 평생을 살아야 하기에 결단력이 필요합니다. "이 사람과 결혼한 이후에 나에게 더 좋은 사람이 나타나면 어떡하지?"라고 생각하는 우유부단한 사람이 더러 있습니다. 그러나, 그런 사람은 결코 나타나지 않으니 걱정하지 않아도 됩니다. 나타나더라도 내

짝이 아닙니다. 주위에서 결단력이 부족하여 결혼을 차일피일 미루다가 헤어지는 경우를 보았을 것입니다. 하나님이 주신 배우자라는 생각이 들면 과감히 결단해야만 결혼할 수 있습니다. 일단 결혼을 해야 사랑과 위로가 넘치는 결혼의 맛을 볼 가능성이라도 있지 않겠습니까?

사랑과 위로가 넘치는 결혼의 맛을 보기 위해서는 어떤 결혼이어야 할까요?

하나님이 인도하시는 결혼이어야 합니다. 라반과 브두엘의 말 속에 이삭과 리브가의 결혼이 하나님으로부터 말미암은 것임을 알 수 있습니다. "라반과 브두엘이 대답하여 이르되 이 일이 여호와께로 말미암았으니 우리는 가부를 말할 수 없노라 리브가가 당신 앞에 있으니 데리고 가서 여호와의 명령대로 그를 당신의 주인의 아들의 아내가 되게 하라(창 24:50-51)."

아브라함의 종은 아브라함의 부탁을 따라 이삭의 신부감을 구하기 위해 떠나면서 하나님의 인도를 구했습니다. "만약 내가 우물곁에서 소녀가 물을 길러 올 때 물을 달라고 부탁할 것이고 이때 그가 낙타를 위하여도 물을 마시게 하는 친절을 보여주면 하나님이 인도해주시는 그 사람이라고 믿겠다고 했습니다(창 24:14)." 그런데 아브라함의 종이 기도를 마치기도 전에 리브가가 나타나 종에게 물을 마시게 하고, 낙타에게도 물을 마시게 합니다(창 24:19).

아브라함의 종의 모습은 사람의 선택과 결정이 어떻게 하나님의 이끎을 받을 수 있는지 알려주는 아주 좋은 본보기입니다. 아브라함의 종은 자신 스스로 조건을 내세우면서 이성을 사용하여 하나님의 인도를 구합니다. 아브라함의 종은 이삭의 배우자감을 찾기에 앞서 하나님께 조건을 내세워 그 조건이 충족되면 하나님이 예비하신 사람으로 알겠다고 기도합니다. 아브라함의 종이 기도했을 때, 리브가가 아브람의 종이 기도했던 대로 행동합니다. 그리하여 종은 리브가가 하나님이 예비하신 이삭의 배우자임을 알게 됩니다. 아브라함의 종은 자신이 하나님께 조건을 내세워 기도했고, 리브가가 조건을 내세운 대로 행동했기 때문에 리브가가 하나님께서 예비한 이삭의 배우자임을 알아차릴 수 있게 됩니다. 하지만 리브가의 입장에서는 아직 이삭이 자기 배우자감임을 전혀 모르는 상태입니다. 이때, 아브라함의 종이 이 모든 과정을 리브가에게 설명했을 때 리브가도 이삭이 하나님이 예비한 자신의 남편임을 흔쾌히 받아들였습니다. 리브가가 아브라함의 종의 제안에 흔쾌히 받아들였기에 이삭과 리브가의 결혼이 가능했습니다. 만약 리브가가 거절했다면 이 결혼은 이루어지지 못했을 것입니다.

청년들 가운데 이런 말을 하는 경우가 종종 있습니다. 기도하는 중에 하나님께서 당신을 나의 배우자로 주신다고 응답하셨다고 말입니다. 자신 있게 자신이 기도하여 응답받은 이야기를 상대방에게 합니다. 이 이야기를 상대방에게 했을 때 상대방이 흔쾌히 받아들일 때는 하나님이 예비하신 배우자일 가능성이 있습니다. 그런데 상대방이 받아들이기를 거부하면 하나님의 응답을 잘못 받았을 가능성이 높습니다. 결혼은 남자와 여자 두 사람이 함께 삶을 살아가야 하기에 하나님께서 두 사람을 짝지어 주신다면 두 사람에게 각각 동일한 마음을 주실 것입니다.

결혼할 때만 하나님의 인도를 받는 것이 아니라 결혼한 이후에도 계속하여 하나님의 인도를 받아야 합니다. 그런 가정이 되기 위해서는 믿음의 배우자를 만나는 게 좋습니다. 가정은 서로에 대한 배려와 대화로 지켜집니다. 서로 간의 대화는 두 사람의 가치관, 삶의 자세, 삶의 목적이 맞을 때 제대로 이루어지게 됩니다. 서로의 가치관과 목적이 다르다면 진정한 대화를 하기 어렵습니다. 같은 신앙을 가지고 있지만 신앙 색깔만 달라도 대화가 자꾸 삐걱거리게 됩니다. 신앙 색깔이 다르면 그가 믿는 하나님과 내가 믿는 하나님이 다른 것 같다는 생각이 들기도 합니다. 신앙과 세계관이 전혀 다른, 주님을 믿지 않는 사람과 평생 사는 것은 결코 쉬운 일이 아닙니다. 그렇기에 믿음의 사람과 결혼하는 게 좋습니다.[70]

그럼 혹시 예수님을 믿지 않는 청년과 교제하는 이들이 있다

---

70 김동건·김종복·최병천, 『신학이 있는 묵상. 1』(대한기독교서회, 2006), 58~59쪽.

면 어떻게 해야 합니까? 빨리 헤어져야 합니까? 헤어지는 것도 방법 가운데 하나이기는 합니다. 하지만 헤어지기 싫다면 믿지 않는 상대방을 빨리 예수님을 믿게 만들어 신앙을 성숙시켜야 합니다. 어느 정도 신앙을 성숙시킨 다음에 결혼해야 합니다. 사귀는 사람이 끝까지 예수님 믿는 것을 거부한다면, 그 결혼은 다시 생각하는 것이 좋습니다. 왜냐하면 신앙이 다른 사람과의 결혼은 불행의 씨앗을 잉태하기 때문입니다. 단지 결혼하여 가정을 이루는 것이 목표가 아닙니다. 결혼을 통해 사랑과 위로가 넘치는 결혼의 맛을 볼 수 있어야 합니다. 우리 청년들은 이삭과 리브가처럼 하나님이 인도하는 결혼을 하셔서 그 결혼을 통해 사랑과 위로가 넘치는 결혼의 맛을 볼 수 있었으면 좋겠습니다.

온 가족이 축복하는 결혼이어야 합니다. 리브가의 식구들이 결혼을 위해 떠나는 리브가를 축복합니다. "리브가에 축복하여 이르되 우리 누이여 너는 천만인의 어머니가 될지어다 네 씨로 그 원수의 성문을 얻게 할지어다(창 24:60)."

축복의 내용을 보면 천만인의 어머니가 되라고 합니다. 여기서 천만인의 어머니라는 말을 문자 그대로 천만 명의 자식을 낳으라는 말로 해석하는 사람은 없을 것입니다. 여기서 천만은 가장 많은 수를 지칭하는 단어입니다. 리브가가 많은 자손을 낳은 다산의 복을 받기를 빌어주는 관용어입니다. 라반은 시집가는 여동생 리브가를 향해 많은 자녀를 낳고 대대로 가문이 크게 번성

하기를 기원하고 축복합니다. 또한, 리브가의 씨로 원수의 성문을 얻게 한다는 것은 리브가의 자손들이 대적자들의 성을 차지하고 정복하여 강성한 민족을 이루기를 기원하는 말입니다. 이처럼 리브가의 결혼에 대해 모든 가족이 축복을 해주었습니다.[71]

우리도 결혼할 때 모든 가족의 축복 가운데 하는 것이 좋습니다. 모든 가족이 반대하면 그 결혼에 대해 다시 생각해볼 필요가 있습니다. 가족이 반대하니까 오히려 오기로 결혼을 강행해서는 안 됩니다. 가족이나 주변의 많은 사람이 반대하는 것은 나름의 이유가 있습니다. 그 소리에 귀 기울여 볼 필요가 있습니다. 반대하는 이유를 듣고도 그것을 거뜬히 뛰어넘을 수 있는 자신이 있으시면 결혼하십시오. 온 가족이 동의하고, 축복 속에 결혼해도 살아가면서 결혼 생활이 만만치 않음을 알게 됩니다. 하물며 가족의 반대 속에 결혼했을 때 행복한 결혼 생활을 유지하기는 더 어렵습니다. 결혼은 개인과 개인의 만남이기도 하지만 가족과 가족의 만남이기도 합니다. 온 가족의 축복 속에 결혼할 때 사랑과 위로가 넘치는 결혼의 맛을 보게 될 가능성이 높아집니다.

사랑과 위로가 넘치는 결혼의 맛을 보기 위해 지금 내가 해야 할 일이 있습니다. 무엇입니까?

---

71 『옥스퍼드 원어성경대전 창세기 제12-25a장』(제자원, 2006), 608쪽.

합당한 배우자를 만나도록 기도해야 합니다. 이삭은 기도하는 가운데 리브가를 만났습니다. "이삭이 저물 때에 들에 나가 묵상하다가 눈을 들어보매 낙타들이 오는지라 리브가가 눈을 들어 이삭을 바라보고 낙타에서 내려(창 24:63-64)."

이삭은 리브가가 가나안에 들어올 때 들에 나가 묵상하고 있다가 만났습니다. 아마도 이삭은 그의 아버지 아브라함으로부터 그의 결혼 준비에 관한 소식을 듣고 그것을 위해 기도하고 있었을 것입니다. 이러한 아브라함의 종과 이삭을 통해 기도로 결혼을 준비해야 함을 알 수 있습니다.

배우자를 위한 기도를 할 때, 어떤 사람들은 키와 연봉은 얼마 이상, 특정 대학 출신, 생김새, 직업, 취미, 부모에 대해서까지 구체적으로 기도하라고 말합니다. 하지만, 개인적으로 이처럼 구체적인 항목을 가지고 이런 남자 혹은 여자를 달라고 기도하는 것은 바람직하지 않다고 봅니다. 원하는 배우자상에 대해 너무 구체적으로 기도하는 것은 자신의 욕심을 하나님께 이루어 달라고 떼를 쓰는 것과 같기에 바람직하지 않다고 봅니다.

오히려 어느 작자 미상의 '배우자를 위한 기도'처럼 미래의 자신의 배우자를 위해 이렇게 기도하는 게 좋습니다. "주님, 이삭을 위해 리브가를, 룻을 위해 보아스를 예비해 놓으셨던 것처럼 나에게 가장 좋은 사람을 준비해 놓으신 것을 압니다. 그러나 주님, 내가 아직 그 사람을 만나기에 부족하다면 내 청년의 시기를 더 연장하여 주옵소서. 그리하여 내가 만날 그 사람을 아프게 할 수 있는 나의 모난 부분들이 깎여 나갈 수 있게 해주시고 그 사람을 진정 사랑으로 섬길 수 있도록 나의 이기심이 사그라져 들 수 있게 하옵소서. 내 안에 있는 교만을 버리고 그 앞에서 진정 낮아질 수 있게 하시고 한평생 그만을 사랑하고, 그를 위해 살아가는 사랑이 내 안에 영원히 있게 하옵소서. 나의 오랜 고독의 시기로 인해 지치거나 원망하지 않게 하시고 그때가 이르러 하나님께서 준비한 그 사람을 정확히 알아볼 수 있는 맑고 빛나는 눈을 주옵소서." 청년들은 사랑과 위로가 넘치는 결혼의 맛을 보기 위해서는 결혼을 두고도 기도해야 합니다.

　내가 먼저 좋은 배우자가 되기 위해 준비해야 합니다. 리브가는 좋은 배우자로 준비가 되어 있었습니다. 리브가는 우물가에서 물을 채우고 있는 것으로 보아 가정일에 성실한 사람입니다. 그녀는 물을 요구하는 낯선 나그네의 요구에 친절하게 응한 것을 보아 친절한 사람입니다. 그뿐만 아니라 요구하지 않는 약대를 위해서도 힘든 물 긷는 일을 마다하지 않는 것을 보아 사랑과 자비가 넘치는 마음을 가지고 있는 여인입니다. 또한, 리브가는 겸손한 여인입니다. 가나안 땅에 들어온 리브가는 자기에게 다가오는 이삭을 발견하고 낙타에서 내려 너울을 취하여 자신의 얼굴을 가립니다(창 24:64-65). 리브가가 이삭을 보고 왜 얼굴을 가렸습니까? 당시 결혼하지 않은 처녀는 신랑이 될 사람 앞에서 너울로 얼굴을 가리는 것이 예의였습니다. 따라서 너울로 얼굴을 가린 리브가의 행동은 그가 예절 바른 겸손한 여인임을 말해줍니다.

리브가는 몸이 건강한 사람입니다. 걸어 다니는 법이 별로 없습니다. "급히 그 물동이를 손에 내려 마시게 하고(창 24:18).", "급히 물동이의 물을 구유에 붓고 다시 길으려고 우물로 달려가서(창 24:20).", "달려가서 이 일을 어머니 집에 알렸더니(창 24:28)." 리브가의 행동을 표현하는 데 있어서 "급히"와 "달려가서"라는 단어가 많이 사용되는 것을 통해 리브가가 건강하고 활기찬 여인이었음을 짐작할 수 있습니다.

멋진 배우자를 만나고 싶거든 내가 먼저 거기에 걸맞은 좋은 사람이 되어야 합니다. 상대방은 100점짜리이기를 원하면서, 나는 50점짜리에 머물고 있다면, 그것은 염치가 없는 일입니다. 나의 성장과 성숙을 위해 간절히 기도해야 합니다. 기도와 동시에 우리 자신이 좋은 배우자가 되기 위해 열심히 투자해야 합니다. 성격에 모난 부분이 있다면, 잘 고쳐지지는 않겠지만 고치려고 노력해야 합니다. 최소한 자신의 모난 부분을 알고는 있어야 합니다. 몸도 건강한 몸을 만들어야 합니다. 저질 체력을 가지고 있으면 행복한 결혼 생활을 유지하기 어렵습니다.

결혼은 이미 행복한 두 사람이 만나서 하나의 가정을 이루는 것이지, 불행한 두 사람이 만나서 행복한 가정을 이루는 것이 결코 아닙니다. 그런 일은 결코 일어날 수 없습니다. 그러므로 그리스도 안에서 내가 이미 행복한 사람이어야 합니다. 행복한 두 사람이 만나 가정을 이룰 때 사랑과 위로가 넘치는 결혼의 맛을 볼 수 있습니다.

Q&A를 통한 핵심 정리

Q. 이삭과 리브가의 결혼을 통해 알 수 있는 결혼의 맛은 무엇입니까?

A. 사랑과 위로를 받는 것입니다.

Q. 사랑과 위로의 결혼의 맛을 보기 위해서는 어떻게 해야 합니까?

A. 결단력을 가지고 결혼해야 합니다.

Q. 이런 사랑과 위로가 넘치는 결혼의 맛을 보기 위해서는 어떤 결혼이어야 할까요?

A. 하나님이 인도하시는 결혼이어야 합니다. 또한, 온 가족이 축복하는 결혼이어야 합니다.

Q. 사랑과 위로가 넘치는 결혼의 맛을 보기 위해 지금 내가 해야 할 일은 무엇입니까?

A. 합당한 배우자를 만나도록 기도하고, 내가 먼저 좋은 배우자가 되기 위해 준비해야 합니다.